KB191281

보니,
거기 세상이 있다

보니, 거기 세상이 있다

위빠사나 수행의 길잡이

아신 자띨라 사야도와의 면담 | 묘원 편주해

행복한 숲

미얀마를 향해

10여 년 전 미얀마에 간 것은 위빠사나가 붓다께서 깨달음을 얻은 수행법이란 말 때문이었다. 처음에 이 수행을 접하고 붓다께서 깨달음을 얻은 수행이라면 왜 이제야 한국에 소개되었는가를 질문했다. 그러자 인연이 그렇게 닿아서 그렇다는 대답을 들었다. 이 말이 선뜻 이해가 되지 않았다. 그러나 수행을 하면서 원인과 결과를 알았고, 모든 것은 조건이라는 것을 알고 나서야 비로소 인연이 그렇게 닿았음을 알았다. 만약 편자가 2500년 전에 붓다가 계셨던 마을에 있었다고 해도 꼭 붓다의 제자가 되었으리라는 보장은 없는 것이다. 인연이란 이런 것이다.

비구와 재가자의 생활을 되풀이하면서 편자가 알게 된 것은 수행이 가장 적극적인 삶을 사는 것이라는 사실이다. 수행은 세상을 등지고 사는 은둔생활이 아니고 오히려 가장 생산적이고 긍정적으로 사는 삶이었다. 좌선을 할 때 찾아오는 통증과 망상, 졸음 등을 알아차린다는 것은 강한 인내가 없으면 할 수 없는 것들이었다. 그래서 처음에는 한 시간 앉아 있는 것이 한 시간 노동하는 것보다 더 힘든 일이었다.

이런 과정을 겪으며 우리가 하는 모든 일은 마음이 있어서 하는 것으로 수행은 선한 마음을 낸 결과라는 것을 알게 되었다. 그래서 수행보다 더 우선하는 것은 없다는 것도 알았다. 다만 우리가 수행을 잘못 이해하고 있는 부분이 문제이다. 수행은 특별한 것이 아니고 일상의 삶을 깨어서 사는 것에 불과한 것이다.

무엇을 하건 자신의 마음이 편안해야 세상이 바로 보이는데 수행을 하면 마음이 편안해서 바른 길이 보였다. 자신을 바로 이해하게 되니 가족과 이웃과 사회에 대한 인식이 달라졌다. 선한 마음은 선한 결과를 가져오고, 차츰 선한 마음 쪽으로 가속도가 붙게 되자 선하지 않은 것이 불편해지기 시작했다.

미얀마는 수행할 수 있는 여건이 조성되어 있기도 하지만 스승의 지도를 받는 것이 가장 최고의 조건이다. 스승은 자신의 스승이신 붓다의 말씀을 경전과 주석서에 입각해서 전한다. 그리고 자신이 체험한 살아 있는 경험을 전해 준다. 그리고 수행에 대한 모든 것을 점검해 준다.

2500년 이래로 붓다의 말씀은 스승들에 의해 면면히 계승되어 왔다. 그런 스승은 우리가 죽을 때까지 필요하다. 그런 스승을 만날 수 있다는 것이 얼마나 소중한 기회인지 상상을 할 수 없을 정도이다. 스승 없이는 한 발도 내디딜 수가 없는 것이 수행이기 때문이다.

수행을 하는 동안 인터뷰 내용을 모두 기록해 두었다. 이 기록은 함께 수행한 분들의 문답을 포함한 것이다. 이 기록을 공개하게 된 것은 법은 나누어 갖는 것이 공덕이라는 생각에서이다. 다시 말해 편자가 경험한 좋은 수행의 세계를 많은 이들과 나누기 위함이다. 그러므로『보니, 거기 세상이 있다』는 위빠사나 수행자들의 일상의 면담을 기록한 것이다. 그래서 수행자들이 무엇을 말하며, 스승은 어떻게 대답하는가를 단편적으로 엿볼 수 있는 내용들이다. 물론 수행자의 수준에 따라 그 질문의 내용도 다르다.

마하시 센터에서는 보통 수행을 하는 동안 주 2회 면담을 하였다. 여기에 기록된 글은 시간을 뛰어넘어서 압축된 기록이다. 또한 여러 수행자들의 질문 내용이 다양하게 기록되어서 한 수행자의 발전과정을 일목요연하게 지켜보기가 어렵다. 그러므로 수행자들이 발전해 나가는 것에는 시간과 과정이 생략되었다고 이해해야 한다.

매주 일요일에는 법문을 들었다. 법문은 붓다의 말씀이었으며 매우 알기 쉽고 필요한 내용으로 되어 있다. 이처럼 개별면담과 이해하기 쉬운 법문이 수행의 정진력을 키우는 중요한 요소가 되었다. 그 외에 외국인 수행자들이 해야 할 것은 수행 외에는 아무것도 없다. 비구라고 해도 어떤 기도문을 외우게 하거나 경전을 읽도록 강요하지 않는다.

수행에 관한 구체적 내용은 글로 씌어지기 어렵다. 수행은 언어를 뛰어넘어 언어 건너편에 있는 것이다. 수행을 언어화하면 언어의 함정에 빠지기가 쉽다. 수행은 직관으로 알아차려 사물의 성품을 꿰뚫어 보는 것인데, 문자화하면 내용이 이미 죽어 버릴 수도 있다. 또한 정신적 영역의 문제는 미세한 것이므로 언어를 빌려 표현하기도 만만치 않은 일이다. 오해가 따르고 왜곡될 우려가 있기 때문이다.

여기 기록된 문답은 실재 수행 중에 일어난 사실을 말하는 현장의 소리이기 때문에 사실적이어서 얼마간은 생생한 면이 있을 것이다. 그러나 전문적인 수행에 관한 내용이라서 수행자가 아니면 무슨 말을 하는지 전혀 이해할 수 없는 것들이 많을 것이다. 그 이유는 현장의 상황이 생략되고 오직 단순한 질문과 답변만 있기 때문이다. 또한 수행이 발전되면서 나누는 말이라서 경험이 없는 수행자가 이해하기 어려운 말들이 있을 수 있다. 수행은 그 수준이 되어야 그 말을 이해하게 된다. 그러므로 무슨 말인지를 알 수가 없을 것이다. 그래서 불가피 '주해'라는 이름으로 설명을 곁들이게 되었다.

그래서 이 글은 초보에서부터 충분한 경험이 있는 다양한 수행자를 위한 글임을 먼저 밝히는 바이다. 그렇기 때문에 이해할 수 없는 것은 그냥 넘어가야 한다. 잘못 이해하면 위험이 따르기 때문이다. 그리고 이해도 단계적인 이해가 필요하다는 것을 항상 염두에 두고 읽어야 한다.

여기에 이 문답은 전적으로 통역의 말을 옮겨 적은 것이다.

설령 사야도의 말씀과 통역의 말이 다르더라도 알 길이 없다. 면담은 매우 어렵고 기술적인 것이다. 한국말을 통역이 듣고 미얀마 말로 말하면 사야도가 듣고 미얀마 말로 말한 것을 다시 한국어로 옮겨 말한 것을 기록한 것이다.

여기 기록된 한 장(章)은 수행자들의 1회 면담 내용이며 면담을 할 때의 순서대로 적었다. 또한 수행자들의 면담을 모두 기록한 것이 아니다. 수행자들의 질문이 구체적인 것들이었지만 기록의 한계 때문에 개요만 요약한 것임을 밝힌다.

또한 이 책의 면담 내용이나 주해는 모범답안은 아니다. 수행자마다 상황이 다르기 마련이므로 특정인에게 특정한 상황에서만 적용되는 말이 있고, 또는 모든 수행자들에게 적용되는 말이 있다. 그래서 새로 수행하는 분들의 경우 다만 참고하기를 바란다. 이 책보다 우선하는 것이 현재 직접 지도를 받고 있는 스승의 말씀이라는 것을 유념해야 한다. 수행은 저마다 다른 상황에서 전개되는 것이므로 자신에게 알맞은 처방만이 진정한 가르침이 될 것이다.

수행은 항해와 같다. 스승은 나침반과 같은 것이다. 수행에서 가장 우선하는 것은 직접 스승의 가르침을 받는 것이고, 차선책으로 도반이나 책을 통해서 헤쳐 나가는 것이다. 그러나 후자의 방법은 항상 위험이 도사리고 있다는 것을 알아야 한다.

아신 자띨라 사야도의 답변에 주해를 붙인다는 것이 어쩌면 대단히 불경스러운 일이 될 수도 있을 것이다. 그러나 단순한 문답만으로는 수행에 대한 충분한 이해가 어렵기 때문에 주해를 붙였다. 여기에 적힌 문답만으로는 전후 사정과 현장의 소리가 제대로 전달될 수 없음을 이해해 주기 바란다.

아울러 여기 기록된 문답은 마하시 선원의 수행방식이고 주해는 마하시 방식을 포함한 좀더 넓은 의미에서 다른 수행방법을 포함하고 있다. 이는 수행자들이 좀더 쉽게 이해하도록 하기 위해서였다. 그리고 본문의 문답에서 같은 말이 반복되는 것은 수행자들의 질문이므로 불가피하게 그대로 적었다. 주해에서도 같은 말이 몇 차례 반복되기도 하나 이는 약간씩 내용이 다르며 학습의 효과가 있어서 다시 강조를 하기도 했다.

책의 뒷면에 부록 1, 2, 3을 덧붙였다. 부록 1은 마하시 선원의 수행방법을 상세하게 소개하였다. 이 책의 본문이 수행을 할 때의 면담 내용이니만큼 부록 1은 위빠사나 수행을 어떻게 할 것인가에 대한 개요라 할 수 있다. 부록 2는 명칭에 대한 것이다. 마하시 수행방법은 명칭을 붙이며 하는 수행이지만, 명칭을 붙이지 않는 다른 선원도 있다. 그래서 때로는 명칭 문제로 논란이 될 때가 있으므로 참고가 될 것이다. 부록 3은 수행을 할 때 면담은 어떻게 할 것인가에 대한 글이다. 수행과 면담은 필수적 관계이다. 면담의 필요성과 면담에 대한 요령을 익히면 도움이 될 것이다.

이 기록을 밝혀서 해가 될 것인가 유익할 것인가는 예측할 수 없다. 아마 양쪽에 조금씩 걸려 있을 것이다. 그러나 주의하고 잘 새겨서 받아들이면 유익한 자료가 되리라 여겨진다. 무엇이나 쓰기 나름이라고 여겨 좋은 결과를 기대하며 공개를 한다.

그리고 함께 수행하신 분들의 동의 없이 글을 올리게 되어 송구스럽게 생각한다. 모든 수행자들을 익명으로 하므로 너그럽게 이해하여 주기 바란다.

아무쪼록 이 책이 수행자들에게 조금이라도 도움이 되기를 바란다. 그리하여 열심히 수행한 공덕으로 부디 도과를 얻어 열반을 성취하기 바란다. 통역자에게도 진심으로 감사드리며, 가르침을 주신 스승님들께 삼가 예경을 올리는 바이다.

묘원 합장

Ashin Jatila

마하시 선원(Mahasi Meditation Centre)의 아신 자띨라(Ashin Jatila) 사야도와
한국인 수행자들의 면담 내용이다.
이 기록은 수행자들 모두 익명으로 하며, 얼마간 수행을 시작한 뒤부터
적은 것으로 처음 수행을 시작할 때의 내용은 생략되었음을 밝힌다.

호흡과 풍대

문_ 명상 중에 손을 양쪽 무릎 위에 올려놓고 손가락을 모으고 명상을 했습니다. 그런데 명상을 하면서 손이 자꾸 풀리고 무릎 아래로 툭 떨어졌습니다. 이때 몸이 이완되고 집중력이 뛰어나게 좋아졌습니다. 그러나 명상 중에 허리가 자꾸 앞으로 기울어지는 것 같았습니다. 평상시에도 허리가 조금 굽은 편입니다.

답_ 손의 위치나 자세는 가장 편안하게 하라. 허리가 굽어지는 경우는 명상을 오래하다 보면 나타날 수도 있으니 그때는 '허리를 폄, 허리를 폄' 하고 알아차리면서 펴도록 하라.

* * *

주해_ 손을 무릎 위에 올려놓고 손바닥을 위로 향하게 하거나 아래로 향하게 하거나 편안하게만 하면 된다. 다만 무릎 양쪽 끝에 놓으면 좌선 중에 손이 떨어질 수 있으므로 약간 안쪽에 놓는다. 두 손을 포개서 놓을 수도 있다. 좌선 중에 이따금씩 자세를 살펴야 된다.

만약 허리가 굽어졌으면 알아차리면서 천천히 편다. 지나치게 똑바로 펴면 긴장이 되므로 편하게 편다.

문_ 명상을 하려는데 몸이 전혀 명상을 받아들이지 않을 때가 있습니다. 마치 음식물이 목까지 꽉 차서 더 이상 떠 넣을 수 없는 것처럼 말입니다. 이때 이 난관을 어떻게든지 뚫으려고 고민하다가 결국 몸에 지고 맙니다. 그러다 보니 인내가 부족한 것 같아 마음이 무겁습니다.

답_ 피곤할 때는 '피곤함, 피곤함 하고 명칭을 붙여서 알아차려라. 피곤함도 알아차릴 수 없으면 '앎, 앎 하고 알아차려라.

문_ 몸이 피곤할 때 경행을 어떻게 할지 모르겠습니다.

답_ 경행은 세 단계로 하는데 처음 15분 정도는 조금 빨리 오른발 왼발을 알아차리며 경행을 하여 근육을 풀어 주어라. 그러고 나서 들어서 놓음을 하라. 그 뒤에 들어서 앞으로 놓음을 하라.

＊ ＊ ＊

주해_ 좌선이 끝나고 바로 일어서서는 조금 빠르게 걸으며 긴장한 다리 근육을 풀어 준다. 이렇게 10분에서 15분 정도 걸은 뒤 조금씩 속도를 늦춘다. 경행을 할 때 너무 지나치게 천천히 걸으면 힘이 많이 들어가서 피곤해질 수도 있으며 상기의 위험도 있다. 지나치게 천천히 걷다가 좌선을 하면 앉자마자 조는 경우도 생긴다. 그래서 긴장을 풀고 알맞은 속도로 하는 것이 바람직하다.

문_ 망상이 자꾸 떠오릅니다. 없애려고 해도 잘되지 않습니다.

답_ 위빠사나는 욕심을 부리는 것이 아니고 일어나는 현상을 알아차리기만 할 뿐이다. 무엇이나 사라지기를 바라면 그것은 욕심을 가진 기도와 같은 바람이라서 위빠사나가 아니다. 다만 그것은 일어나는 형상을 아는 것일 뿐이다. 자기의 욕심을 배제하라. 일어나는 것을 아는 것이 중요하지 사라지기를 바라지 마라.

문_ 명상을 할 때 주위의 소음 때문에 방해가 많이 됩니다.

답_ 소리, 냄새, 생각, 어떤 사건, 괴로움, 기쁨 등 나타나는 모든 것에 명칭을 붙여 알아차려라. 그리고 사라지면 배의 일어남, 꺼짐의 호흡으로 돌아와라. 소리는 '들림, 들림'을, 냄새는 '냄새, 냄새'를 하라. 어떤 것이든지 귀에 들려서 장애가 되면 '들림, 들림'을 하고 그것이 사라지면 다시 호흡으로 돌아와라.

문_ 호흡의 일어남, 꺼짐이 없어질 때는 어떻게 합니까?

답_ 일어남, 꺼짐이 바늘 끝처럼 남아 있다가 알아차리는 힘이 약해져서 사라지면 최후까지 알아차려라. 그래도 안 되면 앉음, 닿음으로 바꾼다. 앉음, 닿음도 사라지면 앎, 앎으로 알아차림을 한다. 앎은 깨어 있는 현상을 알아차리는 것이다. 어느 경우든지 일어남, 꺼짐이 감지되면 다시 일어남, 꺼짐으로 돌아온다.

* * *

주해_ 마하시에서 호흡을 알아차릴 때는 배에서 일어나고 꺼지는 움직임을 알아차린다. 호흡은 원래 코나 가슴에서 일어난다. 그러나 마하시 방법은 호흡에 의해 일어나는 배의 움직임을 알아차리는 것이다. 배의 움직임은 호흡과 함께 일어나는 풍대(風大)의 작용이다.

위빠사나 수행은 몸과 마음을 알아차리는 것이다. 몸을 알아차릴 때는 여러 가지 대상이 있는데, 그 중에 호흡을 알아차리는 것이 하나의 방법이다. 또한 호흡과 함께 몸의 앉음, 닿음을 알아차리기도 한다. 앉음은 앉아 있는 엉덩이 부분의 느낌을 알아차리는 것이고, 닿음은 무릎과 발이 바닥에 닿았을 때의 느낌을 알아차리는 것이다.

호흡이 일어나는 위치에 따라 명칭도 다르다. 배나 가슴의 움직임을 대상으로 할 때는 일어남, 꺼짐이라고 말한다. 코의 호흡을 말할 때는 들숨, 날숨이라고 한다.

배의 움직임인 풍대는 몸의 네 가지 요소를 말하며, 몸은 물질로서의 모양이지만 실재하는 성품으로서는 크게 네 가지 요소를 가지고 있다. 몸의 성품으로서의 4대 요소는 지대(地大), 수대(水大), 화대(火大), 풍대(風大)이다. 지대는 흙의 본성을 가지고 있는 것으로 안정성이 있으며 딱딱함, 부드러움의 특성을 가지고 있다. 수대는 물의 본성을 가지는 것으로 응집성이 있으며 유동성과 팽창성의 특성을 가지고 있다. 화대는 불의 본성을 가지는 것으로 성숙성이 있으며 뜨거움과 차가움의 특성을 가지고 있다. 풍대는 공기의 본성을 가지는 것으로 유통성이 있으며 움직임과 지탱해 주는 힘의 특성을 가지고 있다.

수행자들이 호흡이 사라졌다고 하는 경우가 두 가지가 있다. 하나는, 배가 긴장하여 딱딱해져서 호흡을 알아차릴 수 없는 경우이다. 또 다른 하나는, 집중에 의해 몸이 느껴지지 않을 정도로 느낌이 사라져서 호흡이 감지되지 않는 경우이다. 보통 호흡을 알아차릴 수 없다고 하는 것은 몸과 마음이 긴장해서 배의 움직임이 잘 일어나지 않기 때문에 움직임을 알아차릴 수 없다는 것을 말한다. 그러나 수행을 해나가다 보면 집중력의 힘으로 호흡이 매우 미세해졌기 때문에 알아차릴 수 없게 되는 때가 있다.

몸이 긴장해서 호흡을 알아차릴 수 없는 때는 앉음, 닿음을 알아차린다. 수행은 계속해서 알아차릴 대상을 하나 가지고 있어야 되기 때문에 지속적으로 알아차릴 대상을 선택하여 주시해야 한다. 그러므로 긴장하여 알아차릴 수 없는 호흡을 붙잡고 있지 말고 대상을 바꾸어 몸의 앉음, 닿음을 알아차려야 한다. 그리고 앉음, 닿음이 사라진 상태에서 몸의 느낌을 알아차리기가 어려우면 앎을 알아차린다.

'앎'이란 '아는 마음'인데, 여기서는 호흡을 알아차리기가 어려울 때 알아차리기 어려운 것을 알고 있는 것을 말한다.

부끄러운 질문

문_ 명상 중에 모든 것이 다 무상하구나 하고 느꼈습니다. 무상을 느꼈는데 이때도 망상, 망상을 해야 합니까?

답_ 그것은 밖에서 들어 알고 있는 기존의 지식이므로 그런 것에 상관없이 지금 상태의 일어남, 꺼짐을 알아차려라.

* * *

주해_ 기초수행을 시작한 수행자가 처음부터 무상을 말한 것에 대해 자애롭게 표현하신 것이다. 이 말을 듣는 그 순간부터 얼굴이 화끈거리고 부끄러워서 고개를 들 수가 없었다. 잘난 척하다가 들켜버린 기분이었다. 그래서 며칠 동안 부끄러운 마음을 가지다가 오히려 훌륭한 지적에 감사를 드렸다. 수행을 시작하자마자 무참히 아상(我想)이 깨진 것이다. 스승은 항상 이런 것을 지적해 주시는데 수행자가 그 뜻을 헤아려 받아들이기가 쉽지 않다. 이것이 무지이다.

    사야도의 이런 지적이 있은 뒤 비로소 마음을 다잡고 겸허한 마음으로 수행을 할 수 있었다. 그야말로 밖에서 가지고 온 온갖 지식이 머리 속에서 범람해도 겸손한 마음으로 새로운 법을 받아들임에 소홀하지 않았다. 이 일을 기회로 세간의 지식을 버리고 출세간의 지혜를 얻기 위해 알아차림을 계속했다.

문_ 명상 시간과 경행 시간을 조정해서 수행을 해도 되겠습니까?

답_ 명상과 경행을 한 시간씩 번갈아 하도록 하라. 명상이 잘된다고 더하지 말고, 경행이 잘된다고 더하지 마라.

* * *

주해_ 명상센터에서는 정해진 시간표를 따르는 것이 가장 좋다. 어느 곳에 가나 가장 합리적이고 효과적으로 시간표를 짜기 마련이다. 또한 질서를 지키기 위해서도 시간표대로 따르는 것이 좋다.

　　남이 좌선을 할 때 경행하고, 남이 경행을 할 때 좌선을 하면 상대에게 방해가 될 수도 있다. 이런 수행자는 더 잘해 보고 싶은 생각에서 그렇게 하기도 한다. 그러나 누구나 그렇게 수행을 하다가 결국은 시간표대로 돌아오게 된다. 좀더 잘하려고 여러 가지 시도를 해 볼 수 있으나 효과적이지 못하다. 수행을 할 때는 어느 곳에서나 눈에 띄게 행동해서는 안 된다. 그럴 때는 그 자신이 눈에 띄고 싶어하는 성향이 있다는 것을 알아차려야 한다. 수행은 철저하게 자신의 내면을 알아차리는 것이기 때문에 겉으로 드러낼 아무런 이유가 없다.

　　위빠사나 수행은 좌선과 경행을 알맞게 배분하는 것이 좋다.

좌선이 좋다고 오래 앉아 있으면 혼침에 빠지게 되는데도 계속 앉아 있는 것은 앉는 것에 대한 집착 때문이다. 수행은 좋아할 때 좋아하는 것을 알아야 하고 안 좋을 때 안 좋아하는 것을 알아야 하는 것인데, 좋다고 한 가지만 계속하면 안 된다. 좋고 싫고 하는 것으로부터 자유로워져야 한다.

오래 앉아 있는 것이 좋은 줄 아는 수행자도 있다. 앉으면 항상 졸기만 하는데도 앉아 있어서 사야도께서 "지금 앉아 있는 것 시합하러 왔는가?"라고 말해도 고집을 피우는 수행자가 있다. 위빠사나 수행에서는 이런 고집이 도움이 되지 않는다.

그러나 수행이 깊어져서 집중의 상태가 좋을 때는 몇 시간이고 앉아 있을 수 있다. 이런 경우는 의식이 고양된 상태이므로 오래 앉아 있어도 무방하다. 이런 상태는 집중력이 생겨 좌선시간에 졸지 않을 때며 알아차림이 충분하고 몸이 가볍고 고요함이 생겼을 때이다.

경행을 할 때도 처음에는 시간표대로 해야 한다. 경행이 잘된다고 경행만 하는 것은 집착하는 마음을 키우는 것이다. 졸릴 때는 좌선 중에 경행을 해도 되지만 되도록 시간을 지켜야 한다. 마하시에서는 경행을 하는 것을 노력하는 것으로 본다. 이는 게으르면 움직이기 싫어하기 때문이다.

경행은 정해진 곳을 조용히 왕복하는 것이 좋다. 그러나 발걸음을 크게 하거나 특이하게 하면 안 된다. 뒤로 가도 안 되고 눈을 감고 가도 안 되며, 팔을 휘젓고 다녀도 안 된다. 손은 앞으로나 뒤로 모으고 자연스럽게 걷는 것이 좋다. 무엇을 하거나 가장 좋은 방법은 남이 하는 대로만 하면 잘하는 것이고 무난하다. 수행은 몸과 마음의 균형 있는 조화 속에서 차츰 발전한다. 이상한 동작으로 걷게 되면 모르는 수행자들이 그것이 옳은 것인 줄 알고 흉내를 내게 된다. 그런 뜻에서도 이상한 동작을 하지 않도록 조심해야 한다.

문_ 명상 중에 깊게 빠져들어 가는 것을 느낍니다. 이때는 매우 기분이 좋습니다.

답_ 요기(수행자)는 좋아하거나 싫어하거나 그런 것에 따라가지 마라. 좋을 때 좋아함, 좋아함으로 알아차려서 처리하고, 싫어함이 나타났을 때는 싫어함, 싫어함으로 처리하라.

* * *

주해_ 위빠사나 수행을 처음 시작할 때는 근접삼매 상태에서 대상을 알아차린다. 그러나 근본삼매에 빠지면 대상의 실체를 바로 보지 못한다. 집중이 된 상태는 고요함이므로 매우 기분이 좋다. 그러나 그때 기분이 좋아지는 것을 알아차려야 한다. 기분이 좋으면 거기에 머물러 알아차림을 놓치게 된다. 이때 이것이 탐심인 것을 알아야 한다.

근접삼매에서 차츰 집중력이 생기면 위빠사나 수행의 본래 삼매인 찰나삼매에 이르게 된다. 찰나삼매는 순간순간을 지속적으로 알아차려서 집중하는 것을 말한다. 이와 같이 처음에는 근접삼매에서 차츰 찰나삼매로 유도되어야지 명상 중에 깊게 빠져들면 사마타 수행의 근본삼매의 상태가 된다. 이때는 고요함만 있게 된다.

위빠사나라는 말은 대상과 하나가 되지 않고 그 대상과 대상을 알아차리는 마음으로 분리해서 주시하는 것을 말한다. 그래서 대상을 객관적으로 알아차리는 찰나삼매를 사용하여 지혜를 얻는다.

문_ 명상 중에 일어남 꺼짐이 사라졌거나 싫증이 나거나 망상이 많을 때는 어떻게 해야 합니까?

답_ 그때는 일어남, 꺼짐, 앉음, 닿음을 하라. 또는 일어남, 꺼짐, 앉음, 오른쪽 닿음, 일어남, 꺼짐, 앉음, 왼쪽 닿음을 하라. 다소 변화를 주면 좋다.

* * *

주해_ 호흡의 일어남 꺼짐을 알아차리다가 싫증이 나면 먼저 싫증 난 마음을 알아차린다. 싫증이 난 마음을 알아차리지 않으면 하기 싫은 마음이 계속되어 시간만 때우게 된다. 그래서 싫어하는 마음이 일어날 때는 '지금 내 마음이 싫어하고 있구나!' 하고 알아차려야 한다. 그러고 나서 다시 일어남 꺼짐을 알아차린다. 이때 '싫어함, 싫어함'이라고 명칭을 붙여서 알아차릴 수 있다. 또는 싫어하는 마음을 직관으로 알아차리는 방법이 있다.

　　배의 일어남과 꺼짐을 알아차리고 나서 연이어 앉음과 닿음을 알아차린다. 이것은 알아차릴 네 가지 대상을 하나의 사이클로 묶어서 하는 방법이다. 일어남, 꺼짐은 배의 움직임을 알아차리는 것이고, 앉음은 엉덩이 부분이 바닥에 닿아 있는 것, 그래서 눌린 무게나 다른 느낌을 느끼는 것이며, 닿음은 무릎과 발이 바닥에 닿는 것을 알아차리는 것이다.

그런데 여기서 중요한 것은 한 호흡을 알아차릴 때 일어남, 꺼짐을 하고 앉음을 할 시간적 여유가 있을 때 앉음을 해야 한다. 앉음을 할 여유가 없으면 그냥 일어남, 꺼짐만을 한다. 반드시 이렇게 앉음을 할 틈이 있을 때 앉음을 해야 한다. 그렇지 않으면 호흡을 만들어서 할 위험이 생기고 호흡이 가빠질 수도 있다. 이처럼 앉음, 닿음은 호흡과 호흡 사이의 틈이 없을 때는 해서는 안 된다.

다음 방법으로 지금까지는 일어남, 꺼짐, 앉음, 닿음을 해왔지만 이제 변화를 주어 닿음을 할 때 닿음을 하지 않고 '오른쪽 닿음'을 한다. 그리고 일어남, 꺼짐, 앉음, 왼쪽 닿음을 해서 오른쪽 닿음과 왼쪽 닿음을 묶어 한 사이클로 한다.

이러한 시도는 여러 가지 목적을 가지고 만든 방법이다. 오랫동안 호흡을 보다 보면 지루해서 졸거나 망상이 생기므로 변화를 주려는 의도다. 또 다른 이유는 일어남, 꺼짐을 하는 중에 쉼의 상태가 생기기 시작할 때 졸음이 들어오기 때문이다. 그래서 쉼이라는 휴지부가 생기면 다음 일어남을 기다리는 동안 짧은 순간에 망상과 졸림에 떨어지게 되므로 그 틈을 메우는 효과로 앉음, 닿음을 하는 것이다. 이처럼 몸의 여러 곳을 바꾸어 가며 알아차리는 것은 노력을 하는 방법으로 사용된다.

이것을 가지고 마하시 방법이 테크닉 위주라고 보는 견해는 잘못된 것이다. 실제로 이 방법을 통해 수행을 해보니 매우 중요한 테크닉들이었다. 왜 그렇게 하지 않을 수 없었는가는 나중에 몇 년이 지나고 나서야 알게 되었다. 또한 왜 그렇게 하지 않을 수 없었는가에 대한 문제점도 알 수 있었다. 그러나 이 방법으로 많은 사람들이 법을 얻고 있다. 더 분명한 것은 이런 방법이 경전에 의한 것이라는 것이다. 그러므로 경전 안에서 만들어지는 테크닉은 오히려 권장해야 할 것들이다.

테크닉은 방편이다. 이 방편은 붓다로부터 선배 수행자들께서 후배들을 위해 자비의 마음을 내서 안내한 길이며, 앞선 수행자들이 중생을 구제하기 위하여 쓰는 오묘한 수단이다. 훌륭한 수행자라면 선배들이 가르쳐 준 방편에다 자신에게 맞는 방편을 찾아야 한다. 8만4천 법문이란 수행자의 근기에 따라 만들어진 수행 방편이다. 수행은 다양한 방법이 있을 때 더 이롭다.

문_ 명상할 때와 경행을 할 때의 자세가 문제입니다. 그리고 자꾸 허리가 굽어집니다.

답_ 좌선할 때나 경행을 할 때 자세가 굽어지지 않도록 허리를 똑바로 펴고 하라.

* * *

주해_ 수행을 시작하면서 좌선과 경행을 할 때 어떤 자세를 취하느냐 하는 것은 매우 중요하다. 자세가 명상에 미치는 영향은 직접적이다. 자세가 나쁘면 명상을 계속하기가 어렵다. 앉을 때의 다리는 반가부좌를 하거나 결가부좌를 해도 좋다. 그러나 이것은 경험자들의 자세이다.

초기 수행자는 다리를 겹치지 않게 나란히 평행으로 놓는다. 그리고 한쪽 발뒤꿈치를 샅에다가 바짝 당겨서 붙인다. 그리고 안쪽 발의 엄지발가락을 바깥쪽 다리의 종아리에 붙인다. 이렇게 앉으면 튼튼한 삼각대처럼 버팀을 해 주어 견고한 자세가 된다. 그리고 손은 편안하게 무릎 위에 올려놓는다.

턱은 약간 당긴다. 턱을 들면 머리의 무게가 어깨에 실려 아프다. 머리와 손의 무게가 크므로 언제나 최대한 힘을 빼고 편안해야 한다. 그리고 긴장을 해서 어깨와 손에 힘이 들어갔는가를 알아차린다.

허리는 지나치게 곧게 펴면 안 된다. 너무 뻣뻣하면 오히려 긴장이 되어 집중을 방해하기도 한다. 그러므로 적당히 바르게 편다. 만약 좌선 중에 굽어진 허리를 펼 때는 천천히 알아차리면서 편다. 다리가 아프면 방석을 접어 무릎 밑에 받쳐주면 좋다. 만약 살(사타구니)의 뼈가 심하게 아플 때는 손수건 같은 것을 접어 꼬리뼈를 받쳐주어도 된다. 허리가 아플 때는 방석을 너무 높게 접으면 안 된다. 방석을 한 번만 접어 엉덩이를 약간 받쳐주는 것은 괜찮지만 너무 높으면 허리가 아프다. 그런 때는 맨바닥에 앉아도 좋다.

자세가 나쁘면 통증이 생기고 집중이 되지 않는다. 자세는 매우 중요한데 의외로 간과하기 쉽다. 그래서 수행을 시작하기 전에 자세를 살피고 좌선 중에도 이따금씩 자세를 살펴야 한다. 통증과 싸울 때의 자세가 있고, 망상할 때의 자세가 있고, 혼침에 빠져 졸 때의 자세가 각기 다르다. 자세가 흐트러지면 수행을 계속할 수 없으므로 좌선 중에도 살펴야 하고 좌선이 끝난 뒤에 좌선을 하고 있었던 자세도 살펴야 한다. 그래야 습관적인 자세를 고칠 수 있다.

경행을 할 때는 팔을 흔들지 않는다. 팔을 흔들면 마음이 발로 가지 않고 움직이는 팔로 간다. 손은 뒤로 마주잡거나 앞으로 모아서 잡거나, 아니면 팔짱을 끼어도 매우 편안하다.

시선은 몇 걸음 앞에 두며 좌우를 두리번거리지 말고 앞만을 본다. 다른 대상을 보게 되면 마음이 그곳으로 달아나 버리기 때문이다. 발은 높이 들어올리지 말고 자연스럽게 걷는다. 걸을 때 눈을 감거나 뒷걸음질을 쳐도 안 된다.

문_ 명상 중에 어떤 때는 단순하게 계속되는 일어남, 꺼짐에 대한 의심이 생깁니다.

답_ 의심도 망상이므로 '의심, 의심' 하고 알아차려야 한다.

* * *

주해_ 수행을 하다 보면 여러 가지 의심이 들게 마련이다. 위빠사나 수행을 하면서 호흡에만 집중할 때도 의심이 생기게 마련이다. 허구한 날 호흡이나 보고 있는 것이 과연 옳은 것인가 생각하게 된다. 그리고 수행 대상에 대해서도 실망할 수도 있다. 이러한 의심은 수행 중에 나타나는 다섯 가지 장애 중에 다섯 번째에 해당된다. 이와 같은 의심은 수행을 하면 일어나는 필수적인 현상의 하나이다.

위빠사나 수행에서는 처음에 마음이 몸을 알아차리는 것으로 시작한다. 그래서 호흡이란 대상에 마음을 붙인다. 이렇게 하는 일차적인 목적은 마음을 순화시키기 위함이다. 마음이 자신의 몸이라는 대상에 붙어 있지 않으면 달아나서 야생마처럼 이리저리 휘젓고 다니면서 문제를 일으키게 된다. 문제란 바로 탐욕과 성냄과 어리석음을 말한다. 수행에서 호흡을 대상으로 하는 것은 붓다 이래로 모든 아라한들이 사용한 수행방법의 하나이다.

붓다께서는 먼저 무조건 믿지 말고 와서 탐구해 보라는 말씀을 하셨다. 와서 무엇을 보는가 하면 자신의 몸과 마음을 직접 알아차려서 수행이 무엇인지를 알라는 것이다. 그러나 이것은 의심과는 다르다. 대상을 탐구하는 것은 노력이지만 의심은 불필요한 장애에 속한다.

실제로 매일 수행을 하다 보면 이것이 무엇을 하는 것일까 하는 의심이 생기게 마련이다. 이런 의심의 단계는 누구에게나 있다. 의심을 통해 탐구심이 생길 수도 있지만 수행에서 의심은 또 다른 의심을 낳을 뿐이다. 의심은 생각이며 원인을 알려고 사유하는 것이다. 그래서 직관을 해야 하는 수행에서는 삼가야 할 것 중의 하나이다.

의심도 알아차릴 대상이다. 그래서 의심을 할 때는 "지금 내가 의심을 하고 있구나" 하고 알아차려야 한다. 의심을 해결하려고 하지 말고 단지 알아차리기만 하면 된다. 의심을 없애려 하지 말아야 한다. 없애려고 하면 아직 생겨나지 않은 의심까지 꼬리를 물고 일어나게 된다. 그리고 이미 생겨난 의심까지 더 커지게 한다.

의심에 빠지면 진흙탕 물을 휘저어 어두운 곳에 둔 것과 같다. 그 물에는 자신의 모습이 비쳐지지 않는다. 경전에서는 의심에 빠지면 짐을 챙겨 들고 사막을 지날 때 강도를 만난 것과 같다고 한다. 그리고 그것이 사라지면 강도가 사라져서 사막을 무사히 건넌 것과 같다고 했다. 이는 의심을 극복하지 못하면 수행을 할 수 없음을 말한다.

의심을 극복하기 위해서는 경전을 읽고 스승의 법문을 듣거나 면담이 필요하다. 그리고 훌륭한 도우와의 대화도 필요하다.

행복도 알아차릴 대상이다

문_ 어제 마지막 명상시간 중에 호흡을 알아차렸는데, 일어남과 꺼짐이 전혀 힘들지 않고 미끌미끌한 속에서 마찰 없이 숨을 쉬었습니다. 배의 움직임도 전혀 없었습니다. 그래서 득이한 현상이라고 생각했습니다.

답_ 호흡이 조금이라도 남아 있는 한 끝까지 일어남, 꺼짐을 하라. 그리고 완전히 없어졌을 때는 앎, 앎을 하라.

＊ ＊ ＊

주해_ 좌선 중에 집중력이 생기면 호흡이 부드러워진다. 이때 호흡이 차츰 미세해지고 몸은 매우 가벼워진다. 집중력으로 인해 몸과 마음에 변화가 오기 시작하므로 신비롭게 느껴지기 시작한다. 이런 상태가 오면 좋아하는 마음이 생긴다. 이때 좋아하는 마음을 알아차려야 한다. 그렇지 않으면 그 상태가 오래가지 않는다. '지금 좋아하고 있구나!' 하고 새로 마음을 내서 알아차린다.

위빠사나 수행에는 여러 가지 단계가 있다. 이것은 지혜가 성숙되어 나가는 과정을 말한다. 그래서 그냥 막연하게 수행을 하는 것이 아니다. 의식이 고양되어 가는 모든 것들이 구체적으로 밝혀져 있다. 그러나 본인은 이러한 단계가 발전되어 나가는 것을 알지 못한다. 이러한 지혜의 성숙과정은 경전의 기록에 의한 것이기도 하지만 지도자의 경험으로 알 수 있기도 하다.

이렇게 지혜가 발전되려면 알아차림을 놓치지 않고 지속적으로 유지해야 한다. 집중된 상태로 인해 생기는 신비로움을 경험했을 때도 거기에 빠지지 말고 다시 그런 상태를 알아차려야 한다. 새롭게 나타나는 현상에 대해 모든 것이 과정일 뿐이라고 받아들여서 알아차리면 된다. 그래야 비로소 의식이 고양된다.

일어남, 꺼짐이라는 호흡이 사라진 것은 집중력이 좋아진 상태에서 생기는 현상이 있고, 망상이나 긴장, 졸림 등으로 인해 호흡이 보이지 않는 경우일 수도 있다. 좋은 집중력의 상태에서 호흡이 사라지는 경우는 몸이 소멸된 현상으로 일관된 과정의 발전을 거친 뒤에 온다. 이때는 앎을 알아차려야 한다. 이미 몸도 사라지고 호흡도 사라지고 알아차릴 것이 없기 때문이다. 이때의 앎은 호흡이 사라졌으므로 호흡이 사라진 것을 아는 앎이다. 여기서부터는 몸이라는 물질을 알아차리는 것이 아니고 비물질인 마음을 대상으로 알아차리기 시작해야 한다.

이런 상태가 되면 사야도께서는 그냥 쉽게 앎을 알라고 하지만, 앎이 아는 마음이므로 마음을 알아차리는 훈련이 되어 있지 않으면 알아차리기가 어렵다. 수행자들이 앎에 대해 충분한 이해나 준비가 없으면 이 상태에서 수행을 실패하는 경우가 많다.

문_ 명상을 시작하기 전이나 명상이 끝난 뒤 경행을 하기 전에 잠깐씩 쪼그리고 앉아 있기도 하는데 어떻습니까? 그리고 좌선 중에 몸에 이상현상이 생기거나 싫증이 날 때도 있습니다.

답_ 조금씩 쪼그리고 앉는 것은 괜찮다. 그때도 앉아 있는 것을 알아차리고 앉아라. 몸에 무엇이 나타났을 때는 그것을 끝까지 알아차려라. 수행이 싫증날 때도 싫증난 것을 알아차려라. 좋고 싫은 것이 나타나는 것 모두 수행과정이다. 언제나 놓치지 않고 알아차리는 것만이 수행의 기본자세다.

문_ 몸의 현상을 알아차릴 때 모두 다 없어지지 않고 몸의 한쪽은 남아 있습니다.

답_ 남아 있는 것을 계속 알아차리도록 하라. 만약 알아차릴 것이 없으면 앎을 하라. 그러나 '앎, 앎'은 명칭을 붙일 수 없을 때 붙이는 이름일 뿐이다.

* * *

주해_ 좌선 중에 몸이 사라지는 것은 좋은 집중상태에서 생기는 현상이다. 그러나 저린 상태에서 마비가 와 감각이 없어지는 경우도 있다. 이 경우는 부분적으로 마비에 의해 무감각해진 상태이다. 어느 경우에나 두려워하지 말고 그 상태를 그냥 알아차린다.
　　명칭을 붙이는 수행에서는 몸의 느낌을 느끼기가 어려울 때 그 상황을 아는 앎을 한다. 이는 개념 정리를 분명히 해서 대상을 확실하게 알아차리기 위해서이다.

문_ 명상이나 경행이 잘될 때도 있고 잘 안 될 때도 있습니다.

답_ 명상이나 경행이 잘될 때나 잘 안 될 때나 똑같다. 수행에서 잘 될 때도 알아차려야 하고 잘 안 될 때도 알아차려야 한다. 잘 안 되는 것을 알아차리는 것도 수행이다.

＊ ＊ ＊

주해_ 수행이 잘 안 되는 것은 당연한 일이다. 살아온 생애 동안 처음으로 경험하는 것들이고 또한 살아온 방법을 거슬러 가는 것이기 때문이다. 이때 잘되기를 바라는 것은 탐심이고, 잘 안 될 때 화를 내는 것은 성냄이다. 수행은 잘될 때 좋아하는 것을 알아차려야 하고, 잘 안 될 때 화를 내는 것을 알아차려야 한다.

처음에 수행을 시작한다는 것은 잘하려고 하기보다 잘 안 되는 것을 알아차리려고 해야 한다. 잘 안 된다는 것은 새로운 습관이 기존의 습관과 부딪치는 것이기도 하며, 불선한 마음이 선한 마음과 부딪치는 것이기도 하다. 그래서 수행이 안 되는 것은 지극히 당연한 것이고 자연스러운 것이다. 오히려 잘 안 되는 것을 통하여 지혜를 얻을 수 있다.

수행을 할 때는 바라지도 말고, 없애려고 하지도 말아야 한다. 그냥 있는 그대로 보려고 해야 한다. 그러나 잘되면 교만해지고 잘 안 되면 짜증을 내고 싫어한다. 그때마다 그런 것을 알아차려야 한다. 그래서 탐욕과 성냄에 휩쓸리지 말아야 한다. 탐욕과 성냄은 항상 붙어 다니며 서로 돕고 서로 영향을 받는다. 탐욕과 성냄의 우두머리는 무지이다. 모두 모르기 때문이다. 무지는 알아차림으로밖에 해결이 안 된다. 알아차림에 의해 차츰 지혜가 생기면 무지가 소멸된다.

화를 내는 것의 원인은 탐욕이다. 탐욕이 없으면 화를 내지도 않는다. 탐욕의 원인은 무지이다. 무지하지 않으면 탐욕을 부리지 않는다. 무지의 원인은 바로 무지이다. 무지하기 때문에 무지하다. 무지에서 벗어나려면 끝없이 알아차려야 한다. 알아차림에 의해 지혜가 성숙되면 무지가 지혜로 바뀐다.

위빠사나 수행이 잘되게 하기 위해 포기해야 할 것에는 여섯 가지가 있다.

1. 활동하기를 좋아하는 것
2. 얘기하기를 좋아하는 것
3. 잠자기를 좋아하는 것
4. 사교를 즐기는 것
5. 감각을 제어하지 않는 것
6. 음식을 절제하지 않는 것

문_ 수행 중에 행복한 생각이 듭니다.

답_ 행복이 느껴지면 행복을 알아차리되 그 다음에 더 좋은 것을 기대하지 말라. 그 상태를 그대로 알아차려라.

* * *

주해_ 행복도 알아차릴 대상이다. 수행 중에 나타나는 행복은 진리의 체험을 감사하는 마음으로 인해 생긴다. 이런 과정은 수행 중에 나타나는 단계이다. 붓다의 법을 만난 것에 대한 행복, 스승에 대한 감사함으로 인한 행복, 자신이 수행을 하고 있다는 것에 대한 행복, 집중력이 생기면 느껴지는 행복, 남에 대해 관대해지는 행복, 지혜가 성숙되어 가는 것을 아는 행복 등이 있다.

행복은 수행이 발전되어 나타나는 현상이지만 행복에 빠지면 그것을 좋아하게 되므로 행복하게 느끼는 것을 알아차려야 한다. 이것은 행복을 거부하는 것이 아니고 행복에 도취되지 않게 하기 위해 알아차리는 것이다.

행복하다고 느끼게 되면 알아차림을 놓치게 된다. 행복할 때 알아차리지 못하면 다음에 지금의 행복보다 더 좋은 행복을 갈망하게 된다. 그래서 이것이 욕망으로 발전해 버린다. 그렇게 되면 감각적 쾌락에 빠지게 된다. 우주를 손에 넣어도 부족한 것이 욕망의 속성이다. 행복할 때 행복한 것을 알아차리지 못하면 행복하지 못했을 때 불행하게 생각된다. 행복하다고 여기는 것은 느낌이다. 느낌은 끊임없이 일어났다가 사라지는 현상에 불과하다.

문_ 명상 중에 가려워서 견딜 수가 없을 때가 있습니다.

답_ 매우 심하게 가려울 때는 긁되 긁는 현상을 알아차리면서 긁어라.

* * *

주해_ 긁고 싶을 때는 먼저 긁고 싶어하는 마음을 알아차린다. 알아차리는 힘이 강하면 가려움증이 사라진다. 그러나 알아차리는 힘이 약하면 점점 더 긁고 싶어진다. 긁고 싶은 마음을 알아차린 뒤에도 가려움이 사라지지 않으면 손의 움직임을 알아차리며 천천히 긁는다. 그리고 시원함을 알아차린다. 이렇게 알아차리며 긁으면 알맞게 긁어서 가려움이 사라지고 조금만 긁어도 시원하다. 이것이 긁으려는 의도를 알아차리고 긁는 행위가 일어나는 것을 알아차리는 것이다.

이때는 손톱이 피부에 닿아서 생기는 느낌을 알아야 한다. 물론 기분이 좋다. 그러므로 기분이 좋은 것까지 알아차려야 한다. 그러나 알아차림이 없이 긁고 싶은 욕망으로 긁으면 북북 긁게 되어 시원함을 알기보다 무심코 아프게 긁는다. 이것은 알아차림 없이 욕망으로 긁은 결과이다. 그래서 탐욕으로 반응하는 것이다. 욕망으로 긁으면 상처가 날 위험이 있다.

보통의 경우에 긁고 싶은 마음이 일어나서 긁는다. 그러나 마음이 긁는 것에 집중되어 있지 않고 긁는 순간 벌써 다른 곳으로 달아나서 다른 것을 생각하게 된다. 이때는 알아차림이 없는 것이다. 몸의 행위가 있을 때 마음이 그곳에 가 있는 것이 위빠사나 수행의 알아차림이다. 만약 긁을 때 마음이 다른 곳으로 가 있으면 이것은 긁는 행위가 아니라 욕망으로 인해 성내고 있는 행위가 된다.

가려움이나 통증은 점점 더 강해지다 사라진다. 또 사라지기 전에 더 강하게 나타나기도 한다. 그러나 누구나 이런 작은 현상조차

참아내기가 쉽지 않다. 이때 이런 반응이 일어난 마음을 알아차리지 못하면 더 화를 내게 된다. 그리고 없애려고 탐욕을 가진다. 이렇게 모든 상황이 차츰 어렵게 진행되어 나가는 것은 '나'라고 하는 아상이 있어서 그렇다. 내가 가렵기 때문에 견디기 어려운 것이다. 그렇지 않고 가려운 것을 단지 알아차릴 현상으로만 주시하면 그리 크게 문제될 것이 없다.

　　좌선 중에는 움직이지 않는 것이 좋다. 하고 싶을 때 하고 싶은 것을 해버리면 욕망에 빠지기 때문이다. 그래서 하고 싶은 마음을 먼저 보는 것이 중요하다. 또한 자꾸 움직이면 집중력이 생기지 않는다. 수행은 언제나 나타나는 현상을 알아차리는 것이지 거기에 좋거나 싫은 반응을 하는 것이 아니다.

　　수행을 할 때는 하고 싶은 것이 있다고 무조건 다 하는 것이 아니다. 하고 싶은 것을 알아차릴 수 있어야 한다. 그러므로 최대한 움직임을 자제하고 마음을 알아차린다.

　　그러나 만약 움직일 때는 움직임을 알아차리면 된다. 그때는 가려움을 느끼는 순간부터 긁은 뒤에 천천히 손을 무릎 위에 놓는 것까지 모두를 알아차린다. 그리고 호흡이나 다음 대상을 알아차린다.

문_ 좌선 중에 빛이 보입니다.

답_ 빛이 보이면 '빛이 보임, 빛이 보임'이라고 해라. 어떤 현상이 나타나건 어떤 느낌이 있더라도 알아차려라.

주해_ 다른 수행에서는 빛을 대상으로 선택하여 알아차리는 수행방법도 있다. 빛의 밝기, 빛의 색깔까지 대상으로 알아차리기도 한다. 그러나 위빠사나 수행에서는 빛은 단지 알아차릴 대상일 뿐이다. 빛은 수행이 발전되면 자연스럽게 나타나는 현상이지만 어디까지나 알아차려야 할 대상이지 그것 자체가 목표가 될 수 없다. 그래서 빛을 불결한 번뇌라고 한다.

빛이 보이는 것에 대해 스승은 좋은 것이라고 말씀하시지 않는다. 누구나 빛을 좋아하기 마련이므로 그렇다. 그래서 스승들은 그냥 알아차리라고만 한다. 수행자는 어느 상황에서나 계속 나아가야 할 단계가 있기 때문에 지속적인 알아차림을 해야 한다.

문_ 일어남, 꺼짐을 하는데 얼굴에 뜨거운 현상이 일어납니다.

답_ 일어남, 꺼짐을 알아차리는 것이 중요하나 뜨거움이 너무 강렬할 때는 뜨거움을 알아차려라. 그리고 뜨거움이 사라지면 다시 일어남, 꺼짐으로 돌아와라. 뜨거움을 무시해도 될 것 같으면 그냥 일어남, 꺼짐을 하라.

주해_ 좌선 중에 얼굴에 뜨거움이 나타나는 것은 흔히 있는 현상이다. 뜨거움뿐이 아니고 어떤 느낌이 일어나도 모두 알아차려야 한다. 뜨거움은 몸에서 일어나는 화대(火大)의 요소이다.

그것을 아는 것은 몸의 실재하는 현상을 아는 것으로 수행이란 바로 이런 것을 알아차리는 것이다. 뜨거운 느낌을 알아차릴 때 그 느낌이 어떻게 변화하는가를 주시해야 한다. 그러면 느낌이 더 강해지거나 약해지거나 하기 마련이다. 이것을 모두 끝까지 알아차린다. 그리고 차츰 알아차리는 힘이 생기면 이 느낌이 일어나고 사라지는 생멸의 현상에 주의를 기울여야 한다.

몸에서 일어나는 모든 현상을 있는 그대로 알아차리는 것이 지(地), 수(水), 화(火), 풍(風)이라는 4대의 요소이다. 몸에서는 이것밖에 없다고 알아야 한다. 몸에서 일어나는 모든 느낌을 4대로 알아차릴 때 '나'라고 하는 존재가 붙지 않는다. 그리고 두려움, 공포가 생기지 않는다. 또한 도깨비, 야생짐승, 초자연적인 존재들이 환시로 나타나지 않는다.

몸을 알아차릴 때는 먼저 4대의 요소로 알아차리는 것이 필요하고, 다음으로는 일어나고 사라지는 생멸의 변화를 주시하는 것, 이 두 가지가 필요하다. 몸에 있는 것은 모두 느낌이며, 이것들은 순간적으로 생멸한다. 이것이 바로 무상이다. 그러므로 모든 현상에 무상의 법이 있다는 것을 알게 된다.

문_ 명상 중에 저의 몸 전체가 보입니다.

답_ 그때는 일어남, 꺼짐, 앉음, 닿음을 하라.

* * *

주해_ 명상 중에 몸 전체가 보일 수도 있다. 집중력이 생기면 보고 있는 자기가 보인다. 자기의 모습을 떨어져서 객관적으로 볼 수도 있다. 이것도 하나의 정신적인 현상일 뿐이다. 이때 이렇게 보는 것은 전면에서 알아차림을 하는 것이다.

수행을 할 때 몸이 전체로 느껴지는 경우가 있기도 하고, 때로는 어느 한 곳만 부분적으로 느껴지는 경우가 있다. 이렇게 상황에 따라 알아차림이 다를 수 있다. 전체를 알아차리려 할 때는 계속 전체를 알아차리려도 된다.

이렇게 전면에서 몸을 전체로 알아차리다가 대상을 보는 힘이 약해지면 느낌이 있는 곳으로 와서 알아차린다. 그러면 대상을 좀더 분명하게 알 수 있게 된다. 좌선을 시작하고 처음에는 대상을 붙잡기 위해 느낌이 강한 곳에서 알아차리는 것이 필요하다.

문_ 좌선이 끝나고 경행을 할 때 어떤 방법으로 하면 되겠습니까?

답_ 처음 약 5분이나 10분 정도는 '오른발, 왼발'을 하며 알아차린다. 굳은 다리의 근육을 풀어주기 위해 조금 빨리 걷는다. 그리고 나서 약 10분 정도 '오른발을 들어서, 놓음'을 하며 알아차린다. 그리고 '왼발을 들어서, 놓음'을 알아차린다. 이때는 처음보다 약간 천천히 걷는다. 그 뒤에는 '오른발을 들어서, 앞으로, 놓음'을 하며 알아차린다. 그리고 '왼발을 들어서, 앞으로, 놓음'을 하며 알아차린다.

* * *

주해_ 좌선이 끝난 뒤에 경행을 시작할 때는 약간 빨리 걸으면서 경직된 근육을 이완해 줄 필요가 있다. 이때 처음에는 닿음, 닿음 하나만 알아차린 다음에 오른발, 왼발을 하면서 발의 궤적을 놓치지 않고 모두 알아차려야 한다. 그러나 집중이 되지 않을 때는 계속 닿음 하나만을 알아차린다.

알아차리는 힘이 약할 때는 간단하고 단순한 대상을 선택하면 마음이 싫어하지 않기 때문에 달아나지 않는다. 그래서 발이 바닥에 닿는 것 하나만 알아차려도 된다. 이렇게 간단하게 알아차리면 집중력이 생긴다.

경행에서 발을 알아차리는 과정을 다음과 같이 분류할 수 있다.

1단계 : 닿음, 닿음(1분절)
2단계 : 오른발, 왼발(1분절)
3단계 : 들어서, 놓음(2분절)
4단계 : 들어서, 앞으로, 놓음(3분절)

1단계의 닿음을 할 때 1분절은 발을 한 번 떼어서 놓는 하나의 동작에서 하나만 알아차리는 것을 말한다. 오른발이나 왼발을 움직일 때 '닿음' 하나만 알아차린다. 2단계의 오른발, 왼발은 오른발이 움직이는 전 과정을 알고 다시 왼발이 움직이는 전 과정을 알아차린다.

2분절은 하나의 움직임을 두 가지로 나누어서 알아차리는 것을 말한다. 그래서 하나의 동작 안에서 알아차릴 것이 '들어서, 놓음'이란 두 가지이다.

집중력이 생기면 좀 더 자세하게 알아차려서 집중력을 높이려는 의도로 세분화해서 주시한다. 경행을 할 때는 먼저 발을 움직이려는 의도가 있고, 다음으로 바람의 요소인 풍대가 일어나서 움직임이 있다. 여기에 '나'라고 하는 존재는 없다. 단지 의도와 풍대와 움직임만 있을 뿐이다.

이상과 같은 단계를 실행할 때에는, 1시간을 기준으로 해서 각 단계마다 10~15분 정도씩 안배하는 것이 좋다.

수행이 잘 안 되는 이유

문_ 명상이 잘 안 되는 것도 수행이라고 말씀해 주셔서 명상이 안 될 때 갖게 되는 괴로움이 적어졌습니다. 그러나 괴로움은 적어졌지만 알아차림은 여전히 잘 안됩니다. 그래서 막연하게 헤매다 마는 경우가 있습니다.

답_ 어떤 것이 안 되는가?

문_ 일어남, 꺼짐을 알아차리는 것이 잘 안됩니다.

답_ 그때는 일어남, 꺼짐, 앉음, 닿음을 하라. 밥상에 밥을 먹을 때 내가 좋아하는 음식이 없다고 밥을 안 먹을 수는 없다. 그때는 다른 것과 함께 먹어야 한다. 그리고 졸리면 '졸림, 졸림'을 하고, 집중이 안 되면 '집중이 안 됨, 집중이 안 됨'을 그때그때 명칭을 붙여서 해라. 싫증이 나면 '싫증남, 싫증남'을 하라.

* * *

주해_ 수행은 잘 안 되는 것이다. 그래서 수행이 잘 안 되는 것을 아는 것이 수행이다. 수행을 한다는 사실은 알아차림을 하는 것으로 이는 선업의 행에 속한다. 거기에다 집중까지 곁들여져야 하는데, 전에 해보지 않은 것이기 때문에 쉽게 되지 않는다.

수행이 된다는 것은 선한 마음의 상태가 유지되는 것을 의미하나 우리의 평상시 마음이 선한 마음의 상태만은 아니기 때문에 수행이 잘될 수가 없다. 선하지 못한 마음의 상태란 탐욕, 성냄, 어리석음인데 이런 마음이 평소의 마음이기 때문에 장애가 나타나게 마련이다.

그러나 이런 장애가 있어서 수행이 발전할 수 있는 것이다. 다만 수행이 안 된다고 할 때 일어나는 장애를 극복하면 발전이 있고, 이 장애에 걸려 넘어지면 수행을 계속할 수 없게 된다. 그래서 장애는 약이자 독이기도 하다.

수행이 잘 안 되는 것에 대한 이유는 많다. 그러나 어떤 경우도 이유는 찾지 말아야 한다. 이유는 알아야 하지만 생각으로 아는 것이 아니고 지혜로 알아져야 한다. 마음을 알아차리다 보면 쉽게 이유가 나타난다. 또한 마음의 작용을 알아차릴 때도 이유가 나타난다. 이것이 수행을 통하여 직관적으로 알게 되는 수혜(修慧)이다.

안다는 것은 지혜(智慧)이고 모른다는 것은 무지(無智)이다. 결국은 왜 그런지 이유를 아는 것이 지혜이고, 왜 그런지 모르는 것이 무지이다. 그러나 생각으로 이유를 알았을 때는 위험이 있다. 생각은 깨어 있는 상태가 아니므로 이유를 알아서 괴롭거나 더 상황을 악화시킬 우려가 있다. 그렇지만 지혜로 이유를 알게 되면 마땅한 해결방법까지를 함께 아는 것이 된다. 지혜로 이유를 아는 것은 원인과 결과를 아는 것으로 이는 사물을 통찰하는 것이므로 집착이 끊어진 상태에서 아는 것이다. 그러므로 가장 이상적인 해결방법을 찾게 된다.

지혜의 종류는 하나가 아니다. 책이나 남이 하는 말을 들어서 아는 것은 문혜(聞慧)이고, 생각으로 사유해서 아는 것은 사혜(思慧)이다. 이것들은 일종의 지식이다. 그러나 수행을 통하여 아는 것이 수혜(修慧)이다.

수혜는 관념적인 사유가 아니고 직관으로 대상의 성품인 본질을 알게 되는 것이다. 바꾸어 말하면 욕망이 생길 때나 화가 날때, 왜 욕망과 화가 났는가를 꿰뚫어보는 것이다. 이 수혜를 통해서 대상의 원인을 알게 되는 것이 바르게 이유를 아는 것이다.

이유는 분명히 알아야 된다. 그러나 생각으로 알아서는 안 된다. 수혜를 통해서 바르게 원인을 알아야 이것이 이유를 아는 것이다. 문혜나 사혜는 많이 알아도 지적인 사유에 그친다. 그러나 이것들의 도움 없이는 수혜로 가기가 어렵다. 수혜를 얻게 되는 과정에서도 알아차리는 대상이 마음일 때 더욱 효과가 있다.

좌선 중에 집중이 안 될 때의 대처방법은 여러 가지가 있다. 먼저 크게 두 가지로 분류해 볼 수 있다. 무조건 현재의 몸으로 돌아와서 강한 대상을 알아차리는 것과 현재의 마음을 알아차리고 나서 가슴의 느낌이나 호흡을 주시하는 방법이 있다. 이를 정리하면 다음과 같다.

첫째, 들뜨거나 의심이 나거나 집중이 잘 안 되거나 졸리거나 수행을 하기 싫거나 할 때는 제일 먼저 마음이 현재의 몸으로 돌아와야 한다.

1. 현재 몸이 앉아 있는 것을 알고 그리고 닿아 있는 것을 알아차린다. 이때 앉음은 상체로부터 엉덩이까지를 주시하고 닿음은 무릎과 발이 바닥에 닿는 것을 알아차린다. 이렇게 앉음과 닿음을 적당히 반복해서 알아차린다.

2. 가슴에서 콩닥거리는 느낌이 있으면 이 느낌을 대상으로 알아차린다.

3. 어느 곳이든 일어나고 사라지는 호흡이 있으면 알아차린다.

4. 신체의 머리, 이마, 눈, 코, 볼, 입술, 가슴, 손, 배, 엉덩이, 다리, 발 등을 차례로 알아차린다.

5. 눈꺼풀, 입술, 손, 엉덩이를 차례로 알아차리고, 다시 역순으로 알아차린다.

이상 다섯 가지 중에 가장 강력한 것부터 알아차리기 시작하여 마음을 몸에 붙여서 차츰 집중력을 키운다.

둘째, 현재의 마음을 알아차린다.

1. 현재의 마음을 알아차린다.
2. 가슴에서 일어나는 느낌을 알아차린다.
3. 호흡을 알아차린다.

문_ 경행을 할 때 발의 움직임을 들어서, 앞으로, 놓음이라고 3단계로 나누어서 알아차림을 합니다. 그런데 더 자세하게 보고 집중을 하기 위해서 다른 방법을 사용합니다. 들어서, 앞으로, 놓음 다음에 감촉, 눌림이라고 5단계로 나누어서 알아차려 봅니다. 또 어떤 때는 끝만을 집중적으로 알아차리기도 하는데 들어서 끝, 앞으로 끝, 놓음 끝을 이름을 붙여서 해보기도 합니다. 이렇게 해도 되는 것인지요?

답_ 들어서, 앞으로, 놓음을 하고 감촉과 눌림을 할 때 '느낌'으로 해보아라. 들어서 끝을 할 때는 입으로만 외우게 되고 알아차림이 안 될 수가 있으니 매우 천천히 하라.

* * *

주해_ 수행자는 스승으로부터 수행지도를 받을 때 일차적으로 가르침대로 하려는 노력이 있어야 하고, 경우에 따라서는 자신에 맞는 합리적인 방법을 응용할 수도 있다. 그래서 먼저 스승의 가르침을 따르고 차츰 자기에게 알맞은 방법을 계발할 수도 있다. 그러나 그런 경우에는 지도자에게 알리고 자신이 하고 있는 방법이 바른 방법인지 검증을 받는 것이 좋다.

수행을 시작할 때 수행자는 먼저 모양을 알아차린다. 이것을 빤냐띠(paññatti)를 안다고 말한다. 그리고 알아차리는 집중력과 아는 힘이 생기면 차츰 성품을 알아차리게 된다. 성품은 실재하는 것으로 몸의 성품을 말할 때는 단단하다거나 차갑다거나 하는 것들을 말하는데, 이것을 빠라마타(paramattha)라고 한다.

발의 움직임을 볼 때 가볍다, 무겁다, 단단하다, 부드럽다 하는 실재하는 성품을 느낌으로 아는 것이 바로 빠라마타를 알아차리는 것이다. 그러고 나서 대상의 변화를 주시하여야 한다. 변화를 알아차리면 원인과 결과를 알고 시작과 중간과 끝을 알아차리게 된다. 이렇게 단계적인 과정을 거쳐 차츰 알아차릴 대상의 내용이 바뀌어 간다.

이런 단계적 과정을 거쳐서 대상의 시작과 중간과 끝을 볼 수 있는 힘이 생긴다. 수행을 시작한 처음부터 시작과 중간과 끝을 알려고 해서는 안 된다. 이것은 보일 때 보아야 하는 대상이다.

또한 위빠사나 수행에서 끝을 알아차리는 것은 소멸을 아는 것인데, 소멸은 무상을 아는 것으로 어느 정신적 단계에 이르러야 자연스럽게 알아지는 것이다. 그래서 처음부터 없는 힘을 가지고 억지로 소멸의 법을 보려고 해서는 안 된다.

수행을 할 때 시작과 중간과 끝을 알라고 말하는 것은 시작을 보고, 중간을 보고, 끝을 보라는 말이 아니다. 처음부터 끝까지 놓치지 말고 전부를 따라가며 알아차리라는 뜻이다. 그래서 이것은 아는 힘이 강해졌을 때 자연스럽게 알아차려지는 대상이다. 이것을 알게 되는 것이 조건지어진 특성을 알게 되는 것이다.

문_ 어떤 생각이 연속적으로 일어납니다.

답_ 짧게 일어나는 망상이 있고 길게 일어나는 망상이 있다. 망상이 일어나면 망상이 끝날 때까지 알아차려라. 망상하는 시간이 너무 오래 걸려서 20분이나 30분까지 가면 알아차림의 대상을 바꾸어라. 그때는 일어남, 꺼짐, 앉음, 닿음을 하라. 알아차림의 힘이 강할 때는 망상이 바로 사라진다.

* * *

주해_ 망상은 순간적인 것에서부터 1분, 10분, 30분, 1시간, 1일, 1개월, 1년, 일생 동안 하고 살 수도 있다. 사실은 세세생생 망상만 하고 사는 것이다. 우리가 산다는 것은 사실 평생을 망상 속에서 사는 것이다. 망상은 마음이 생각을 하는 것이다. 알아차림이 있을 때는 망상이 아니고 알아차림이 없을 때를 망상이라고 한다. 현재 자기가 하고 있는 일을 알아차리지 못하면 망상을 하는 것이다. 그래서 망상은 깊은 무지이다.

망상은 일어날 때 빨리 알아차려야 한다. 망상이 커지면 탐욕이나 화내는 마음이 커진 것이다. 망상은 현재가 아니고 과거나 미래의 일들이다. 좌선 중의 망상은 잠재의식 속에 있는 기억들이다. 이것은 오온 중에서 상(想)의 기능이다. 상의 기능은 인지하고, 식별하고, 표상작용을 하고, 기억하는 많은 역할을 한다. 이것은 마음이 일으킨 마음의 작용이다. 그러므로 망상은 피하려고 해도 피할 수 없는 우리 마음의 일부라고 생각해야 한다. 망상은 좋거나 싫거나 간에 실재하는 것이므로 법이고 알아차릴 대상이다.

그래서 일어날 때마다 끊임없이 알아차려야 한다. 망상의 횟수를 문제 삼아서는 안 된다. 망상이 일어나면 일어나는 대로 열 번이고 백 번이고 알아차려야 된다. 많이 알아차리면 아는 만큼 보너스가 생긴다. 망상을 알아차리면 자기도 모르게 알아차리는 힘이 생기게 된다. 망상하고 있다는 것을 아는 것은 현재의 마음의 상태를 아는 가장 직접적인 기회이기도 하다. 어떤 특별한 망상을 많이 했다면 바로 그것에 집착하고 있었다는 것을 알 수도 있는 기회이다.

문_ 명상을 하다 싫증이 나면 일어나서 경행을 해도 됩니까?

답_ 정해진 명상시간에는 명상을 하고 정해진 시간에 경행을 해라. 참으며 해야 집중하는 힘이 길러진다.

* * *

주해_ 싫증이 나서 좋은 것만 선택하게 되면 끝이 없다. 경행을 하다 싫증이 나면 또 다른 것을 해야 한다. 그래서 싫증이 나면 먼저 싫증을 내는 마음을 알아차려야 한다. 그런 다음 가슴으로 가서 콩닥거리는 느낌을 주시하면 효과가 있다. 수행자가 알아차릴 대상 중에 싫증이 나는 것도 포함된다. 그래서 이때는 싫증이 대상인 것이다. 싫증을 알아차릴 대상으로 삼으면 싫증 자체가 소멸된다. 인내가 없으면 좋은 열매가 없다. 참는 것도 수행의 과정이다. 좋아하는 것만 하려는 것은 탐욕이다. 좋아하기 때문에 싫어하게 되어 성냄이 일어난다. 이런 모든 것들은 무지로 인해 생기는 것이다.

수행을 할 때 억제해서는 안 된다. 그러나 인내가 필요하다. 억제하는 것은 마음을 억압하여 강제적으로 누르는 것이다. 이것은 반작용의 부작용이 있다. 그러나 인내는 일어나고 있는 현상을 참고 견디며 지혜롭게 지켜보는 것이다. 그래서 수행 중에는 억제하지 말고 인내해야 된다. 인내가 열반으로 이끈다.

앉음 닿음을 할 때

문_ 일어남, 꺼짐, 앉음, 닿음을 할 때 앉음과 닿음을 하기가 힘이
듭니다. 왜냐하면 일어남은 배가 일어날 때, 꺼짐은 배가 가라앉았을
때 합니다. 그런데 꺼짐을 한 뒤에 앉음, 닿음을 하려니까 숨이 차서
한 사이클 안에 모두 넣기가 힘이 듭니다. 그래서 한번 숨을 쉴 때
일어남, 꺼짐을 연달아 하고 다음 숨을 쉴 때는 앉음, 닿음을 합니다.
이렇게 해도 되겠습니까?

답_ 일어남이 있을 때 일어남을 하고, 꺼짐이 있을 때 꺼짐을 하라.
그리고 다음 일어남이 시작되기 전에 앉음, 닿음을 다 끝내고 호흡이
일어날 때 다시 일어남을 하라.

* * *

주해_ 수행이 진행되는 동안 주 대상인 호흡의 일어남, 꺼짐을 알아
차리다 보면 앉음, 닿음을 할 때가 온다. 이때의 앉음, 닿음은 호흡이
아니라 몸의 앉아 있는 모습에서 엉덩이 부분을 알아차리는 앉음과

발과 무릎이 바닥에 닿아 있는 것을 알아차리는 닿음을 말한다.

　호흡은 배나 가슴에서 일어나고 꺼지는 현상을 알아차리는 것이고 앉음과 닿음은 호흡과 상관없이 몸이 바닥에 닿아 있는 것을 알아차리는 것이다. 그러나 여기서 앉음과 닿음을 해야 하는 이유를 아는 것이 필요하다. 앉음과 닿음은 호흡의 일어남, 꺼짐을 할 때 꺼짐을 한 뒤에 쉼의 상태(휴지부)가 너무 길어져 그 사이를 메우기 위해 사용되는 방편이다. 만약 일어남을 하고 꺼짐을 했는데 얼마간의 시간적 공간이 생기면 그 사이에 졸음이 오거나 망상이 생기거나 한다. 이때 마음이 잠시도 무료함을 견디지 못하고 다른 곳으로 달아나 버려 알아차림을 놓치게 된다. 그에 따른 대안으로 앉음과 닿음을 알아차린다.

　쉼의 틈을 메우는 방법은 다양하다. 또한 이것은 특별한 원칙이 있는 것도 아니다. 마하시에서는 일어남, 꺼짐을 하고 틈이 생기면 먼저 앉음을 하며 그러고도 틈이 남으면 닿음을 한다. 만약 일어남, 꺼짐이 계속되는 동안 앉음이나 닿음이 들어갈 틈이 없으면 하지 말아야 한다. 다시 말하자면 앉음, 닿음은 쉼의 시간적 틈이 있을 때 하는 것인 만큼 틈이 없으면 하지 말아야 한다.

　또한 앉음, 닿음을 하는 다른 경우가 있다. 좌선 중에 호흡을 알아차리기가 어려울 때가 있다. 이때는 알아차릴 대상으로 호흡의 일어남, 꺼짐이 없이 몸의 앉음, 닿음을 알아차린다. 그래서 이때의 앉음 닿음은 호흡과 호흡 사이의 쉼을 메우는 것과는 다른 상황에서 사용한다.

　호흡을 알아차리는 방법 중에 제일 처음 일어남, 꺼짐을 알아차리기 전에 일어남 하나만을 알아차리는 방법도 있다. 처음에는 집중력이 없기 때문에 알아차리는 힘이 약하게 마련이다. 그래서 호흡을 알아차리기 시작할 때 일어남 하나만을 대상으로 할 수도 있다. 또한 같은 방법으로 꺼짐 하나만을 알아차릴 수도 있다. 이를 요약을 하면 다음과 같다.

1. 일어남(처음에는 일어남 하나만 알아차린다. 또는 꺼짐 하나만 알아차릴 수도 있다.)
2. 일어남, 꺼짐(정상적인 호흡의 상태를 알아차리는 것이다.)
3. 일어남, 꺼짐, 앉음(앉음은 몸이 앉아 있는 것을 알아차린다.)
4. 일어남, 꺼짐, 앉음, 닿음(닿음은 발이 바닥에 닿아 있는 것을 알아차린다.)

이상의 방법은 호흡에 명칭을 붙였을 때 사용할 수 있는 기초적인 방법이다. 다음으로 호흡에 명칭을 붙이지 않는 수행을 할 때는 쉼이란 휴지부가 길지가 않다. 그래서 쉼 하나로 틈을 메울 수 있다. 이 방법을 요약하면 다음과 같다.

1. 일어남(또는 꺼짐 하나만 알아차린다. 이때 하나의 호흡을 1분절로 알아차린다.)
2. 일어남, 꺼짐(하나의 호흡을 2분절로 나누어서 알아차린다.)
3. 일어남, 꺼짐, 쉼(하나의 호흡을 3분절로 나누어 알아차린다. 쉼은 호흡이 정지된 상태를 알아차리는 것이다.)

이상의 방법을 알아차릴 때 알아차리는 힘에 따라 차츰 대상을 넓혀 가야 한다. 호흡과 호흡 사이의 쉼을 알아차릴 수 없을 때는 일어남, 꺼짐만을 알아차린다. 그러나 집중력이 생기면 마음이 고요해 지고 알아차리는 힘도 생기므로 쉼을 알아차릴 수 있는 마음의 여유가 생긴다. 만약 쉼을 알아차릴 힘이 없을 때 억지로 알려고 하면 호흡이 만들어지며 엉키게 된다. 그래서 숨이 가빠진다.

수행을 계속하여 집중력과 알아차림이 충분해지면 일어남과 꺼짐 사이에서도 쉼의 휴지부를 발견하게 된다. 여기서 더욱 발전하면 일어남 하나에서도 시작과 중간과 끝을 알아차리는 힘이 생긴다. 또한 쉼을 알아차릴 때는 움직임이 없는 때이므로 마음으로 쉼이라는 공간을 메워야 한다. 그래서 움직임이 없고 쉬고 있는 상태라는 것을 알아야 하는데, 정지되어 있는 것, 고요한 상태라고 아는 것이 필요하다. 이때 쉼의 느낌은 덤덤한 상태이다.

수행에서 가장 중요한 것은 현재 알아차리고 있는 대상에 얼마나 정확하게 집중을 하느냐 하는 것이 중요하다. 현재를 알아차리는 것이 완전해지면 차츰 빠른 속도를 알아차리는 힘이 생겨 다음 단계의 과정으로 나아갈 수가 있다. 만약 알아차리는 힘이 없음에도 불구하고 많은 것을 알아차리려고 한다면 수행을 계속할 수가 없게 된다. 이것이 탐욕이라는 것을 알아차리고 없는 힘을 내지 말아야 한다.

수행 중에 다른 수행자에게 들은 말이나 또는 책에 씌어 있는 것들이 위험할 수가 있다. 이것은 자기 수준에 맞는 방법을 선택하는 것이 중요함을 말하는 것이다. 수행 중에는 자신이 판단하지 말고 남의 얘기를 듣지도 말고 책에 있는 것을 기준으로 삼지 말고 오직 경험 있는 스승의 가르침대로 따라야 한다.

문_ 공양을 위해 기다리는 대열에 서서 기다릴 때 서 있는 모습을 보는 '섬, 섬'을 했는데 너무 오래 서 있으니까 계속해서 '섬, 섬'만을 하기가 힘듭니다. 싫증이 나기도 했습니다. 이때는 어떻게 하는 것이 좋겠습니까?

답_ '섬, 섬'을 하고 머리부터 발끝까지 알아차리고 나서 '일어남, 꺼짐'을 해라.

* * *

주해_ 수행은 행(行), 주(住), 좌(坐), 와(臥)를 모두 알아차리는 것인데, 여기서 '주'가 서 있는 것이다. 서 있을 때는 당연히 서 있는 모습을 알아차리는 것이 필요하다. 그러나 계속 서 있는 것만을 알아차리면 싫증이 나므로 일어남과 꺼짐을 하고 서 있는 모습을 알아차리면 좋다. 섬을 할 때는 서 있는 상체의 모습부터 발바닥이 땅에 닿아 있는 것까지를 알아차린다. 그러나 움직일 때는 호흡을 알아차리지 말고 움직이는 것을 알아차려야 한다. 호흡은 앉거나 서 있거나 몸의 동작이 정지되어 있을 때 알아차린다. 그래서 서 있을 때는 서 있는 것과 함께 호흡을 알아차리는 것이 효과적이다.

문_ 망상이 떠오를 때 망상, 망상 하고 계속 이름을 붙여서 자꾸 외우면 됩니까?

답_ 그것이 망상이라는 것을 이름을 붙이기 전에 이미 알아차렸으므로 너무 많이 망상이라고 외울 필요는 없다.

주해_ 망상을 할 때 '망상'이라고 명칭을 붙일 때는 한두 번이면 된다. 만약 여러 차례 명칭을 붙였다면 오히려 장애가 될 수 있다. 알아차림을 할 때 집중하는 힘이 있으면 한번에 사라지게 된다. 이런 때는 명칭 없이 그냥 망상을 알아차리는 방법을 사용할 수 있다.

마음은 한순간에 하나밖에 알아차리지 못하므로 망상하는 것을 알아차리면 망상은 순간적으로 사라진다. 망상하는 마음은 먼저 있는 마음이고 알아차리는 마음은 새로 생긴 마음이다. 새로 생긴 마음이 있으면 당연히 먼저 있는 마음은 사라진다. 왜냐하면 마음은 한순간에 하나밖에 알아차릴 수 없기 때문이다.

만약 알아차렸는데도 망상이 계속되었다면 알아차림의 힘과 집중의 힘이 약하기 때문이다. 망상이라는 대상에 마음이 정확히 겨냥되어 있지 않은 것이며, 알아차림을 지속하지 못하기 때문이다. 그래서 일단 사라진 망상이 다시 나타나는 것이다.

문_ 명상을 하고 있을 때 알아차림이 잘되고 있는데도 잠에 빠질 때가 있습니다.

답_ 어떤 순간이든 편안한 상태에서 확실히 알아차려야지 잠이나 망상에 떨어지지 않는다. 알아차릴 때는 확실하게 알아차려야 한다.

주해_ 알아차릴 때 알아차림 하나로는 지속시키기가 어렵다. 반드시 노력이 뒷받침이 되어야 알아차림이 유지된다. 알아차림도 강해졌다 약해졌다 한다. 그래서 노력이 필요하다. 또한 알아차림이 지속되면 집중이 되는데 집중되어도 다시 장애가 나타날 수가 있다.

알아차림이 지속되는 상태가 되면 집중이 되는데, 이때 마음이 고요해지기 때문에 자연스럽게 잠에 떨어질 수도 있다. 잠은 집중의 힘이 강해지고 알아차림이 약해져서 나타나는 현상이다. 그래서 노력을 해야 한다. 이때 '지금 내 마음이 무엇을 하고 있는가?'를 주시한다. 그러면 희미한 마음과 나른한 몸을 알 수 있을 것이다. 바로 이것을 그대로 알아차려야 한다.

집중과 졸음은 종이 한 장 차이로 붙어 있다. 고요한 집중상태에서는 알아차리려는 노력을 더 많이 해야 한다. 이때의 노력이란 대상의 변화에 더 집중하는 것이다. 대상의 변화를 보면 흥미를 잃지 않게 되어 보는 힘이 생긴다. 그리고 느낌을 알아차리기 위해 노력해야 한다. 느낌을 알아차릴 수 있다는 것은 대상에 정확히 밀착된 것이다. 느낌은 변화가 많아 볼거리가 생겨서 마음이 싫증을 내지 않게 된다. 집중과 졸음은 칼날의 양면과 같아서 알아차림과 노력이 뒷받침되지 않으면 잠으로 떨어지게 된다.

문_ 몸의 통증을 알아차릴 때 싫어하는 마음이 생겼습니다.

답_ 무엇이나 나타나는 것을 알아차려라. 좋은 것을 좋아하면 탐욕이고, 싫어하는 것을 싫어하면 진심(성냄)이 된다. 좋고 싫음에 관계없이 그냥 그 상태를 알아차려라.

주해_ 통증을 빨리어로 둑카 웨다나(dukkha vedanā)라고 하는데, 고통스러운 느낌이란 말이다. 처음 좌선을 시작하면 제일 먼저 망상, 통증, 졸림 등이 나타난다. 이것은 좌선을 시작하면 늘 찾아오는 손님이다. 손님은 내쳐야 할 대상이 아니고 왔다는 것을 알아차려야 할 대상이다. 그래서 통증을 손님으로 주시할 수 있어야 한다.

통증에는 여러 가지가 있지만 견딜 수 없는 통증도 있게 마련이다. 그래서 통증을 참아내기가 여간 어려운 일이 아니다. 그러나 몸의 통증이 괴로운 것만은 아니다. 그 괴로움을 통하여 괴로움의 진정한 실체에 접근한다. 그리고 아프면 잠으로부터 해방되는 보너스도 있다.

통증은 삼법인의 무상, 고, 무아의 세 가지에 모두 해당한다. 존재하는 모든 것의 속성은 무상하며 괴로움이 있으므로 비켜갈 수는 없다. 좌선 중에 있는 통증은 움직이지 않아서 생기는 것이므로 시간이 가면 차차 적응된다. 우선 몸이 고통에 적응하기까지가 문제다. 수행을 하려면 어차피 통증의 산을 넘지 않으면 안 된다.

좌선 중에 통증이 생길 때는 제일 먼저 싫어하는 마음이 생기게 마련인데, 이때 싫어하는 마음을 먼저 알아차려야 한다. 싫어하는 마음이나 두려워하는 마음이나 일어나는 마음을 모두 알아차려야 한다. 이 마음을 알아차리지 않으면 괴로운 것에서 벗어나기가 쉽지 않고, 오히려 괴로움이 갈수록 더 가중되어 수행을 포기하게 된다. 또한 수행을 하다가 통증 때문에 죽지는 않는다는 확신이 필요하다.

몸이 아플 때는 몸만 아파야지 마음까지 아프지 말아야 한다. 그래서 통증이 생기면 먼저 통증을 싫어하는 마음을 알아차려야 한다. 이렇게 알아차리는 것은 몸과 마음을 분리해서 보는 위빠사나 수행의 첫 번째 지혜에 속한다. 이 지혜가 성숙되어야 다음 단계인 원인과 결과를 아는 지혜로 발전할 수 있다.

처음에는 마음을 오래 보기가 어려우므로 짧게 싫어하고 있는 마음을 본다. 그 다음에 통증이 있는 곳에 가서 통증이 과연 무엇인가를 자세하게 알아차린다. 거기에는 통증이 가지고 있는 다양한 성품이 있다는 것을 알게 될 것이다. 쑤심, 뜨거움, 화끈거림, 팽창 등 많은 성품이 있다. 그것을 하나하나 알아차린다. 이렇게 통증을 객관화해서 보면 몸은 아파도 마음까지 아프지는 않아 통증이 경감되는 것을 알게 될 것이다.

문_ 명상 중에 소음이 심하여 장애를 받고 있습니다. 괴로워서 집중이 잘 안됩니다. 그래서 노력하다가 말 때도 있습니다.

답_ 일어남과 꺼짐이 방해가 될 정도의 소음만 소음으로 알아차리고 방해가 안 되면 무시하라.

* * *

주해_ 미얀마의 소음은 대체로 쉬지 않고 틀어대는 마이크 소리이다. 이곳저곳에서 볼륨을 최고로 올려놓은 마이크 소리가 울려댄다. 도시나 시골을 가리지 않고 들려온다. 마을이나 절, 여기저기서 울려대는 소리를 감당하기 어려울 수도 있다. 수행이 진전되면 소리를 그냥 소리로 알아들을 수 있겠지만 그렇지 못한 초심자에겐 여간 괴로움이 아닐 수 없다. 어떤 때는 24시간 동안 『아비담마』 경전을 외는 데 7일이나 걸리기도 한다.

수행에서 소리도 알아차려야 할 대상의 하나다. 들려오는 소리로 싫어하는 마음이 생겼을 때는 먼저 소음을 싫어하는 마음을 알아차려야 한다. 그리고 소리 나는 곳으로 마음을 보내지 말고 귀에서 소리를 듣는다. 소리 나는 곳으로 마음이 가서 듣게 되면 싫다 좋다 차별을 하게 되어 반응하게 된다. 그래서 귀에서 소리를 듣는다. 그러면 어떤 소리일지라도 그냥 소리로 들릴 뿐이다. 귀에서 듣게 되다가 차츰 마음으로 소리를 듣는다.

수행 중에 외부의 환경으로부터 들려오는 소음의 경우는 그래도 참을 만하지만 좌선을 하는 중에 주위에서 들리는 소음에 대해서 더 못 견디는 경우가 있다. 이때는 자신이 수행을 하는 데 방해를 하는 아상이 작용하여 더 화를 내게 된다. 모든 소리는 알아차릴 대상이다. 소리를 소리로 듣지 않고 '누가 내는 소리'라고 상대가 나타나면 견딜 수가 없어진다. 그래서 상대를 미워하고 화를 낸다. 소리는 그냥 단순한 소리로 들어야 한다.

문_ 경행을 하는데 배의 일어남, 꺼짐이 알아차려집니다.

답_ 경행은 다리에 신경을 두고 알아차리는 것이다. 배의 일어남, 꺼짐을 알아차리지 마라. 이것은 앉아서 일어남, 꺼짐을 하는 것이 아니고 오른발, 왼발을 하는 것과 같다.

* * *

주해_ 알아차린다는 것은 몸과 마음이 무엇인가를 할 때, 하고 있는 것을 아는 것이다. 움직일 때는 움직이는 것을 알고, 서 있을 때는 서 있는 것을 알아차린다. 앉아 있을 때는 몸의 느낌을 알아차리거나 호흡을 알아차린다. 호흡은 신념처 수행에서 여러 가지 종류 중의 하나이다. 앉아 있을 때 보기 좋은 대상이어서 보는 것이지 호흡 자체가 무슨 절대적 대상은 아니다. 그러나 경행을 하다 서 있을 때 호흡이 일어나면 일어난 것을 알고 몸의 움직임으로 돌아와야 한다.

문_ 명상 중에 집중이 잘되어 매우 기분이 좋습니다. 이때 희열이 넘칩니다.

답_ 수행하다 좋을 때 좋아하면 수행상태가 발전이 없고 정지된다. 좋으면 좋은 것을 알아차려야 진전이 있다. 좋아하는 것에 만족하지 말고 그 상태를 알아차려라.

* * *

주해_ 수행을 하다 보면 좋을 때와 좋지 않을 때와 그냥 덤덤할 때가 있다. 모두 똑같이 알아차릴 대상이지만 사실은 좋아할 때 알아차리는 것이 더 힘들다. 좋지 않은 것은 쉽게 알아차릴 수가 있는데 좋은 것은 거기에 빠져서 알아차리기가 어렵다. 좋은 것은 알아차리기보다 그것을 즐기려는 경향이 있기 때문이다.

좋아할 때 알아차리지 못하면 탐욕이 일어나고, 싫어할 때 알아차리지 못하면 성냄이 일어나며, 덤덤할 때 알아차리지 못하면 어리석어진다.

　　좋아하는 것은 그대로 두면 감각적 쾌락을 추구하는 길로 가게 된다. 좋아하는 것의 속성은 그냥 좋아하는 것으로 그치지 않고 반드시 그것을 발전시킨다. 또한 좋아하는 것에 익숙해지면 다음에 좋아하지 않는 것이 나타날 때 그것을 싫어하거나 참지 못하게 된다. 그래서 화를 내게 된다. 결국 좋아하므로 싫어하게 되는 것이다. 그래서 화를 낸다는 것의 자연적 성품은 좋아한다는 것이 원인이다.

문_ 명상을 시작하고 일어남, 꺼짐을 하려고 하는데 호흡이 순조롭지 않고 경직되어 알아차리기가 어렵습니다.

답_ 일어남, 꺼짐이 안 되면 그것에만 신경을 쓰지 말고 다른 것을 해라. 그때는 앉음, 닿음을 해라. 한 가지만 가지고 수행을 하지 마라. 일어남을 볼 때 너무 긴장한 상태에서 의도적으로 이끌어 내려고 하니까 잘 안 되는 것이다.

문_ 그럴 때 앉음, 닿음이 잘 안 되어서 하지 않고 있습니다.

답_ 좋은 것만 골라 하면 안 된다. 다른 것도 할 수 있도록 해야 된다.

* * *

주해_ 처음에 호흡을 바로 알아차리려고 하면 긴장하여 호흡이 숨는 경우가 많다. 그래서 몸을 알아차리면 자연스럽게 호흡이 나타난다. 몸을 알아차리는 방법은 여러 가지가 있다. 머리부터 발까지 부분 부분의 하나하나를 알아차려도 좋다. 예를 들면 눈꺼풀, 입술, 손, 엉덩이, 등을 차례로 알아차린다. 다시 역순으로 엉덩이, 손, 입술, 눈꺼풀을 알아차린다. 이렇게 계속 알아차림을 반복한다. 그리고 다른 방법으로 앉음, 닿음을 할 수도 있다.

이렇게 알아차리다 보면 어느 사이에 배에서 일어남, 꺼짐의 호흡이 나타난다. 이때 살며시 그 호흡을 주시한다. 강하게 보려고 하면 또 숨으니까 부드럽게 지켜본다. 호흡은 있어서 알아차리는 것이므로 만들어서 알려고 하지 말아야 한다. 만들어서 하려고 하면 긴장해서 호흡이 잘 나타나지 않는다. 만들어서 하는 호흡을 하면 피곤해서 오래 지속하기가 어려우며 탐욕이 계속 작용하는 것이기 때문에 바람직하지 않다.

처음 수행을 시작할 때는 배의 움직임을 알아차린다. 배가 불룩거리는 움직임을 뒤따라가며 가만히 주시한다. 거기에는 움직임의 길고 짧음이 있고, 강하고 약한 움직임이 있다. 매번 모양이 다르다는 것을 알아차린다. 차츰 집중이 되면 일어남과 꺼짐의 성품을 알아차린다. 일어남은 공기가 들어가서 부푸는 현상이고, 꺼짐은 공기가 빠지는 현상이다. 이것이 팽창과 수축을 알아차리는 것이다. 또한 밀고, 당김을 알아차리거나 공기의 압력과 밀도의 차이를 느낄 수 있으면 더욱 좋다.

호흡을 알아차리기 어려울 때는 몸의 각 부위를 주시하거나 앉음, 닿음을 해야 하는데도 앉음, 닿음을 하지 않으려고 하는 경우가 있다. 왜냐하면 일어남, 꺼짐은 움직임이 분명하고 수축과 팽창의 맛이 있기 때문에 알기가 편하고 좋다. 그러나 앉음, 닿음은 그냥 있는 몸을 알아차리는 것이라서 재미가 없고 무미건조하게 느껴지기 때문이다. 앉음, 닿음은 리듬이 없고 알아차리기가 딱딱하다. 이때는 몸의 부위나 앉음, 닿음을 할 때의 느낌에 초점이 맞춰져야 한다. 이런 이유로 인해 수행자들이 호흡의 움직임이 없어도 호흡을 알아차리려고 한다.

또한 호흡의 움직임이 분명해도 잘 알아차리기 어려운 경우도 있다. 이때는 마음이 산란해져서 진정이 안 된 상태이다. 이때는 불안정한 마음을 먼저 알아차려야 한다. 지금 내 마음이 불안정한가, 들떠 있는가를 알아차린다. 이것은 수행 중에 흔하게 있는 장애인데, 이때 그 마음을 알아차리지 않으면 진정이 안 된다. 산란하고 들뜨게 되는 원인이 많이 있지만 너무 잘하려고 해도 이런 현상이 생긴다. 잘하려고 하는 것이 바라는 것이고 욕망이기 때문이다.

집중력이 생기면 몸의 감각이 사라진다

문_ 명상을 시작한 뒤 5분에서 10분쯤 지나면 몸이 무감각한 상태가 되고 그 뒤에 일어남과 꺼짐만 깨끗한 상태로 남곤 했습니다. 그런데 이제는 몸이 무감각한 상태가 되지 않은 상태에서도 무감각한 때처럼 일어남과 꺼짐의 알아차림이 깨끗하게 느껴집니다.

답_ 일어남, 꺼짐이 있는 한 다른 것에 상관없이 호흡만 알아차려라.

＊ ＊ ＊

주해_ 좌선을 하면 처음에는 발이 저리고 통증이 오기도 한다. 이때 계속해서 통증을 알아차리면 사라질 때도 있지만 통증이 계속될 때도 있다. 어느 때는 발이 저려서 마비되어 감각을 느끼지 못하는 수도 있다. 이 상태에서도 집중이 잘되면 호흡이 매우 부드럽고 깨끗하게 느껴진다. 이처럼 처음에는 마비에 의해 몸의 감각이 없고 오직 호흡만 있을 때가 있다. 이것은 알아차림이 호흡에 집중된 것을 말한다. 이 상태는 마비가 와도 몸을 움직이지 않았기 때문에 집중력이 생긴 것이다.

　　그러나 이렇게 집중력이 생기면서 차츰 몸의 상태가 부드러워지고 수행에 적응되면 더 이상 마비가 오지 않는다. 수행을 할 수 있도록 몸이 만들어진 것이다. 그 상태에서 몸이 사라졌을 때 되었던 집중력으로 몸이 있는 것을 느끼면서도 똑같이 집중되어 일어남, 꺼짐을 알아차릴 수 있다.

　　수행자에 따라, 집중력에 따라 몸의 상태가 조건지어진다. 몸이 만들어졌다는 것은 수행의 발전이다. 몸은 원래 사람마다 뻣뻣하고 부드러운 특성에 따라 만들어지는 차이가 다르기도 하고, 또는 집중력에 따라 다르게 만들어지기도 한다. 만들어진다는 것은 수행을 할 수 있도록 적응되었다는 것이다. 이와 같이 집중력이 생기면 몸의 상태가 현저하게 달라진다. 몸이 가벼워지고 굽었던 허리도 펴지게 된다. 집중에 의해 비로소 몸에 있는 통증도 사라진다. 집중력이 생기면 몸이 부드러워진다.

문_ 명상을 하다 보면 호흡이 빨라져 있는 것을 발견하곤 합니다.

답_ 수행자에 따라서 그런 사람도 있는데 호흡을 따라잡을 수만 있으면 그것에 상관없이 호흡을 계속 알아차려라.

* * *

주해_ 호흡은 마음의 상태에 따라 빨라지거나 느려지기도 한다. 흥분이나 화를 내면 자연히 빨라지게 마련이다. 또는 호흡에 명칭을 붙이면 속도가 인위적으로 될 때도 있다. 호흡에 명칭이 붙으면 어느 사이에 자기도 모르게 느려지기도 한다.

　　호흡을 알아차릴 때 명칭을 붙여서 얻는 장점은 집중력을 얻는 것이다. 그래서 대상에 강력하게 밀착하는 효과가 있다. 이것은 수행을 시작한 초심자들에게는 좋은 수행방법이다. 그러나 명칭을 붙였을 때의 단점은 호흡을 자기도 모르게 만들어서 하는 것이다. 처음에는 있는 그대로의 호흡을 보다가 명칭을 붙이다 보면 어느 사이에 스스로 일정한 리듬을 만들어서 맞추어 가기도 한다. 그래서 호흡이 차츰 느려지는 경향이 생긴다.

　　이렇게 호흡에 명칭을 붙이면 호흡의 휴지부가 점점 길어지게 된다. 그러나 이렇게 알아차리다가 명칭을 붙이지 않으면 바로 원래의 호흡으로 돌아오게 되고 호흡이 약간 빨라지게 된다. 원래 정상적인 호흡은 그렇게 느리지 않다.

　　또한 호흡에 명칭을 붙이면 호흡을 알아차리기보다 명칭을 알아차리게 되는 단점이 있다. 그래서 수행 초기에 집중을 위해서 명칭을 사용하고 적당한 시기가 되면 명칭을 사용하지 않는 것이 바람직하다.

문_ 명상을 할 때 호흡이 정상적으로 일어날 때는 일어남, 꺼짐을 하고 호흡이 조금 느려지면 일어남, 꺼짐, 앉음을 합니다. 그리고 이것보다 더 느려지면 일어남, 꺼짐, 앉음, 닿음을 합니다. 이렇게 상황에 따라서 호흡을 알아차리고 있는데, 1시간 내내 너무 강력하게 계속되어 혹시 잘못된 것이 아닌가 하는 생각이 듭니다. 이때는 졸음도 없고 망상도 전혀 들어오지 않습니다. 그래서 혹시 이런 상황이 지속되면 지혜가 들어올 수조차 없는 것이 아닐까 하는 걱정마저 생깁니다.

답_ 가장 양념이 잘된 맛있는 밥을 먹으면 다른 반찬은 필요도 없다. 일어남, 꺼짐에 대한 알아차림이 가장 좋은 밥이다. 그 외에 다른 것은 걱정할 것 없다.

✳ ✳ ✳

주해_ 처음 수행을 할 때는 무엇이 올바른 것인지, 무엇이 잘못된 것인지 알기가 어렵다. 그래서 수행을 시작하고 면담을 할 때는 사야도께 무엇을 보고해야 하는지 잘 모를 수도 있다. 면담 중에 우선 보고해야 할 것은 호흡을 어떻게 알아차렸다거나 호흡을 얼마 동안 알아차릴 수 있었는지, 아니면 알아차리지 못했다는 것을 말한다. 그리고 망상, 통증, 졸림 등이 있었는데 어떻게 했다 하는 것을 말한다. 수행 중에 일어난 실제상황을 말하면 된다. 이렇게 보고하는 내용들이 지극히 보편적인 것들이며, 결코 특별한 현상이 아니라는 것을 이해해야 한다.

처음 수행하는 수행자는 호흡을 얼마나 알아차릴 수 있었는가 하는 것으로 수행의 상태를 가늠해도 좋다. 수행자들은 항상 무엇을 어떻게 해야 할지를 알기가 어렵다. 그래서 스승이 시키는 대로 따라서 하는 것이 좋은 수행자세이다. 무엇을 모르기 때문에 우직하게 시키는 대로 하면 오히려 좋은 결과가 있다. 그래서 초발심이 태산을 옮긴다고 말한다.

무엇을 조금 알게 되면 자기 견해가 커져서 시키는 대로 따라

하지 않게 되므로 발전할 수가 없다. 누구나 이런 자기를 알기가 어렵다. 1시간 내내 호흡을 알아차릴 수 있다는 것은 알아차리는 힘이 있고, 노력이 지속적으로 뒷받침된 결과이다. 그래서 자연스럽게 집중력이 생긴 것이다. 이런 상태를 알아차림과 청정한 마음의 집중과 노력이 조화를 이룬 결과라고 말한다.

지혜가 생기지 않을까 하는 것은 걱정이다. 지혜는 생각으로 얻어지는 것이 아니라 집중된 상태에서 자연스럽게 순간적으로 나타나는 것이다. 지혜란 원인과 결과를 알게 되고, 무상·고·무아라는 사물의 이치를 알게 되어 어리석음에서 아는 마음으로 바뀌는 것을 말한다. 지혜는 생길 조건이 형성되면 자연스럽게 나타난다. 문제는 그 조건을 형성하고 있는가 하는 것이다. 수행은 모르고 하는 것이 더 효과적일 수 있다.

문_ 호흡을 알아차릴 때 일어남, 꺼짐을 하고 나서 다음에 앉음이나 닿음 중에 하나만 할 때 둘 중에 어느 것부터 먼저 하는 것이 좋겠습니까?

답_ 앉음부터 먼저 하라.

문_ 경행을 할 때 들어서, 놓음을 할 때가 있습니다. 좌선을 하느라 앉아 있어서 다리가 저린 경우에 발을 들어서 공을 차듯이 약간 앞으로 차는 형태를 취했다가 놓는 방법을 사용해도 되는지요?

답_ 그런 동작을 취하지 말고 조금 빨리 경행을 하다가 차츰 천천히 해라. 모든 것을 천천히 해라. 좌선이나 경행 등 동작을 천천히 할 때 알아차리기가 쉽다.

* * *

주해_ 경행 중에 발의 움직임은 매우 자연스럽게 해야 한다. 부자유스러우면 안 된다. 부자유스럽다는 것은 인위적인 것을 말한다. 만약 자기가 잘못하면 모르는 사람이 그것을 따라서 하기도 한다. 발을 필요 이상으로 크게 들어서 올렸다가 놓는 것도 좋지 않다. 그냥 길을 걷듯 자연스럽게 걷는데 조금 천천히 걷느냐 빨리 걷느냐 하는 문제만 다르다.

그리고 이곳저곳으로 휘젓고 다니지 말아야 한다. 일정한 거리를 왕복해야 하며 이렇게 왕복하는 중에 서 있는 모습과 도는 모습을 모두 알아차릴 수 있어야 한다. 그리고 눈은 몇 걸음 앞에 고정하고 왕복한다. 다른 수행자가 앞을 지나가면 조용히 서서 서로 방해되지 않도록 배려해 준다.

명상센터에서는 둘이서 나란히 걸으면서 말하면 안 된다. 또한 알아차림을 위해 적당히 천천히 걷는 것은 좋으나 지나치게 천천히 걸으면 힘이 들고 피곤해진다. 그리고 이렇게 걸었을 때 좌선을 하기 위해 앉으면 졸게 될 수도 있다. 너무 힘을 썼기 때문이다. 또한 상기의 원인도 있음을 알아야 한다. 무엇이나 자연스러운 것이 제일 좋다.

마하시 방법은 허리 병이 걸린 사람처럼 천천히 하기를 바란다. 그러나 빠른 것과 천천히 하는 것의 적절한 조화가 필요하다.

다른 명상센터에는 너무 천천히 걷지 못하도록 가르치는 스승도 있다. 이때는 모든 것을 일상의 걸음으로 걷도록 지도하기도 한다.

문_ 명상 중에 가슴이 캄캄한데 알아차려도 없어지지 않습니다.

답_ 이때는 일어남과 꺼짐을 알아차릴 수 있으면 일어남, 꺼짐을 알아차리고 그것을 알 수가 없으면 캄캄한 것에 대하여 명칭을 붙이지 말고 앎, 앎을 하라.

* * *

주해_ 가슴이 캄캄하다는 것은 단단하다거나 무겁다는 것의 표현이다. 그것이 캄캄한 것으로 이해되었다. 가슴이 무거우면 먼저 무거운 것을 알아차리고 무거운 것 때문에 걱정하거나 싫어하는 마음을 알아차린다. 특별하게 없애려 하지 말고 단지 알기만 하면 된다. 이것은 지대와 수대가 함께 나타난 현상이다.

　　몸에서 일어난 현상을 지, 수, 화, 풍으로 구별해서 알아차리면 단지 나타난 현상으로 전환되고 걱정이나 불안함이나 어떤 연상작용이 생기지 않는다. 무겁거나 단단하다는 것은 몸의 실재하는 느낌이지만 캄캄하다거나 답답하다거나 하는 것은 실재하는 현상이라고 하기보다 정신적으로 반응한 관념에 속한다. 실재를 관념으로 발전시키면 대상의 성품을 바로 볼 수가 없어 법을 알 수가 없다. 그래서 가슴이 캄캄하다고 느껴질 때는 가슴이 무겁다, 또는 단단하다고 알아차려야 한다.

무거움은 마음에 의해 생긴 마음의 작용이다. 그때의 마음을 알아차리고 가슴에 있는 무거운 느낌을 조용히 지켜본다. 무거운 느낌에도 변화가 있다. 그 변화를 알아차려야 한다. 가슴의 무거움이 한번 알아차려서 사라지면 좋은데 한번에 사라지지 않는다. 가벼운 마음으로 인해 생긴 것이면 바로 사라지지만 오랫동안에 생긴 한(恨)으로 인한 것이면 바로 사라지지 않는다. 그래서 마음을 알아차려야 한다. 이렇게 알아차린다는 것은 사라지게 하려고 알아차리는 것이 아니다. 그냥 대상이 나타나서 알아차리는 것일 뿐이다.

수행을 할 때 없애려 해서 없어지지 않으면 화가 날 수 있다. 없애려는 것은 욕망이다. 없애려 해서 난폭해지고 화를 낸다. 없애려 해서 없어지면 몇 번이고 그래도 되겠지만 그러면 절대로 없어지지 않고 더 나빠지기만 한다는 것에 주의할 필요가 있다. 이것이 작용과 비작용의 문제이다. 없애려는 것은 작용이고 알아차림은 비작용이다.

문_ 모든 소리가 귀에 자꾸 들려 명상에 지장을 많이 받습니다.

답_ 소리가 들려 수행에 방해가 되면 '들림, 들림' 해서 끊어라. 수행에 크게 방해되지 않으면 무시하고 일어남, 꺼짐을 알아차려라. 소리를 알아차려서 사라지면 사이를 두지 말고 바로 일어남, 꺼짐을 하라.

명상이 싫증날 때

문_ 명상 중에 호흡을 알아차릴 수 없을 때가 있습니다. 그때는 앎, 앎을 합니다. 그러나 앎을 오래 하고 있기도 쉽지가 않습니다. 그래서 어느 시기가 되어 호흡은 없지만 스스로 일어남, 꺼짐을 만들어서 해도 되겠는지요?

답_ 호흡을 만들지 마라. 호흡은 자연적인 것을 알아차리는 것이다. 그러면 앎, 앎을 하다가 앉음, 닿음을 하라. 그러다가 호흡이 나타나면 일어남, 꺼짐을 하라.

* * *

주해_ 호흡은 몸을 알아차리는 신념처의 여러 가지 대상 중의 하나이다. 위빠사나는 몸과 마음에서 나타나는 것은 무엇이나 알아차려야 한다. 붓다께서는 『염처경』에서 몸을 알아차리는 것으로 열네 가지를 명시하셨다.

75

1. 호흡을 알아차린다.

2. 몸의 자세(동작)를 알아차린다. 몸이 가고, 서고, 앉고, 눕는 것을 알아차린다.

3. 네 가지 분명한 앎을 알아차린다.

4. 육체의 32가지 기관을 알아차린다.

5. 몸의 네 가지 요소인 지대, 수대, 화대, 풍대를 알아차린다.

6~14. 9개의 묘지에서 시체가 썩어 가는 과정을 알아차린다.

이상에서 볼 수 있듯이 몸을 알아차리는 대상은 매우 많다. 그래서 호흡을 알아차리기가 어려울 때는 몸의 다른 부분을 알아차린다. 이때 몸이 긴장되어 있는가, 또한 호흡을 알아차리기 위해 지나치게 노력하고 있지 않은가를 알아차려야 한다. 노력이 지나쳐도 산란해져서 마음이 대상에 붙지 않는다. 망상을 하거나 통증이 있을 때는 호흡이 왕성하다. 이유는 호흡을 알아차리기 위해 긴장하지 않기 때문이다.

호흡을 오랫동안 만들어서 하면 위험한 경우도 있다. 위빠사나 수행방법이 아니고 사마타 수행 중에 일시적으로 호흡을 만들어서 하는 수행도 있는데 그렇다고 계속 만들어서 하지는 않는다. 위빠사나는 저 스스로 자연스럽게 일어나는 현상을 지속적으로 알아차리는 것이다.

문_ 머리에 항상 어떤 긴장이 있는 것 같습니다. 잠을 자도 잔 것 같지 않습니다.

답_ 머리가 아프거나 자고 일어나면 더 자고 싶고 그런가?

문_ 아닙니다. 머리가 아프지는 않고 긴장되어 있습니다.

답_ 자다 일어나서 잠이 안 올 때는 일어남, 꺼짐을 하라. 그리고 잠을 자지 못한 것을 두려워 마라. 다시 누웠을 때는 누움, 닿음, 누움, 닿음을 하라.

* * *

주해_ 머리가 아픈 것은 너무 힘을 주고 알아차려서 생기는 현상이다. 대상을 알아차릴 때 너무 깊게 집중을 하면 힘이 들어가므로 머리가 무겁고 당긴다. 알고자 하는 의도가 강하면 너무 골몰히 보려 하기 때문에 이런 현상이 생긴다. 집중을 하되 변화를 알아차리려고 해야지 지나치게 뚫어지게 보려고 하면 안 된다. 꿰뚫어본다는 것은 힘을 들여 뚫어지게 보라는 말이 아니고 모양 속에 있는 사물의 성품(실재)을 알아차리라는 말이다.

　　머리 당김 현상이 있을 때는 '지금 내 마음이 너무 강하게 집중하고 있는가' 하고 알아차려야 한다. 또한 알아차릴 때 눈으로 보려 하지 말고 마음으로 알아차리려고 해야 한다. 눈으로 보려고 하면 얼마 가지 않아 두통이 생기고 머리가 뻐근해진다. 대상을 던져놓고 주시해야 한다. 대상을 관찰하려고 하면 자세하게 보려는 마음이 앞설 수 있다. 그러므로 자세하게 관찰하려고 하지 말고 가볍게 알아차려야 한다. 마음은 미세한 것이라서 자칫 문자의 함정에 빠질 수 있다. 알아차린 결과로 자연스럽게 관찰되어야지 처음부터 어떤 목적을 가지고 관찰을 하면서 분석하려거나 붙잡으려 하면 상기의 위험이 있다.

누워 있을 때는 다음과 같은 방법으로 알아차린다.

1. '지금 내 마음가짐이 어떤가?'를 알아차린다.
2. 배의 일어남, 꺼짐을 주시한다.
3. 일어남, 꺼짐, 누움을 주시한다.
4. 일어남, 꺼짐, 누움, 닿음을 한다.

이상과 같이 누움, 닿음은 명칭을 붙일 때 호흡의 휴지부가 길어져서 사용하는 방법이다. 이때 누움은 몸이 누워 있는 상태나 배 위쪽을 알아차리고, 닿음은 몸이 바닥에 닿아 있는 부분을 알아차린다. 그러나 호흡에 명칭을 붙이지 않을 때는 일어남, 꺼짐이나 일어남, 꺼짐, 쉼을 계속한다.

이처럼 알아차리다 잠들게 되면 숙면을 취할 수가 있다. 그러나 잠이 오지 않으면 두려워하지 말고 계속해서 알아차린다. 만약 잠이 오지 않는다면 이것은 수행을 해서 의식이 고양될 수 있는 절호의 기회이기도 하다. 그래서 오히려 더 반겨야 한다. 또한 잠에 들었다가 아침에 깨어났을 때 잠자리에 누워서 먼저 그 마음을 알아차린다. 그리고 호흡을 주시하다가 천천히 일어난다.

문_ 명상이 싫증날 때가 자꾸 많아집니다.

답_ 하기 싫은 때는 하기 싫은 것을 알아차려라. 하기 좋을 때는 하기 좋은 것을 알아차려라. 일어남, 꺼짐보다 더 강한 것이 나타나면 그것을 알아차리고 나서 다시 일어남, 꺼짐을 알아차려라. 배의 움직임을 알아차리고, 앉아 있는 자기를 보라. 앉아 있는 것이 어디서 오는 것이 아니므로 그대로의 자기를 보라. 어떤 현상이 나타나서 좋아할 때 좋아하지 말고 좋아함, 좋아함 하고 알아차려라. 좋은 것을 알아차리지 않으면 자기 것이 안 된다. 나타나는 모든 것을 다 알아차려야 한다. 현상에 취해 있으면 안 된다. 집중이 안 될 때, 잠이 자꾸 오거나 망상이 계속될 때는 다음과 같이 하라.

1. 일어남, 꺼짐, 앉음, 오른쪽 닿음
2. 일어남, 꺼짐, 앉음, 왼쪽 닿음
3. 일어남, 꺼짐, 앉음, 오른손 닿음
4. 일어남, 꺼짐, 앉음, 왼손 닿음

이상과 같은 순서로 반복할 수 있다. 일어남, 꺼짐, 앉음까지 갈 수 있으면 빨리 오른쪽 닿음으로 갔다가 오면 알아차림의 힘이 더 생긴다. 하기 싫을 때 하기 싫은 것을 알아차려야지 가만히 있으면 뒤떨어진다. 감정이나 고통은 우리가 몸을 가지고 있는 한 나타난다. 이때 일어남, 꺼짐이 방해가 될 때는 그 감정이나 고통을 알아차리고 그것들이 강하지 않으면 일어남, 꺼짐을 알아차려라.

명상과 경행을 똑같이 두고 수행을 해라. 호흡을 알아차릴 때 어떤 의도도 개입하지 말고 현상을 알아차리고 놓치지만 마라. 일어남을 하다가 소리가 들리거나 냄새가 나거나 무엇이 나타나면 '들림,

들림'을 하고 '냄새, 냄새'를 하다가 다시 '일어남, 꺼짐'으로 돌아와라. 경행을 할 때 눈은 자기 키 정도의 앞을 본다. 이때 마음은 발에 둔다.

* * *

주해_ 수행을 시작하면 제일 먼저 나타나는 것이 다섯 가지 장애다. 마음은 선업의 마음과 불선업의 마음이 있다. 알아차림이 있으면 선업의 마음으로 살고 자기 삶을 이끌어 가는데 알아차림이 없으면 불선업의 마음으로 한없이 떠밀려 가며 산다. 이때 떠밀려 가는 마음을 다잡아서 선한 마음으로 살아가려고 하면 반드시 기다리고 있는 것이 있다. 이것이 다섯 가지 장애다. 그러나 이것은 실재하는 것으로 알아차릴 대상이므로 법에 해당한다.

1. 감각적 욕망
2. 악의
3. 혼침(정신이 혼미함)과 게으름(굼뜸, 수면)
4. 불안과 걱정(들뜸)
5. 의심

이상과 같이 다섯 가지 장애는 특별히 독립되어서 나타나기도 하고 함께 나타나기도 한다. 일어난 원인도 홀로 일어나기도 하고 서로 복합된 원인으로 연결되어서 나타나기도 한다. 여기서 말하는 수행이 싫어진다는 것은 욕망이 있었는데 잘 안 되어서 싫어질 수도 있고, 화가 나서 싫어질 수도 있고, 혼침과 게으름 때문이거나 불안, 의심 때문일 수도 있다.

싫어하는 마음은 성을 내는 것이다. 성냄은 싫어하고, 피하고, 미워하고, 후회하고, 인색한 것까지 포함한다. 이것이 모두 성냄의 범주에 속하는 마음들이다. 싫어하는 마음이 있으면 먼저 싫어하는 마음을 알아차려야 한다. 마음을 알아차리면 원인을 알 수도 있다. 그러나 원인을 몰라도 좋다. 일단은 싫어하는 것은 마음이 하는 것이므로 싫어하는 마음을 알아차려야 평정을 얻을 수 있다.

이때 싫어하는 마음은 오래 알아차리지 말고 잠깐 그냥 알아차리고 나서 싫어하는 마음이 사라진 것까지 알아차리면 좋다. 그리고 가슴으로 가서 느낌을 알아차린다. 싫어하는 마음이 가슴에 느낌을 남긴 것을 알아차린다. 그리고 느낌이 고요해지면 호흡으로 간다.

싫어하는 마음이 일어났을 때는 다음과 같이 알아차린다.

1. 싫어하는 것을 알아차린다.
2. 싫어하는 마음을 알아차린다.
3. 싫어하는 마음이 사라진 것을 알아차린다.
4. 가슴에서 느낌을 알아차린다.
5. 호흡을 알아차린다.

싫어하는 마음을 오래 알아차리고 있으면 다시 나타나므로 바로 싫어하는 마음이 사라진 것을 알아차린다. 마음은 알아차리는 순간 사라지므로 사라진 것을 알아차리면 확실하게 마무리가 된 것이다. 또한 소멸을 알아차리게 되어 아는 힘이 강화된다. 사라진 마음을 보기는 어렵다. 다만 그 마음을 알아차렸는데 아무것도 없을 때 사라진 것으로 간주해야 한다.

싫어하는 마음은 사라졌지만 느낌은 몸에 남아서 강렬하게 작용하므로 가슴에서 그 느낌을 알아차려야 한다. 이것이 마음에 의해 일어난 느낌을 알아차리는 것이다. 가슴에 강한 느낌이 없으면 싫어하는 마음을 빨리 알아차려서 깊게 각인되지 않았기 때문이다. 가벼운 마음은 가벼운 느낌을 남기므로 이 느낌을 알아차리면 된다.

이처럼 가슴의 느낌은 망상의 종류에 따라, 알아차림의 속도에 따라 다르게 나타난다. 그리고 가슴의 느낌은 가슴의 호흡과 함께 일어난다.

경행을 할 때

문_ 일어남, 꺼짐, 앉음, 닿음을 하다 집중이 잘된다고 생각될 때 일
어남, 꺼짐으로 바꾸어서 할까 아니면 그냥 하던 대로 할까 하며 갈
등을 느꼈습니다.

답_ 잘되는 것으로 하라.

* * *

주해_ 앉음, 닿음을 하지 않고도 호흡을 알아차릴 수만 있다면 꼭
해야 할 필요는 없다. 그러나 이것은 호흡을 잘 알아차릴 수 있을
때나 호흡과 호흡 사이의 휴지부의 길이가 길지 않을 때 적용되는
말이다. 휴지부가 길면 앉음, 닿음을 하는 것이 좋다. 호흡의 휴지부
가 길어지는 것은 마음의 상태에 따른 것이기도 하지만, 명칭을 붙였
을 때 나타나는 현상 중의 하나이다. 그래서 이런 때는 명칭을 사용
하지 않고 해 볼 필요가 있다.

문_ 경행 중에 발목 아래만 알아차려야 하는지, 아니면 다리까지 해도 되는지요? 또 발이 바닥에 닿는 감촉을 느끼는 것도 알아차려야 하는지요?

답_ 다리까지 하지 말고 발목 밑으로만 하라. 감촉은 닿을 때만 느끼고, 들 때는 뒤꿈치가 들리는 것을, 앞으로 나갈 때는 나가는 것을, 놓을 때는 놓고 감촉을 느껴도 좋다.

* * *

주해_ 경행은 서고, 나가고, 서고, 돌고, 서고, 나가고 하는 순서로 한다. 설 때는 마음으로 서 있는 모습을 위에서 아래로 훑어보고, 발이 바닥에 닿은 것을 알아차린다. 그리고 나갈 때는 발목 아래 부분을 알아차린다. 그러나 수행이 계속되면서 차츰 종아리며 무릎, 허벅지, 엉덩이까지 느껴지면 그때는 느껴지는 대로 알아차린다. 계단을 오르내릴 때는 엉덩이 아래 부분의 허벅지, 종아리 근육이 힘을 받는 것까지 알아야 한다. 발목 아래만 보는 것은 처음에 집중력을 키우기 위해서 필요하다.

경행을 할 때는 먼저 발의 움직임을 알아차린다. 그리고 나서 알아차리는 힘이 생기면 발이 움직일 때의 성품을 알아차린다. 닿았을 때는 닿는 느낌을 느낀다. 단단하고, 부드럽고, 차갑고, 따뜻한 것을 알아차리고, 발을 들어올릴 때는 가볍고, 내릴 때는 무거운 것을 알아차려야 한다.

이런 느낌을 알아차리는 것이 몸의 성품인 4대를 보는 것이다. 그러나 처음부터 모두 알아차릴 수는 없다. 수행이 발전되면서 차츰 느껴지기 시작하면 그때부터 느끼면 된다. 억지로 알아차리려고 하면 힘이 들고 장애가 생긴다. 그러므로 느껴지기 시작하면 하나씩 알아차려 가면 된다. 멈추었다가 돌 때는 천천히 돌면서 발목 아래의 움직임을 보기도 하고, 아니면 발을 옮길 때마다 바닥에 닿는 감촉을 느끼며 옮긴다. 또는 발을 보지 않고 어깨가 크게 원을 그리면서 도는 것을 알아차릴 수도 있다. 양쪽 어깨가 도는 것을 알아차리는 것은 몸 전체가 어깨와 함께 회전하는 것을 볼 수 있다. 돌 때는 두 가지 중에 하나를 선택하여 알아차린다.

수행이 발전되면 몸의 움직임에 대한 의도를 보기 시작한다. 몸은 마음의 의도에 의해 움직이는 것을 알게 될 것이다. 그러나 처음부터 의도를 보기는 어렵다. 그래서 처음에 의도를 알려고 할 때는 서 있다 가려고 할 때 가려는 의도를 알아차리고 나가고, 또는 서 있다 돌려고 할 때 돌려는 의도를 알아차리고 돈다.

모든 움직임은 움직이려는 의도에 의해 일어나는데, 처음에 의도를 알아차리려 할 때는 정지해 있다가 움직이려 할 때 의도를 알기가 쉽다. 그래서 동작이 정지된 상태에서 의도를 알아차린 뒤에 차츰 다른 동작으로까지 발전시켜 나간다. 의도를 알아차리는 것은 하려고 하는 마음을 아는 것이다.

몸이 움직이는 것은 마음이 움직이려고 하는 의도를 가져서 바람의 요소가 일어나 움직임이 있는 것이다. 단지 의도와 바람의 요소가 일어나서 움직임만 있는 것이다. 여기에 내가 움직인다는 존재는 없다. 존재가 없기 때문에 대상의 성품을 바로 알게 될 수 있다. 이렇게 아는 것이 바른 견해이다.

경행은 알아차림이 지속되도록 하는 시간이며, 몸은 근력을 강화해 준다. 또한 마음을 단순화하여 집중력을 배양시킨다. 경행 중에 생긴 집중력은 잘 깨지지 않는다. 그래서 경행 후 좌선을 하면 좋은 집중상태가 유지된다.

문_ 경행 중에 가끔 밖에 나가 맨발로 할 때도 있는데 그렇게 해도 되겠습니까?

답_ 지금은 우기이므로 땅에서 찬 기운이 올라오기 때문에 열병에 걸려 좋지 않을 수 있다. 밖에 나가 할 때는 신발을 신고 해라.

＊ ＊ ＊

주해_ 경행을 할 때 느낌을 확실히 알아차리기 위해 밖에서 맨발로 할 때도 있다. 그럴 때는 발을 다칠 염려가 있으므로 정확히 앞을 보고 걸어야 한다. 그리고 우기에는 습도가 높고 차가워 몸에 해롭다. 또한 밖에서 경행을 하고 들어올 때는 발을 씻고 실내로 들어와야 한다.

문_ 명상 중에 배가 뜨겁습니다. 이 뜨거움이 배에서 머리 위로 가기도 합니다.

답_ 그것은 몸의 4대 가운데 화대의 느낌이다. 뜨거움을 알아차려라.

* * *

주해_ 마음이 가는 곳에 집중하는 힘이 있으면 뜨거움도 함께 있다. 마음이 배에 집중되면 배가 차츰 뜨거워진다. 그래서 배의 움직임을 알아차리는 것이 의외로 수행에 도움이 된다.

배의 움직임을 알아차리는 것은 미얀마의 마하시 수행방법이다. 처음에는 이 방법에 문제가 있다는 다른 의견이 있었다. 호흡은 『대념처경』에 기록된 것처럼 코의 호흡을 알아차려야 하는데, 배는 부처님 법이 아니라는 반론이었다. 그러나 배의 움직임을 알아차리는 것은 호흡에 의한 풍대의 작용을 말하는 것으로 경전에 근거한 것이다. 경전에서 말하는 풍대에는 여러 가지 요소가 있는데, 호흡은 풍대 중의 하나이다. 뒤에 여러 수행자에 의해 배를 알아차리는 것이 매우 탁월한 선택이었다는 평가를 받았다. 이런 이유로 코로 하는 호흡과 배의 움직임에 관한 것은 논쟁거리가 아니다. 코의 호흡이 일어날 때 산소가 배까지 가지는 않지만 움직임이 함께 일어난다. 그래서 이 움직임을 주시하는 것이다.

수행을 할 때 주로 쓰이는 것은 머리와 척추의 신경계통이다. 그러다 보니 오래 수행을 하는 사람은 하체와 배가 차가워져서 건강을 해치는 경우가 있다. 그래서 경행이 필요하고 배의 호흡을 보는 것이 탁월한 선택이었다는 평가를 받는다. 더구나 비구나 수행자는 오후에 먹지 않기 때문에 속이 냉해지는데 배의 움직임에 집중하면 배가 따뜻해져서 건강에 유익하다. 배가 차츰 따뜻해지는 것은 좋으나 머리가 뜨거워지는 것은 잘못된 것이다. 이는 수행자가 무엇인가를 잘못하고 있기 때문이다. 머리가 뜨거우면 상기의 위험이 있으며 너무 힘을 들여 골몰히 집중하려는 데 원인이 있었을 것이다. 또한 마음으로 알아차리지 않고 눈으로 알아차리려고 하면 머리가 뜨거워지고 아프게 된다. 이때 이런 현상이 생기면 너무 힘을 쓰며 지나치게 집중하지 않았는지 알아차려야 한다. 이런 것을 알아차리지 못하면 나중에 병이 생길 수도 있다. 잘못된 작은 수행방법이 고질화되면 수행을 포기해야 하는 상황까지 생길 수 있다.

문_ 경행 중에 배의 통증이 너무 심해서 그것이 사라지기를 바라며 알아차렸는데 없어지지 않았습니다.

답_ 일어나는 느낌이 사라지기를 바라지 마라. 수행자는 알아차릴 뿐이지 없어지기를 바라지 마라. 없어지기를 바라면 내가 행복해지기를 바라는 마음이 생긴다. 이것이 탐심이다. 또 왜 이것이 안 없어지나 하고 생각하는 것이 진심이다. 그대로 알아차리지 못하면 탐심과 진심이 다 생긴다. 얼마나 알아차리느냐 하는 것이 문제다. 그것을 놓치지 않는 것이 중요하다. 요기의 첫째 임무는 알아차림을 하는 것이다. 그리고 이것이 책임이다.

문_ 경행을 할 때 발의 움직임과 함께 배의 움직임까지 알아차리게 됩니다.

답_ 경행 중에는 발만 알아차려라. 요기가 처음에 수행을 할 때는 알아차림이 늦고 나중에 알아차리게 된다. 그때 '아! 이거 못 알아차렸구나 하고 화를 내지 말고 늦게라도 알아차린 그 상태를 다시 알아차리고 배의 일어남, 꺼짐으로 돌아와라.

요기가 수행을 할 때 처음에는 자세를 바꾸고 싶어질 것이다. 그러나 참을 수 있을 때까지 참아야 한다. 나중에 견디다 못해 바꾸고 싶을 때는 '자세를 바꿈, 자세를 바꿈' 하고 명칭을 붙이고 천천히 바꾸어라. 요기의 임무는 알아차림이지 생각을 굴리는 것이 아니다. 좋고 나쁜 것을 구별하여 그것에 따라가지 마라.

발을 들 때는 들기 전에 들려고 함을 알아차려야 한다. 이것이 의도를 보는 것이다. 그리고 오른발을 들어서 옮길 때는 옮기는 것을 두 번째로 알아차려야 한다. 이것은 행동을 보는 것이다. 몸과 마음이 항상 붙어 있어야 한다. 몸이 하는 것을 마음이 다 따라가면서 알아차려야 한다.

명상에서 호흡의 알아차림이 잘 안 될 때는 앉아 있는 모습을 한번 보고 앉음을 하고, 닿아 있는 모습을 한번 보고 닿음을 한다. 이렇게 계속한 뒤에 얼마 지나서 호흡이 보이면 호흡으로 돌아와서 알아차려라.

고정관념의 속박

문_ 오후에는 집중이 잘 안 되는 경우가 있습니다.

답_ 집중이 안 될 때는 '앎, 앎'이나 '앉음, 닿음'을 하라. 집중이 안 되더라도 쉬지 말고 계속하라. 집중이 잘 안 되면 다음과 같이 하라. 두 가지 방법 중에 하나를 선택하여 알아차림을 반복하라.

> 유형 1 ① 일어남, 꺼짐, 앉음, 오른쪽 닿음(오른쪽 무릎과 발이
> 　　　　 바닥에 닿음을 말함)
> 　　　　 ② 일어남, 꺼짐, 앉음, 왼쪽 닿음
> 　　　　 ③ 일어남, 꺼짐, 앉음, 두 손닿음
>
> 유형 2 ① 일어남, 꺼짐, 앉음, 오른쪽 닿음
> 　　　　 ② 일어남, 꺼짐, 앉음, 왼쪽 닿음
> 　　　　 ③ 일어남, 꺼짐, 앉음, 오른손 닿음
> 　　　　 ④ 일어남, 꺼짐, 앉음, 왼손 닿음

* * *

주해_ 집중이 안 될 때 앎을 하는 것은 집중이 안 되고 있는 것을 아는 앎을 하라는 말이다. 이때는 '앎, 앎'을 약간의 간격을 두고 명칭을 붙이며 천천히 알아차린다. 집중이 안 된다는 것은 마음이 들떠서 대상을 붙잡지 못하는 것을 말한다. 만약 앎이란 명칭을 붙이지 않을 때는 '지금 집중이 안 되는구나' 하고 안 된다는 것을 알아차린다. 그리고 다시 그 마음을 알아차려야 한다.

주 대상인 호흡을 알아차리기가 어려우면 앉음, 닿음을 해서 대상을 바꾸면 된다. 그러면 자연스럽게 호흡이 나타나므로 호흡을 알아차리기 위한 예시적 방법으로 앉음, 닿음을 한다. 또 다른 방법으로 몸의 전신을 하나하나 알아차려 나가는 방법도 있다. 이렇게 집중이 안 될 때는 마음이 확실한 일을 하도록 해야 한다. 그렇지 않고 안 된다고 짜증을 내면 좋아지기가 어렵다.

수행자가 오후에 집중이 잘 안 된다고 했는데, 이때 '지금 수행이 안 되는구나' 하고 알아차려야지 오후에는 집중이 안 된다고 하면 스스로 고정관념을 만드는 것이다. 어느 날 오후에 식곤증이 있어서 안 될 수 있는 것인데 오후라고 선입관을 가지면 안 된다. 그러면 어느 순간부터 오후만 되면 아예 안 되는 습관이 생긴다. 이것은 스스로의 함정에 빠지는 결과이다.

매사가 그렇다. 뭐가 어째서 어쨌다는 생각은 사실과 다른 고정관념을 만든다. 우리는 스스로 이렇게 많은 고정관념을 만들어서 자기를 속박한다.

위에서 밝힌 알아차릴 대상에 대한 순서는 반드시 일어남, 꺼짐을 한 뒤에 휴지부가 있을 때 해야 한다. 그리고 두 가지 방법 중에 하나를 선택해서 알아차린다. 오랫동안 동일한 대상을 알아차리다 보면 싫증날 수가 있으므로 위치를 바꿔 가면서 알아차리면 좋다.

호흡을 알아차리다 보면 알아차림이 약해지기 마련이다. 그래서 호흡의 자연적인 성품을 알아야 한다. 호흡의 강 약, 길고 짧음, 팽창과 수축, 밀고 당김, 단단함이나 부드러움, 뜨거움 등을 알아차린다. 마음은 단순한 것에 싫증을 느껴서 알아차림이 지속되기 어렵기 때문에 다양한 성품을 알아차리면 집중력이 생기고 고요함으로 인해 지혜가 성숙한다. 이것들은 모두 실재하는 느낌이다.

일어남, 꺼짐, 앉음을 한 뒤에 여러 곳을 선택하여 보는 것을 돌린다고 말하는데 그렇게 돌리면 탁월한 집중력이 생긴다. 가령 일어남, 꺼짐, 앉음, 오른쪽 닿음을 하고 다음에는 왼쪽 닿음을 하며 계속 돌리게 되니 보아야 할 대상이 분명하여 알아차림을 놓칠 겨를이 없다. 그래서 여러 곳을 알아차리는 것은 알아차림을 지속시키기 위한 노력을 말한다.

만약 알아차림이 약해져서 대상을 놓치게 되면 다음에 알아차릴 위치를 잊어버리게 된다. 이때는 처음부터 다시 오른쪽 닿음을 시작하면 된다. 그러다 보면 자연히 더 분명한 집중력을 갖지 않을 수 없게 된다. 한번 놓치면 자꾸 놓치게 되어 자신이 현재 어떤 상태로 수행을 하는지 알 수 있게 된다. 이 방법은 치매를 예방하는 데도 효과가 있다. 이렇게 수행을 해나가면 몸이 있는 곳에서 마음이 달아나지 않아 집중력이 생기기 시작한다.

문_ 밤에 자기 전에 일어남, 꺼짐을 알아차리며 잤다. 약 2시간 정도 잤는데 다음날 몹시 피곤했다. 잠이 오지 않을 때는 걱정이 앞서고 두려움이 생긴다.

답_ 정확히 알아차리지 못하고 알아차린다는 것을 부풀려서 생각하거나 제대로 하지 않으니 피곤하다. 자기 전에나 아침에 깨어나서 하는 알아차림은 매우 중요하다. 그러니 계속하라. 잠이 오지 않을 때 두려워하는 것을 알아차리고, 그래도 잠이 오지 않으면 일어나 앉아서 좌선을 해라.

* * *

주해_ 자기 전에 알아차리고 잤다고 해서 꼭 피곤이 풀리는 것은 아니다. 과연 제대로 알아차렸는가가 문제다. 피로 회복이 충분하지 않은 상태에서 알아차렸다고 하여 피곤하지 않으리란 보장이 없다. 피곤했다면 피곤할 조건이 있었을 것이다.

　　자기 전에 알아차리는 것은 매우 중요하다. 이것은 숙면을 이루느냐, 못 이루느냐 하는 문제와도 직결되어 있다. 자기 전에 알아차리고 자면 낮에 있었던 여러 가지 정보들이 차단되어 숙면을 이룰 수가 있다. 그러나 알아차리지 못하고 자면 입력된 정보가 계속 활동하여 잠을 설치게 된다. 수행자가 숙면을 취하면 피곤하지 않아 그만큼 수행에 힘을 실어 줄 수 있다. 피곤하면 혼침에 빠지고 나태져 알아차림이 선명하지 못하게 된다.

　　그래서 자기 전에는 '지금 무슨 마음으로 자는가?'를 알아차린다. 탐욕, 성냄, 들뜬 마음이 있으면 그냥 그대로 있는 것을 알아차리기만 하면 된다. 알아서 어떻게 하려고 하면 안 된다. 그냥 알아차리는 것으로 그친다. 그리고 일어남, 꺼짐을 알아차리며 잔다. 이렇게 자면 숙면을 취하게 되고 아침에 일어나서도 깨끗한 상태가 된다. 그리고 자기 전에 알아차렸던 호흡이 제일 먼저 그대로 나타난다. 자기 전의 마음과 일어나서의 마음에 대하여 알게 된다. 이 말은 죽기 전의 마음과 다음 생에 태어나는 마음이 연결된 마음이라는 것을 실재로 증명하듯 알 수 있다.

매일 저녁의 잠은 죽음을 연습하는 것과 같다. 죽기 전의 상태와 잠을 잘 때의 상태가 다를 것이 없다. 어떻게 죽느냐 하는 것이 다음 생을 그대로 이어가므로 잠들기 전에 알아차리는 것은 여러모로 필요한 것이다. 사몰심(죽는 마음)이 다음 생의 재생연결식(태어나는 마음)을 만들므로 잠들기 전과 죽기 전의 마음은 같은 의미를 가지고 있다고 생각해야 한다.

만약 자기 전에 알아차림으로 인해 잠이 달아났다면 그것은 더 유익한 일이다. 그때 계속 명상을 하면 잠을 잔 것 못지않게 피로가 풀린다. 또한 아침에 일어났을 때도 지금 무슨 마음으로 일어났는가 알아차려야 한다. 그리고 누운 상태로 호흡을 알아차린다.

보통 숙면을 취하지 못하면 밤새도록 시달리며 자므로 아침에 맑은 정신으로 일어날 수가 없고, 그렇게 되면 그 마음이 또 하루를 지배하게 된다. 무엇이나 원인이 있게 마련이므로 그때그때마다 알아차리면 좋은 결과를 갖는다.

잠을 자지 못해 괴로움을 겪는 불면증은 잠을 자지 못하면 큰일이라는 선입관을 가지기 때문이다. 불면증은 잠이 오지 않아서 생기는 두려움이 차츰 더 강해지기 때문에 생긴다. 이때는 잠이 오지 않는 것을 그대로 받아들여서 알아차려야 한다.

수행 중에 일어나는 어떤 일이나 문제라고 여기지 말아야 한다. 바로 문제라고 여기는 것이 문제이다. 쉐우민 사야도께서는 늘 이렇게 말씀하셨다. "무슨 마음으로 자는가 알아야 되고, 무슨 마음으로 일어나는지 알아야 된다."

문_ 발을 들어서, 앞으로, 놓음을 할 때 앞으로 발이 나가는 감각이 전혀 없습니다.

답_ 천천히 하면 된다. 발에 감각이 없어도 발이 나가는 움직임을 알아차리면 된다.

문_ 배의 움직임이 전혀 없습니다.

답_ 배의 움직임을 알아차릴 수 없으면 배를 보지 말고 몸을 알아차려라. 몸을 알아차릴 때는 다음과 같이 반복해서 알아차린다.

1. 앉음, 오른쪽 닿음(오른쪽 무릎)
2. 앉음, 왼쪽 닿음(왼쪽 무릎)
3. 앉음, 오른발 닿음
4. 앉음, 왼발 닿음
5. 앉음, 오른손 닿음

6. 앉음, 왼손 닿음

* * *

주해_ 배의 움직임을 알아차리기 어려울 때는 앉음, 닿음을 하는데, 이것으로는 싫증을 느끼므로 몸의 위치를 바꿔 가면서 알아차린다. 여섯 곳의 위치를 계속해서 반복할 수도 있고, 때로는 역순으로 알아 차려 나갈 수도 있다.

수행을 하면서 호흡을 알아차릴 수 없는 경우가 의외로 많다. 자신의 몸에 일어나는 호흡을 알아차리기가 어렵다는 것을 알았을 때 이것이 과연 나의 몸인가, 나의 마음인가를 알아야 한다. 내 몸, 내 마음이면 쉽게 볼 수 있는데 무엇도 내 마음대로 안 된다. 여기에 나라는 것이 없기 때문이다. 나라고 하는 주체적인 개아(個我)가 없이 조건 지어진 몸과 조건 지어진 마음이 있을 뿐이다. 그래서 알아차리 려고 해도 변변히 자기의 호흡 하나를 제대로 못 본다. 무엇이나 안 될 때 안 되는 것을 알면 이것이 오히려 전화위복이 된다.

잘 안 될 때는 안 되는 현상을 있는 그대로 받아들여야 한다. 수행자는 언제나 있는 그대로의 현상을 알아차리는 것이 임무이다. 그러나 안 되는 것을 받아들이기가 쉽지는 않다. 누구나 탐진치가 먼저 작용하고 있기 때문이다. 그래서 잘 안 되는 것을 아는 것이 바로 위빠사나 수행이라는 사실을 알아야 한다. 안 되는 것도 실재하 는 것으로 엄연한 법이고 알아차릴 대상인 것이다.

문_ 다리의 통증이 심했는데 갑자기 없어져서 어떻게 된 것인가 했습니다.

답_ 아픔이 없어졌을 때는 찾지 마라. 그때는 없어진 것을 아는 '앎, 앎'을 하라.

* * *

주해_ 수행은 항상 현재를 아는 것이다. 사라진 것은 이미 과거다. 사라지고 난 뒤에 새로 생긴 현상을 아는 것이 수행자의 임무다. 사라진 것을 찾을 때는 알아차림을 놓친 상태이다. 그러므로 새로 일어난 대상을 알아차려야지 사라진 것에 연연해서는 안 된다. 무엇이나 지난 것을 생각하면 사라진 것을 또다시 불러들이는 결과를 가져온다. 마음은 이미 새로 일어났는데 사라진 것을 생각하는 것은 과거를 기억하고 있는 것이다. 수행자는 언제나 새로 일어난 대상이 있기 때문에 과거를 기억할 겨를이 없어야 한다.

수행이 잘 안 될 때도 특별한 대상을 보려고 하지 말고 지금 현재를 알아차리면 좋다. 지금 현재를 알아차리면 현재 몸과 마음에 있는 가장 강한 대상이 나타난다. 그러면 바로 그 대상을 알아차리면 된다. 몸에서는 여러 가지 느낌이 있으며 언제나 호흡의 움직임이 있고, 그리고 소리도 있다. 그 중의 하나를 주시한다. 마음에서는 고요함, 싫어함, 좋아함, 들뜸, 졸림 등이 있다. 바로 이것들이 알아차릴 대상이다.

현재에는 시간의 흐름도 있다. 이것은 상속, 지속을 말하는 것으로 이것을 바로 윤회라고 한다. 이것 또한 알아차릴 대상에 속한다.

문_ 좌선 중에 앉아 있는 모습을 상상합니까? 아니면 어떻게 봅니까?

답_ 상상은 없는 것을 만들어 내는 것이고, 본다는 것은 있는 그대로를 생각으로 보는 것이다.

* * *

주해_ 오온의 기능 중에 마음은 대상을 받아들이는 역할을 하고 그 뒤에 마음의 작용이 모든 일을 한다. 마음의 작용은 느낌, 상, 행으로 분류하는데 여기서 실제 눈으로 보지 않고 알 수 있는 것은 상(想)의 역할로 아는 것이다. 상은 기억하고, 표상작용을 하고, 인지, 지각 등 여러 가지 기능을 하는데 눈을 감고도 아는 것은 심상(心想)으로 아는 것이다.

그러나 상의 기능이 때로는 상상으로 만들어 내서 아는 작용까지도 한다. 오온의 상이라는 작용 중에 실상이 있고 허상이 있다. 위빠사나 수행은 실재하는 것을 대상으로 한다. 그래서 빠라마타 담마(paramattha dhamma)라고 하는데, 이것은 있는 것을 보기 때문에 절대적 실재라고 한다. 결국 진리라고 하는 것은 있는 것, 실재하는 것이므로 여기에 가장 우선하는 것이 바로 자신의 몸과 마음인 것이다. 이것을 최승의법(最勝義法), 또는 최고의 법이라고 한다.

문_ 일어남, 꺼짐, 앉음, 닿음을 하는데 앉음을 할 때 알아차리는 것이 늦어서 알아차리려다 보면 벌써 일어남이 시작되었습니다. 그래서 집중이 안 되어 눈을 뜨거나 벽에 기대게 되고 수행을 포기하는 수도 있습니다.

답_ 이때 닿음을 하지 말고 일어남, 꺼짐, 앉음만 하라. 그리고 앉음을 할 때도 빨리 하라. 좌선을 시작하면 수행이 잘 안 된다고 눈을 뜨고 쉬지 마라. 안 되더라도 계속해라. 일어남, 꺼짐이 없어질 때가 있다. 그럴 때는 없어진 것을 찾지 말고 앉음, 닿음을 하고 일어남, 꺼짐이 나타나면 그때 알아차려라. 그리고 수행 중에 절대 벽에 기대지 마라. 또 중간에 방에 돌아가면 안 된다. 그러면 수행이 아니다. 안 될 때도 수행을 해라.

* * *

주해_ 대상과 알아차림이 일치하지 않는 것은 명칭을 붙일 때 나타나는 문제점 중의 하나이다. 앉음을 하는데 벌써 일어남이 있다면 이는 대상과 알아차림이 정확히 일치하지 않기 때문이다. 사실 이것이 명칭의 폐해다. 실재와 밀착하여 일어나는 것을 알아차리지 않고 관념으로 대상을 아는 것이다. 그러므로 명칭을 붙일 때는 대상, 명칭, 알아차림이라는 세 가지가 정확히 일치되어야 한다. 대상 따로, 명칭 따로 일 때는 정확한 알아차림을 할 수가 없고 이렇게 되면 실재로 아는 것이 아니고 명칭을 대상으로 알게 되는 것이 된다.

　　좌선 중에 감았던 눈을 뜨고 쉬는 것은 알아차림을 포기하는 것이다. 이것은 수행이 자기 마음대로 안 되어서 화를 내고 하기 싫어하는 욕망이 생긴 것이다. 그래서 탐욕과 성냄이 일어났기 때문이다. 또는 게으름이 생겨서 하기가 싫어진 것이다. 이것이 탐진치의 마음이다.

좌선을 하다가 장애가 생기면 바로 마음을 알아차려야 한다. 그렇지 않으면 마음은 한순간에 달아나 버려 알아차림을 놓치게 되고 싫증을 내게 된다. 이런 때는 '지금 내 마음이 무엇을 하고 있는가?'를 알아차린다. 그러면 화를 냈거나 싫증을 낸 것을 알게 될 것이다. 이 마음을 알아차린 뒤에 가슴으로 가서 그 마음이 일으킨 느낌을 대상으로 알아차린 뒤에 차츰 호흡을 알아차리면 된다.

수행을 한다는 것은 이럴 때 장애에 끌려가는 것이 아니고 끌려가려는 현상을 알아차리는 것이다. 언제나 현재로 돌아와서 '그렇구나!' 하고 알아차리는 것이 위빠사나 수행이다.

없어진 것을 찾는 것은 생각에 빠진 것으로 알아차림이 아니다. 또한 벽에 기대고 좌선을 하면 졸음이 온다. 좌선을 할 때 긴장을 풀어야 하지만 몸을 바르게 유지할 수 있는 기본적인 자세는 필요하다. 수행은 언제나 무엇이다, 하고 결론을 내리거나 끝을 맺지 말고 진행되어 가는 것을 항상 지켜보아야 한다. 이런 측면에서 보면 대상에 대해서는 객관적이고 수동적인 입장을 유지해야 하며, 알아차림을 함에 있어서는 적극적인 자세를 가져야 한다.

집중

문_ 명상 중에 호흡의 길고 짧은 모양과 호흡의 강약 등을 알아차릴 수 있었습니다. 집중이 깊어질 때는 오직 호흡만 남아 있습니다. 그래서 조금 더 해보고 싶어서 1시간이 지나도 앉아 있습니다. 그런데 1시간이 지나면 항상 허리에 통증이 생겨 더 계속할 수가 없어서 명상을 끝냅니다.

답_ 길고 짧은 모양과 호흡의 강약을 느낄 때는 그것을 놓치지 말고 집중적으로 알아차려라. 허리에 통증이 느껴지면 1시간이 지나더라도 없어질 때까지 알아차려라.

* * *

주해_ 집중이 잘되면 몸이 가벼워지고 1시간을 앉아도 전혀 시간 가는 줄 모른다. 이때 고요함에 빠지지 않기 위해 알아차림을 더 강화해야 하므로 노력이 필요하다. 노력하는 것은 분명한 앎을 통하여 이익이 있는 것인지, 적절한 시기와 상황인지, 대상을 정확히 알고 있는지, 존재의 실상을 바르게 파악하고 있는지를 알아차린다. 또한 대상의 변화를 얼마나 알고 있는지 알아차린다. 그리고 마음을 새로 내서 아는 마음을 알도록 한다. 더 나아가서는 좌선 중에 이따금씩 앉아 있는 자세가 똑바른가도 살펴야 한다.

집중이 잘된 상태는 일단 알아차림과 집중과 노력이 절묘한 조화를 이루어 생긴 결과이다. 이 세 가지의 균형이 없으면 좋은 집중상태가 생길 수 없다. 그러나 좋은 집중상태도 알아차림이 부족해지면 자칫 졸음에 빠질 위험이 있다. 그래서 이런 때는 알아차림을 계속 새로 내야 한다. '지금 내 마음이 무엇을 하고 있는가?'를 다시 알아차린다. 바로 이렇게 알아차림을 지속시키는 것이 노력이다. 노력 없이는 알아차림이 홀로 설 수 없다. 이것들의 결과로 생긴 것이 집중이다.

수행의 여러 가지 목표 중에 일차적 목표는 집중이다. 집중을 했을 때는 탐욕과 성냄과 어리석음이 없는 맑은 정신적 상태이다. 집중이 된 맑은 마음에서 지혜가 난다. 그래서 집중이 잘될 때는 1시간이 지났어도 좌선을 계속해도 좋다. 좌선은 억지로 앉아 있으면 안 되지만 집중력이 좋을 때는 더 앉아 있어도 된다.

사마디(samadhi)의 뜻은 청정한 마음의 집중이란 말이다. 그냥 집중이나 삼매가 아니고 청정한 마음이 앞에 붙어야 의미가 분명해진다. 청정이란 말은 6근(眼·耳·鼻·舌·身·意)이 6경(色·聲·香·味·觸·法)에 부딪쳐서 6식(眼識·耳識·鼻識·舌識·身識·意識)을 할 때 있는 것을 있는 그대로 본다는 뜻이다. 그러니까 탐진치 없이 본다는 말이다. 이렇게 청정한 과정을 거쳐 마음이 모아진 상태를 집중이라고 한다.

수행이 발전되면 이와 같은 집중이 생기는데, 그렇지 못하면 좌선을 할 때 1시간을 넘기지 못한다. 여기서 사야도께서 1시간이 넘어도 통증을 알아차리라고 말씀하신 것은 집중의 적응력을 증장시키려는 의도이다. 1시간이 넘어도 계속 알아차리면 차츰 적응되어 그 이후까지도 계속할 수 있기 때문이다.

호흡이 길고 짧은 것, 강약을 느낄 수 있다는 것은 아는 힘이 생겼다는 것이며, 이렇게 아는 힘이 생긴 결과로 집중력이 생긴 것이다. 더 좋은 집중력을 얻기 위해서는 호흡의 실재하는 현상인 공기의 팽창과 수축을 알아차리면 좋다. 원래 호흡은 공기가 허파로 들어가서 팽창했다가 공기가 빠져나와 수축하는 현상의 연속이다. 거기에는 여러 가지 현상과 느낌들이 있다. 이것을 아는 것이 호흡의 실재하는 성품을 알아차리는 것이다.

위빠사나 수행은 초기집중의 상태에서 차츰 찰나집중 상태로 유도되어야 한다. 찰나집중의 상태는 매순간 일어나는 모든 현상을 생멸로 볼 수 있을 때가 온전한 집중의 상태이다.

문_ 좌선을 할 때 창쪽에 앉아서 하므로 너무 눈이 부셔서 손수건으로 눈을 가리고 합니다.

답_ 수건으로 눈을 가리면 어둠을 좋아하는 사람 같으니까(웃음) 눈을 가리지 마라. 그때 가사를 머리에 얹어서 약간 가리던가, 아니면 창의 반대쪽에 앉아서 명상을 하라.

문_ 경행을 할 때 발의 통증이 느껴져서 매우 천천히 들어서 앞으로 놓음을 합니다. 그때 한 발로 서 있는 시간을 약간 길게 하여 눌림으로 통증을 가시도록 합니다. 그런데 한쪽 발만 보이지 않고 양쪽 발이 다 알아차려집니다.

답_ 양쪽 발을 다 알아차리지 말고 움직이는 쪽만 알아차려라.

문_ 좌선 중에 호흡이 보이다 잘 안 보일 때도 있습니다.

답_ 명상을 하다 보면 일어남, 꺼짐이 없어질 때가 있다. 그때는 앉음, 닿음을 하고 그것도 없어지면 그때는 앎, 앎을 알아차려라. 좋은 현상이 나타나거나 기분이 좋을 때는 절대 좋아하지 말며, 알아차림을 중지하지 말고, 절대로 놓치지 말라. 그리고 앎, 앎을 계속하라.
　　알아차림을 놓치면 수행의 생명이 끊어진다. 계속 알아차려서 그것을 뛰어넘어야 한다. 어떤 것이 나타나든 중지하지 말고, 놓치지 말고, 미워하지 말고, 좋아하지 말고 하라. 놓치지 않고 하면 끝날 때가 있다. 그때는 아무것도 없는 때가 온다. 처음에 시작하는 요기는 모든 것을 천천히 해라. 천천히 해야 알아차림이 좋아진다. 그리고 좋아할 때는 좋아함, 좋아함 하고 좋아하는 상태를 그대로 알아차려야 한다.
　　밥상에 밥과 반찬이 많다. 그것을 다 먹으면 나중에는 먹을 것이 없다. 밥과 반찬을 먹는 것이 알아차리는 것이다. 여러 가지 모두를 알아차리다 보면 끝에 가서는 아무것도 없다.

후회와 반성은 다르다

문_ 하루에 명상을 8회 하고 경행은 5회를 합니다. 명상이 잘될 때는 1시간 내내 호흡을 알아차립니다. 1시간 내내 큰 배의 기관 소리같이 철거덕거리면서 크게 들리며 알아차림이 끊어지지 않고 보입니다. 그러나 명상이 안 되어 집중이 안 될 때는 고통 속에서 보내다가 왜 이렇게 안 되는가 원인을 찾습니다. 명상이 끝나고 나서야 '그때 괴로운 상황을 알아차려야 하는데' 하고 항상 뒤늦게 알아차립니다. 그리고 후회를 합니다. 괴로운 그 상황에서는 자꾸 집중을 시도해 보려고만 노력하지 집중이 안 되는 것 자체를 알아차리기가 어렵습니다.

답_ 명상을 1시간 줄이고 경행을 1시간 늘려라. 잘되는 것은 보고하지 마라. 잘 안 되는 것도 경우에 따라서 필요한 것이다. 잘된다, 잘 안된다는 판단은 내가 할 테니 본인이 내리지 마라. 명상을 할 때 알아차리는 것은 좋은 것만 하는 것이 아니다. 밥상에 있는 반찬을 맛있는 것만 먹는 것은 아니다. 알아차림이 안 될 때는 대상을 마음에 드는

105

것으로 바꾸어라. 이때는 꼭 일어남, 꺼짐만을 고집하지 마라.

* * *

주해_ 사야도께서 이제부터는 면담을 할 때 하루에 명상 회수와 경행 회수를 보고하라고 하셨다. 원래 수행시간표에는 명상이 하루에 1시간씩 8회를 하고, 경행을 1시간씩 7회 하도록 되어 있다. 그리고 집중력이 좋아져서 좀더 오래 앉아 있을 수 있을 때는 명상시간을 더 늘릴 수도 있다. 그때는 자연히 경행시간이 줄어든다.

정해진 경행시간이 7시간이지만 식당에 오고 가거나 일상생활에서 움직이는 모든 동작을 알아차리라고 하므로 더 늘어날 수도 있다. 이와 같이 거의 하루 전부를 수행에 할애할 수 있다는 것은 수행센터가 아니고서는 힘든 일이다.

집중수행은 연속적인 알아차림으로 집중력이 지속될 수 있어 아는 힘이 강화되고 지혜가 날 수 있는 기회를 가져온다. 그러나 오래하다 보면 집중력이 산만해지고 마음이 느슨해지기 쉬워 정진력을 강화하라는 뜻으로 하신 말씀이다.

수행자가 명상 중에는 알아차림이 잘 안 되어서 괴로운 상황을 알아차리지 못하고 명상이 끝나고 나서야 그때 괴로워만 할 것이 아니라 괴로워하고 있는 것을 알아차렸어야 하는데 하고 아는 것은 매우 고무적인 발전이다. 이때는 후회하는 마음으로 알아차리지 말고 그냥 그대로 알아차린다. 늦게라도 무엇이 필요한 것인가를 알아차리는 것은 언젠가는 그것을 할 수 있다는 견해가 생긴 것이다. 명상이 끝나고 나서 이렇게 점검하는 자세는 좋은 것이다.

후회는 불선업의 행에 속한다. 그러나 반성은 필요하다. 후회는 행하지 못해서 욕망으로 아쉬워하는 것이지만, 반성은 잘못한 것을 받아들이는 관용과 새로운 선업의 의지를 내는 것이다.

사야도는 명상 8회에 경행 5회는 균형이 맞지 않으므로 경행을 1시간 늘리라고 말씀하신다. 수행은 명상과 경행이 알맞게 안배되는 것이 좋다. 경행시간이 적다는 것은 노력이 부족한 것이다.

노력이 부족할 때 어떻게 하면 좋을 것인지를 물어 보면 경행을 권하신다. 실제로 경행이 적은 것은 그 시간에 휴식을 취하는 경우가 많기 때문이다. 또한 알아차림이 끊어지지 않고 지속되는 것이 바람직하기 때문에 경행을 계속하게 하기도 한다. 또 다른 의미에서 수행을 할 때 좋아하는 것만을 골라서 하면 그것 자체가 탐심이므로 균형 있는 안배가 필요하다.

1시간 내내 호흡을 알아차릴 수 있다는 것은 상당한 집중력이 있는 상태다. 그런데 사야도는 이에 대한 의문이 있으셨던 것 같다. 쉽지가 않은 일이기 때문이다. 또한 잘되는 것을 좋아할까 봐서 좋아하지 못하도록 주의를 준 것이다. 뿐더러 잘 안 되는 것도 잘 안 된다고 스스로 판단하지 말라고 한다. 잘된다거나 잘 안 된다거나 하면 탐욕과 성냄에 빠지기 때문에 가장 경계하는 말이다. 수행자가 의외로 잘되는 것만 보고하는 경우도 있다. 수행은 결코 잘될 수만은 없다. 그래서 잘되는 것을 보고할 때는 잘 안 되는 것도 함께 보고하라고 한다.

수행자는 스스로 판단하고 결정을 내리면 안 된다. 수행이 잘되고 안 되고는 지도자가 판단할 몫이다. 수행자가 잘될 때와 잘 안될 때를 스스로 판단하면 큰 오류를 범하는 것이다. 사실은 수행이 매우 잘 진전되고 있을 때도 잘 안 되는 것 같아 보일 때가 많다.

또 잘된다고 생각하면 그 순간에 상태가 곤두박질을 치게 된다. 본인이 판단을 내리는 것 자체가 수행이 아니다. 알아차림이란 것은 언제나 현재 진행형이므로 결론을 내리면 안 된다. 항상 구경꾼처럼 매 상황을 끝까지 지켜보는 관객의 이성이 필요하다.

좌선 중에 집중이 안 될 때는 안 되는 집중을 하려고 애쓰지 말아야 한다. 집중이 안 된다는 사실을 그대로 받아들이는 것이 더 중요하다. 이때의 알아차림은 대상을 객관화해서 볼 수 있게 한다. 그때의 마음을 보면 긴장해 있거나 화를 내고 있을 수 있다. 먼저 그 마음을 알아차려야 한다. 마음이 산란하고 뒤틀려 있으면 집중하려고 해도 잘되지 않고 힘만 들어간다. 그때의 마음을 보면 분명히 긴장해 있을 것이다. 그 뒤 호흡이 아닌 다른 대상을 보는 것이 좋은 방법이다. 안 될 때는 대상의 변화가 필요하다.

이런 경우를 위해 수행의 1단계를 설정하는 방법이 필요할 수도 있다. 1단계는 기본단계로 우선 신체의 머리 부분부터 모양만 한 부분씩 알아차리며 내려오는 것이다. 가장 쉬운 것부터 하나씩 알아차려 내려오면 차츰 집중하는 힘이 생겨서 안정이 된다. 이런 과정을 거치면 자연스럽게 2단계의 과정으로 호흡이 일어나서 알아차릴 수 있게 된다.

문_ 명상 중에 호흡의 틈이 길어질 때는 일어남, 꺼짐, 앉음, 닿음을 하고도 시간이 채워지지 않아 닿음, 닿음이라고 두 번을 합니다. 어떤 때는 세 번 할 때도 있습니다.

답_ 일어남, 꺼짐, 앉음, 닿음, 오른편 닿음을 하라. 그리고 다음에는 일어남, 꺼짐, 앉음, 닿음, 왼편 닿음을 하라.

문_ 명상 중에 허리의 통증이 없어져서 '이젠 허리의 통증을 없앴구나' 하고 생각했는데 다시 나타나서 30분 동안 알아차렸습니다.

답_ 물질이 있는 한 통증은 없어지지 않는다. 다만 집중의 힘이 강해졌을 때는 그 통증이 나타나지 않는다. 그리고 없어진 통증은 생각할 필요가 없다.

* * *

주해_ 물질이 있는 한 통증과 괴로움은 사라지지 않는다. 또한 물질은 병의 먹이이다. 그래서 몸이 존재한다는 것은 괴로움이다. 여기서 말하는 물질은 몸을 말한다.

　　　수행자들이 몸과 마음을 말할 때 몸이라고 말하는 경우는 극히 제한되어 있다. 원래 경전에서 몸과 마음을 말할 때는 정신과 물질이라고 표현한다. 이것을 빨리어로 나마 루빠(nāma rūpa)라고 한다. 특별하게 몸과 마음이라고 할 때는 까야 찌따(kāya citta)라고 한다. 루빠(rūpa)는 색, 물질, 모양, 형상의 뜻으로 쓰인다. 이 말은 경전 전반에서 물질을 말하는 뜻으로 사용된다. 까야(kāya)는 몸이라고 하고 신체, 모임, 집합이란 뜻으로 쓰인다. 까야로 쓰이는 경우는 신, 수, 심, 법이라는 4념처를 말할 때 신(身)을 말한다. 그러므로 우리가 통상적으로 말하는 몸과 마음은 물질과 정신(마음)으로 사용하는 것이 바람직하다. 몸이라고 말하는 경우는 사념처 수행에서 신념처를 말할 때 제한적으로 사용한다.

　　붓다께서는 몸을 물질이라는 개념으로 보셨다. 우리도 몸이라고 하면 내 몸이라는 자아 개념이 생기게 될 수 있다. 물질이라면 다소 객관화가 될 수 있는데 몸이라고 하면 내 몸이라는 유신견(有身見)이 생겨 실상을 바로 보기가 어렵다. 우리는 습관적으로 물질을 몸이라고 하는데, 이럴 때 사용하는 몸은 물질로 이해해야 한다.

문_ 좌선과 경행 시간의 비율을 꼭 지켜야 합니까?

답_ 명상 1시간에 경행 1시간이 가장 이상적인 수행방법이다.

＊ ＊ ＊

주해_ 장시간 앉아 있을 경우 건강이 나빠질 수도 있다. 실제 경행을 무시하고 앉아만 있는 경우 신체가 허약해지기도 한다. 뿐더러 더 좋은 좌선 상태를 위해서 경행을 많이 해야 한다. 경행을 잘하면 이로움이 많다. 소화가 잘되게 하고 근력을 길러 지구력을 갖게 한다. 허약한 몸으로는 수행을 하기가 쉽지 않다.

　　앞서간 아라한이나 수행자들께서 경행을 통해 열반에 든 경우가 경전에 많이 기록되어 있다. 좌선과 경행을 하게 되면 알아차림이 끊어지지 않고 집중이 계속되어 빠르게 발전할 수가 있다.

문_ 좌선 중에 이것저것 대상이 나타날 때는 어떻게 합니까?

답_ 무엇이나 분명하게 나타나는 것을 놓치지 말고 알아차려라. 알아차리는 것이 중요하다.

* * *

주해_ 좌선 중에 이것저것 대상이 나타나면 처음에는 가장 강한 것부터 알아차린다. 어느 정도 집중이 이루어지면 오히려 미세한 것을 대상으로 하여 집중력을 키울 수도 있다. 또한 이것저것으로 자주 바꾸면 오히려 집중에 방해를 받으므로 하나를 대상으로 하되 상황에 따라서 적절히 대상을 바꾸어야 한다. 더 강한 대상이 나타났을 때 바꾸면 된다. 또한 호흡은 항상 보는 것이므로 호흡이 아닌 것이 나타났을 때는 그 대상을 먼저 알아차린다.

여러 가지 대상이 계속될 때는 하나의 대상에 마음을 기울이고 대상의 느낌을 주시하면 대상이 커진다. 다시 커진 대상의 변화를 주시하면 집중력이 생기고 하나의 대상만 남게 된다.

보/니/거/기/세/상/이/있/다

좌선 중의 자세

문_ 명상 7회, 경행 6회를 합니다. 명상을 시작하고 나의 의지를 완전히 배제하고 몸이 되어가는 대로 그냥 두고 알아차려 보았습니다. 몸이 흐트러져도 상관하지 않고 내버려두고 알아차려 보았습니다. 처음에는 입이 벌어지고 나중에는 허리가 굽어져서 앞으로 많이 기울었습니다. 그래도 그냥 그대로 두고 알아차렸습니다. 졸음이 와도 자세를 바꾸지 않고 그대로 알아차렸습니다. 그러다가 과연 이렇게 굽어진 자세를 바로 세우지 않고 두고 보아도 되는가 하는 의문이 들었습니다.

답_ 그 상태대로 알아차림이 잘되면 그냥 하라. 입에서 침만 흘리지 않으면 됐다(웃음).

* * *

주해_ 좌선 중에 자세가 기울어지면 언제나 똑바로 해야 한다. 몸 스스로는 자세를 바르게 할 수가 없다. 마음이 바른 자세를 유지하려

112

는 의도가 있어서 비로소 자세가 바르게 되는 것이다.

수행 중에 자세는 집중력을 높이는 데 중요하다. 자세가 불안 정하면 통증이 생기고 산란해진다. 그래서 한 시간 좌선 중에 이따금씩 자세를 살피는 습관이 필요하다. 바른 자세가 없이는 바른 좌선을 할 수가 없으므로 좌선을 시작할 때나 좌선 중에도 지속적으로 살펴봐야 한다. 자세를 살필 때 새로 마음을 내는 것이므로 노력을 기울이는 것이며, 또한 자세를 살피는 것은 변화를 주어서 지루함을 덜 수도 있다. 그리고 마음을 현재로 가져오는 효과가 있다.

자세가 바른가를 살핀 뒤에 몸에 힘이 들어가 있지 않은가 살펴야 한다. 미간, 입술, 어깨, 손 등을 차례로 알아차려서 긴장이 되어 있으면 이완시켜 주어야 한다.

문_ 일어남, 꺼짐이 없어져서 앉음, 닿음을 하다가 앎, 앎을 해 보았는데 앎에 대하여 조금 구체적인 이해를 가지고 하지 못했습니다. 그래서 앎을 할 때 다소 막연하게 그냥 '앎, 앎'을 하기도 하고, 또 경행 중에 '섬, 섬'을 할 때처럼 머리에서 발까지 알아차리는 상태처럼 '앎, 앎'을 하기도 했습니다.

답_ 일어남, 꺼짐이 없어졌을 때 앉음, 닿음을 하고 앉음, 닿음이 없어지고 소리와 생각도 완전히 없어졌을 때 '앎, 앎'을 하라. '앎, 앎'은 알고 있는 그 상태 그대로의 앎이다.

* * *

주해_ 일어남, 꺼짐이 사라지고 앉음, 닿음이 사라진 다음 단계로 앎을 할 때는 이미 물질(몸)이 사라진 상태를 의미한다. 물질이 사라졌기 때문에 보아야 할 것은 자연히 마음이다. 이때 마음을 보는 것을 앎이라고 한다. 호흡이 사라졌다는 것은 호흡을 하지 않는 상태를 말하는 것이 아니다. 몸도 있고 숨도 쉬고 있지만 집중력이 생겨 대상이 너무 미세해서 알아차릴 수가 없는 것을 말한다. 이때는 집중력이 좋아지고 의식이 고양된 상태가 된 것이다.

그러나 몸과 호흡이 사라진 뒤에 아무것도 없는 상태에서 앎을 할 때 처음에는 그 앎을 이해하기가 어렵다. 계속 호흡과 몸의 느낌이라는 물질적 대상을 보다가 비물질인 앎을 보려고 하니 개념 정리가 잘 안 된다. 이 고민은 당사자에게는 심각한 것이 아닐 수 없다. 앎을 알아야 할 단계에서 앎의 정확한 이해가 없기 때문이다. 그래서 앎에 대한 기본적인 이해가 없기 때문에 자연히 혼란을 겪게 된다.

물질은 눈으로 볼 수 있는 대상이지만 마음은 비물질이라서 눈으로 볼 수도 없고 느끼기에도 어려움이 있다. 그래서 이때 방황을 하는 경우가 많다. 그러므로 앎을 알아차릴 때는 마음을 보는 방법에 대한 이해가 새롭게 필요하다. 수행 초심자에게는 더욱 충분한 이해와 설명이 뒤따라야 한다. 알기가 어려운 것을 물질을 보듯 같은 방법으로 마음을 알려고 하면 반드시 부작용이 생긴다. 이때 상기의 위험이 있다. 상기는 모르기 때문에 불필요한 힘을 쓰게 된 결과이다.

마음은 있는 것이다. 다만 보이지 않는 것이라서 처음에는 알아차리기가 약간 애매하다. 마음은 생각, 느낌, 행위가 일어났을 때 그것을 일으킨 것이 마음이므로 그때 그것을 일으킨 마음을 보는 것이다. 마음은 직관으로 알아야 한다. 마음을 알 때는 본다는 명칭보다 안다는 개념으로 접근하는 것이 유리하다. 비물질을 보려 하면 없기 때문이다. 처음에 마음을 보려고 하면 볼 수가 없다. 이때 마음을 보려고 하는 것이 바로 마음이라는 것을 알아차려야 한다.

마음은 수, 상, 행을 일으킨다. 우리가 마음을 보려 할 때는 마음에 의해 일어난 수, 상, 행을 통해서 알 수 있다. 마음은 비물질이므로 수, 상, 행이란 마음의 작용을 통해서 알 수 있다. 마음은 마음을 알아차리려는 의도가 있어야 볼 수 있다. 이것을 마음을 새로 낸다고 하는 것이다. 나중에 생긴 마음이 먼저 있는 마음을 보는 것이다.

여기서 처음에 앎을 할 때는 호흡이 사라진 것을 아는 앎이며 물질(몸)을 감지할 수 없는 것을 아는 앎이다. 그리고 계속해서 현재의 마음을 알아야 한다. 현재를 아는 마음, 고요함을 아는 마음, 시간이 흐르고 있는 것을 아는 마음을 모두 앎이라고 말할 수 있다. 다만 이 상태는 정신적인 것이고 이런 상태에 있는 사람만이 이 말의 뜻을 이해할 수 있을 것이다.

문_ 좌선 중에 일어남, 꺼짐을 알아차리기가 어렵고 앉음, 닿음을 하기도 어렵습니다.

답_ 일어남, 꺼짐이 없어지고 다시 앉음, 닿음이 없어졌을 때 없어진 것을 절대 찾지 마라. 그리고 앎, 앎을 하라. 그러고 나서 사라진 것이 다시 나타났을 때는 다시 나타난 것을 알아차려라. 남아 있는 것이나 알 수 있는 것을 붙들고 자세히 알아차려라. 다음에는 어떻게 사라지고 어떻게 변화해 가는지를 자세히 보고하라. 그냥 '사라졌습니다'라고 하지 말고 그 상황을 상세히 보고하라.

* * *

주해_ 좌선 중에 알아차림을 할 때 가장 이상적인 상태는 알아차림과 집중력과 노력이 조화를 이루고 있는 것인데, 이에 따라 알아차림의 상태가 다르다. 그냥 단순히 알아차림 하나로는 되지 않는다.

알아차림이란 깨어 있는 의식상태가 항상 일정할 수 없기 때문에 알아차림을 지속시키기 위해서는 노력이 필요하다. 이 노력에 의해 알아차림이 강화되고 이런 상태에서 집중력이 증장된다.

그러므로 수행이 잘되거나 잘 안 된다고 느껴지는 경우는 모두 이 경우에 해당된다. 수행자가 호흡이나 앉음, 닿음이 안 보인다고 할 때 과연 산란하거나 집중이 안 돼서 그런 것인지 또는 집중이 잘되어서 몸이 소멸된 것인지를 알기 위해 분명한 내용을 보고할 것을 말씀하신다.

이런 때 수행자들은 처음 경험하는 것들에 대해 자세하게 말하기가 어렵다. 가령 몸이 소멸된 것에 대해서 어떤 확신을 갖기 어렵다. 그러므로 애매하게 말하지 않을 수 없다. 그러나 지도자들은 이런 상황을 직시하고 좀 더 분명하게 판단할 것을 유도한다.

기쁨

문_ 며칠 동안 집중이 되지 않아 어제부터 아침을 먹지 않고 있습니다. 오늘 오후부터 호흡을 알아차리기 시작하고 집중력이 조금씩 생깁니다. 오후 명상 중에는 모든 것이 하얗게 변해 가더니 나중에는 불꽃처럼 빛이 나타났습니다.

답_ 밥을 굶는다고 수행이 잘되는 것이 아니다. 아침 점심을 먹고 수행을 하라. 명상이 잘되지 않는 것도 나쁜 것이 아니니 그것도 보고 하라. 무엇이 보였을 때 '보임, 보임' 하고 알아차렸는가?

* * *

주해_ 수행을 할 때는 식사를 거르지 않으며 단식을 하지 않는다. 식사가 부실하면 기운을 낼 수 없어 수행을 할 수 없기 때문이다. 원래 붓다께서 하루에 한 번 사시공양을 하셨다. 그래서 하루에 한 번 식사를 하는 비구들도 있다. 그러나 초보 수행자들은 수행을 할 때 아침을 거르면 힘을 낼 수 없기 때문에 먹는 것이 좋다.

몇 개월 뒤에 다른 장소에서 단식을 시도해 봤다가 후원을 깜짝 놀라게 한 적이 있었다. 바깥출입이 제한된 묵언실에서 단식을 했더니 밥을 날라다 주는 시자가 걱정 어린 태도로 쳐다보았다. 그래서 종이에다 단식을 한다고 적어서 보여주었더니 눈을 크게 뜨고 놀라는 표정을 지었다. 지금 죽으려고 하느냐 하는 태도로 화들짝 놀라서 매우 무안했다. 나중에 안 일이지만 공양간에서 이 일로 소란이 있었다고 했다. 소화가 안 되어 한국식으로 단식을 했더니 사야도로부터 바로 단식을 중지하라는 글이 전해져 내려왔다.

붓다께서는 깨달음을 얻으신 직후 다섯 비구들에게 초전법륜을 하시면서 먼저 중도를 설하셨다. 지나치게 감각적인 욕망을 즐기는 것과 지나친 고행을 일삼는 양 극단은 제거해야 한다는 것이다. 당시의 인도에서는 수행자가 고행을 하는 것이 보편화되어 있는 시기였다.

붓다께서 6년 동안 고행을 하시다 포기하고 방법을 바꾸어 중도를 선택하셨기 때문에 밥을 굶는 것 같은 행위를 고행으로 간주하는 경향이 있다. 또한 위빠사나 수행은 무엇을 하기 위해서 극단적인 행위를 하는 것을 탐심으로 보고 있다.

빛이 보인다는 것에 대해 스승들은 알아차리라는 말 외에 별 반응을 보이지 않는다. 빛을 좋아해서 거기에 빠질까 봐 반응을 보이지 않는 것이다. 빛이 나타난 것은 지혜가 성숙되어 나타나는 좋은 현상이지만 위빠사나 수행에서는 다만 알아차릴 현상에 불과하다. 특별히 빛이 나타나기를 바라서는 안 되며, 나타났을 경우에는 이것을 좋아하지 말고 그냥 나타난 사실을 알아차리는 것으로 끝내야 한다.

수행은 언제나 어디서나 나타나는 과정을 지켜본다는 입장을 고수해야 한다. 자신이 어떻다고 결정을 내리지 말고 '그렇구나' 하고 되어가는 현상을 지켜보기만 하면 된다. 대상에 휩쓸리지 않으면 대상으로 인해 가라앉지 않아 대상의 성품을 알 수 있게 된다. 그러면 마음이 안정되어 집중력이 생기고 이어서 지혜가 나게 된다.

이렇게 알아차릴 때 무엇을 어떻게 하려고 알아차리는 것이 아니다. 대상이 있어서 아는 것이다. 있어서 알고 난 뒤에 다른 조치를 취하지 말아야 한다. 그러므로 무엇을 어떻게 하려고 하지 말아야 한다. 탐심으로 바라는 것이 되기 때문이다.

지켜본다는 것은 주시하는 것으로 바라는 것 없이 알아차리는 것이고 그런 상태에만이 지혜가 난다. 주시는 볏단을 움켜잡는 것이고 지혜는 낫으로 자르는 것이다. 알면 지혜가 나서 낫으로 자르기 때문에 끊어버린다는 뜻이다. 그래서 지혜가 필요한 것이다. 지혜는 어둠에서 전깃불을 켠 것과 같이 환하게 밝아져서 대상의 이치를 알아버린다는 것이다. 그래서 끊어버린다고 한다. 알면 생각과 말과 행위가 그릇되게 일어나지 않게 된다. 그것은 무지로부터 벗어남을 말한다.

모르면 당하고 알면 당하지 않는다. 수행자는 알기 위해 수행을 하는데 그러기 위해 일상에서 알아차림을 하는 것이다. 알아서 어떻게 하려고 알아차리는 것이 아니고 그냥 알아차리고 만다. 알고 말면 이득이 없을 것 같지만 그렇지 않다. 이런 작은 알아차림이 모여 어느 순간에 큰 알아차림이 생기게 된다. 이것이 어느 순간에 무상, 고, 무아를 아는 큰 지혜로 이르게 한다.

문_ 신체에서 약간의 전율 같은 것이 있고 매우 기분이 좋은 상태로 좌선을 했습니다.

답_ 위빠사나는 나타나는 모든 것을 다 알아차리는 것이다. 좋은 것이 나타났다고 그것에 취하거나 교만심이 생기면 향상이 없다. 싫어하는 것도 마찬가지다. 어떤 모습이나 어떤 것이나 정확히 알아차리는 것만이 가장 확실한 방법이다.

* * *

주해_ 수행 중에 마음이 집중되면 환희심이 일어나고 기쁜 마음이 생긴다. 기쁜 마음으로 인해 몸에서 일어나는 현상을 빨리어로 삐띠(pīti)라고 하며, 우리말로는 기쁨이라고 표현한다. 기쁨은 지혜를 구성하는 일곱 가지 깨달음의 요소 중에 네 번째 순서에 해당하는 과정이다.

깨달음은 깨달음을 얻으려는 마음 없이 현재의 괴로움을 해결하려는 자연스러운 욕구로 출발해야 한다. 그래서 편치 않다는 일차적인 자각이 있어야 쉽게 발전할 수 있다. 그렇게 알아차리는 것이 위빠사나를 하는 것이다. 위빠사나를 통하여 4성제 고집멸도를 알게 되는데, 이 과정에서 자연스럽게 나타나는 과정이 바로 일곱 가지 과정의 깨달음의 요소이다. 바로 이 중 하나가 삐띠라고 하는 기쁨의 현상이 나타나는 것이다.

삐띠는 좋아하고 만족함을 말하는데, 한문으로는 희각지(喜覺支)라고 한다. 삐띠는 깨달음을 얻는 과정에서 나타나는 현상으로서 알아차려 할 대상이지 기뻐서 머물러야 할 대상이 아니다. 위빠사나

120

수행에는 머물러야 할 그 무엇도 없다. 모두 알아차려야 할 대상뿐이다. 머물면 휩쓸리고 가라앉는다. 그래서 바로 가지 못한다. 가장 좋다는 것에 더욱 머물면 안 된다. 지혜가 난다고 해도 단지 알아차릴 대상일 뿐이다.

삐띠는 신체에 야릇한 전율이 돌기도 하고, 바늘로 찌르는 것처럼 쿡쿡 쑤시는 현상으로 나타나기도 하고, 손발이 들썩거리기도 하며 머리가 휙 돌아가기도 한다. 사실은 기쁨이 신체에 흔적을 남기는 현상이다. 처음에는 신체가 찌릿찌릿하고 안면이 씰룩거리는 현상이 있기도 하고 손이나 발이 들썩거리며 움직이기도 한다. 이런 현상이 삐띠인지 몰랐을 때는 풍이 온 줄 알고 걱정할 수도 있다.

그러나 알아차리면 이런 현상은 그리 오래가지 않고 이내 사라진다. 삐띠는 몸과 마음을 키우게 하는 일을 한다. 기쁜 마음으로 인해 생기는 현상이기 때문에 몸과 마음에 기운이 넘친다.

이 단계에서 깨달음을 얻었다고 착각할 수 있다. 그러나 아직 가야 할 길이 멀다. 깨달음은 삼법인의 지혜를 통찰하여 열반에 드는 것인데, 이것을 알 수가 없기 때문에 스스로 잘못된 확신을 가질 수도 있다.

삐띠의 종류는 다음과 같이 다섯 가지가 있다.

1. 쿠디까 삐띠(khuddika pīti) : 조그만 기쁨. 약한 기쁨. 작은 기쁨. 소름이 끼치고 몸에 잔털이 일어서며 머리털이 쭈뼛쭈뼛하는 기쁨이다.

2. 카니까 삐띠(khāṇika pīti) : 순간적인 기쁨. 번갯불이 번쩍이듯

하는 순간순간의 기쁨이다.

3. 옥깐띠까 삐띠(okkantika pīti) : 진동하는 기쁨. 파도가 밀려오는 듯 깊숙이 스며드는 기쁨이다.

4. 웃베가 삐띠(ubbega pīti) : 도취의 기쁨. 몸이 하늘로 올라가는 듯한 기쁨이다.

5. 파라나 삐띠(pharaṇa pīti) : 널리 퍼지는 기쁨. 몸 전체가 바람으로 가득 채운 풍선 같은 상태. 크게 흐르는 골짜기 물처럼 끊임없이 닿아서 퍼지는 기쁨이다.

문_ 어떤 때는 호흡이 빠르게 일어나는 때도 있습니다. 그러다 보이지 않을 때도 있습니다.

답_ 나타나는 것의 속도에 맞추어 알아차림도 같은 속도로 알아야 한다. 나타나는 것이 빠른데 천천히 알아차리면 다 알 수가 없으므로 맞추어서 하라. 그래야 시작과 중간과 끝을 모두 알 수 있다. 없어진 것을 자꾸 찾으려 하지 말고 있는 것을 가지고 알아차려라.

* * *

주해_ 위빠사나는 알아차리되 대상을 만들어서 알아차리는 것이 아니고 일어난 대상을 지속적으로 알아차린다. 그래서 대상의 속도에 초점을 맞추어야 한다. 빠르게 일어나는 것은 마음도 빠르게 따라가며 알아차려야 한다.

없어진 호흡을 찾는 것은 알아차림을 놓친 상태이며 무엇을 바라는 마음이다. 없어져서 안 보이면 안 보이는 대로 다른 대상을 알아차린다. 이때 현재의 마음을 보거나, 내가 지금 긴장하고 있는지 그 마음을 보고 머리부터 신체를 하나하나 살펴보면 좋다. 이때 마하시 방법은 앉음, 닿음을 권장한다. 없어진 것을 찾는 것은 과거로 가는 것이며 없어진 것에 집착하는 것임을 알아야 한다.

시작과 중간과 끝을 알라는 말에 자칫 현혹될 소지가 있다. 원래 이런 말은 주로 책에 있는 말이거나 스승들의 말인데, 초보 수행자들이 잘못 받아들이면 위험한 말이 될 수도 있다. 처음 수행을 시작할 때는 시작과 중간과 끝을 알면 안 된다. 시작과 중간과 끝은 의식이 고양되었을 때 자연스럽게 보이는 것이다.

스승들의 말씀은 처음부터 끝까지 모두 다 알아차리라는 말이다. 경행을 할 때 매우 천천히 하니까 이런 말이 나올 수도 있지만 사실 실재상황에서는 이 말이 장애가 될 수 있음을 알아야 한다. 집중력이 생겨서 처음부터 끝까지 모두 알아차릴 수 있을 때 자연스럽게 끊어져 보이는 것을 스승들은 그렇게 말씀하신다. 그렇지 않고 시작을 알고, 중간을 알고, 끝을 알고, 이렇게 나누어서 알아차리려면 마음이 미처 따라가지 못하기 때문에 오히려 장애가 될 수 있다. 특히 시작과 중간과 끝이라는 명칭을 사용해서는 안 된다.

다시 요약하면 수행자의 알아차림이 강화되고 집중력이 생기면 자연스럽게 알아차릴 대상이 끊어져 보인다. 이렇게 끊어져 보일 때 시작과 중간과 끝이 보이기 시작한다. 이렇게 알아차릴 수 있는 것은 지혜가 성숙되었기 때문이다. 그래서 이런 것은 자연스럽게 느껴질 때 알아차리는 것이 좋다.

문_ 경행 중에 신체가 흔들릴 때가 있습니다.

답_ 경행을 할 때 신체가 흔들리면 알아차리고 걷는다. 그러나 심하게 흔들릴 때는 걸음을 멈추고 서서 '흔들림, 흔들림' 하고 알아차려라. 그러고 나서 사라지면 다시 경행을 시작하라.

* * *

주해_ 수행 중에 떨림이 있을 때는 두려워 말고 알아차리면 된다. 몸이 가지고 있는 지수화풍 4대의 작용 중에서 풍대의 현상으로 떨리게 된다. 이런 현상은 수행과정에서 의례적으로 나타나는 현상이다. 어떤 경우나 좋아하거나 싫어하지 말고 그대로 알아차리면 된다. 좋아하게 되면 수행에 발전이 없고 탐심으로 자꾸 그런 현상이 나타나기를 바라게 된다.

경행을 할 때 신체가 흔들리는 것은 균형이 무너지는 것과는 다르다. 발걸음을 잘못하여 뒤뚱거려서 흔들리는 것과는 다르다. 이때 균형을 잡지 못하는 것은 너무 천천히 걸으려고 해서 그렇다. 너무 천천히 걸으면 집중에는 좋으나 상기의 위험이 있고 매우 피곤할 수가 있다. 특별한 경우를 제외하고 언제나 알맞은 속도로 걷는 것이 좋다.

몸이 흔들리는 것도 풍대지만, 몸이 한쪽으로 넘어지지 않고 균형을 이루는 것도 풍대의 작용에 속한다. 지혜가 성숙되는 과정에서 몸이 흔들리는 단계가 있다. 이때 좋아서 흔들지 말고 흔들리는 것을 알아차려야 한다. 그래야 집중력이 향상된다.

보/니/거/기/세/상/이/있/다

호흡이 사라지다

문_ 하루에 명상 7회, 경행 6회를 합니다. 명상 중에 일어남, 꺼짐, 앉음, 닿음을 하는데 갑자기 일어남, 꺼짐으로 바뀌고 호흡이 빨라졌습니다. 그리고 얼마 후에 호흡이 사라져 버렸습니다. 눈에 반딧불 같은 미세한 섬광들이 반짝거리며 빠르게 진동하였습니다. 작은 전자파장이 일어나는 것 같았습니다. 몸의 감각은 없었는데 약간 무겁게 느껴졌습니다.

호흡이 사라져 어떻게 할 줄을 몰라 그냥 잠자코 일어나는 현상만 알아차리고 있었습니다. 호흡이 정말 사라졌는지 궁금해서 호흡이 일어나는가 보려고 숨을 크게 내쉬어 보았습니다. 그랬더니 호흡이 나타났습니다. 그래서 다시 알아차렸더니 얼마 후에 또 호흡이 끊겼습니다. 그래서 또 일으켜 보고 이렇게 하기를 4회나 반복하였습니다. 그때마다 다시 호흡이 사라졌습니다. 그러다가 밝고 따뜻한 것이 쫙 퍼져 나갔습니다. 알아차리는 도중에 발가락 쪽에 미세한 진동이 꿈틀하고 스치고 지나갔습니다. 정말 숨을 쉬지 않는 것인가 확인하려고 호흡을 일으켜 봤더니 호흡이 다시 일어났습니다. 명상

125

을 한 지 40분 만에 일어난 현상인데 이런 상태가 약 20분간 계속되었습니다. 처음 겪는 일이라 무슨 명칭을 어떻게 붙일 줄 몰라 그냥 알아차리고만 있었습니다.

답_ 그 상태를 자세하게 알아차려라. 그리고 그때는 앎을 해라.

* * *

주해_ 호흡이 사라진 상태는 호흡이 워낙 미세하여 대상으로 알아차릴 수 없는 상태를 말한다. 이때 호흡이 사라지고 다시 몸의 느낌을 감지할 수 없는 상태가 되면 몸이 사라진 상태로 간주한다. 이는 노력과 알아차림과 집중이 조화롭게 유지되어 지혜가 성숙한 결과이다.

　　그래서 이때는 몸 자체를 인식하기가 어렵기 때문에 알아차릴 다른 대상이 있어야 한다. 사람은 몸과 마음으로 구성되었으므로 몸이 없어져 볼 수 없을 때는 당연히 마음을 보아야 한다. 이 단계에 이르렀을 때 '앎'을 한다.

　　마음을 보는 '앎'은 정신적인 영역의 문제이므로 스승의 지도가 있어도 바로 이해되지 않을 수 있다. 오직 자신의 이해로 의식이 고양되어야 바로 알 수 있다. 앎은 아는 마음을 말하는 것인데 마음이 마음을 대상으로 아는 것이다. 이때 앎의 내용은 마음의 흐름을 알아차리거나 마음을 새로 내서 나중에 일어난 마음이 먼저 일어난 마음을 대상으로 볼 수 있어야 한다. 또는 현재를 아는 마음이나 고요함을 아는 마음을 알아차릴 수 있어야 한다. 처음에 앎을 할 때는 호흡이 사라진 것을 아는 앎을 할 수도 있다.

몸이 사라진다는 것에는 두 가지가 있다. 하나는 호흡이고 다른 하나는 몸의 느낌이다. 호흡이 사라졌다고 해서 몸의 감각까지 사라졌다고 볼 수 없다. 어떤 경우에는 호흡은 사라졌는데 몸의 감각은 남아 있을 때가 있다. 또는 몸은 사라졌는데 호흡만 있는 경우도 있다.

호흡이 사라졌다고 해도 몸의 느낌이 있으면 알아차려야 한다. 몸의 어떤 부분이거나 간에 느낄 수 있는 위치에서 느낌을 알아차려야 한다. 이처럼 알아차린 결과 두 가지가 모두 사라져야 비로소 몸이 사라졌다고 말할 수 있다. 그러나 호흡이 사라진 상태에서는 몸은 이미 사라졌거나 사라지지 않았더라고 앎을 계속하면 몸의 느낌은 이내 사라지게 된다.

호흡이 사라지고 나서 몸의 느낌이 남아 있을 때는 앉음, 닿음을 하거나, 아니면 머리부터 발까지 부분 부분을 하나하나 알아차릴 수도 있다. 이와 같이 알아차린 결과 나머지 몸의 느낌까지 사라지면 바로 이때부터 앎을 알아차려야 한다.

그러나 앎을 하는 방법으로 또 다른 경우가 있다. 호흡이 사라지고 아직 몸의 느낌은 남아 있어도 몸의 느낌을 무시하고 호흡이 사라진 것을 아는 앎을 할 수도 있다. 그러나 이때 앎을 하지 않고 아직 남아 있는 몸의 느낌을 알아차리는 방법을 선택할 수도 있다. 그러다 보면 나중에는 몸의 느낌도 사라질 때가 있다. 이런 상태가 몸이 완전하게 사라진 것으로 볼 수 있다.

사라진 호흡은 절대 다시 일으키거나 찾으면 안 된다. 수행자는 나타나는 현상만 알아차리면 된다. 사라진 것을 찾는 것은 과거로 돌아가는 것이다. 수행자는 언제나 현재에 머물러 현재의 대상을 알아차려야 한다. 호흡을 알아차린다는 것도 현재에 있는 것을 대상으로 삼아서 알아차리는 것이다.

그러나 스승에 따라서 "호흡은 사라지는 것이 아니다. 계속 보아라"라고 말할 수도 있다. 이때는 몸이 긴장하여 호흡을 알아차릴 수 없는 것이 아니고 미세해서 더 이상 알아차릴 수 없다고 말해야 한다. 그래도 계속 보라고 하면 불가피 호흡이 사라진 것을 아는 마음을 볼 수밖에 없다. 이런 문제는 선원에 따라 지도자의 방식이 다를 수 있음을 유념해야 한다.

앎을 알아차릴 때 명칭을 붙일 수도 있으나 이 상태에서는 삼가는 것이 좋다. 명칭은 물질을 알 때 효과가 있는데 이때도 앎을 명칭을 붙여서 하면 비물질인 마음을 알아차리기가 어렵다. 그래서 이때 명칭을 붙이면 장애가 생기고 부작용이 일어날 수가 있음을 알아야 한다. 그러나 알아차릴 대상이 갑자기 움직임이 있는 호흡에서 움직임이 없는 앎으로 바뀌기 때문에 명칭을 사용하던 수행자는 명칭을 붙일 수밖에 없을 것이다. 실제로 마하시에서는 명칭을 붙이고 있다. 그러나 또 한편으로는 명칭을 꼭 붙일 필요는 없다고 말하기도 한다.

이와 같은 사실로 미루어 보아 수행이란 여러 가지 방법이 있다는 것을 알 수 있다. 그러므로 꼭 어떤 방법이어야 한다는 것은 없다. 그러나 경전에 근거한 사념처 수행의 틀 안에서 벗어난 방법은 위빠사나가 아니므로 주의할 필요가 있다. 다만 어떤 방법이 보편타당하고 자신에게 맞는가는 스스로 찾는 길밖에 없다. 또는 지도하는 스승의 방법에 따라 다를 수 있으므로 그때는 스승의 방법을 따르는 것이 좋다.

호흡을 알아차리는 4단계 방법

문_ 오늘도 일어남, 꺼짐, 앉음, 닿음을 하다가 호흡이 약간 빨라지더니 일어남, 꺼짐만 남아서 계속되었습니다. 손과 발이 뜨겁게 느껴지면서 가슴과 배가 펑하고 뚫린 것같이 시원하고 아무것도 느낄 수 없어 호흡하기가 매우 쉬워졌습니다. 그러더니 황혼처럼 붉게 물든 노을이 전면에 펼쳐졌습니다. 얼마 후 빛이 하얗게 변했습니다. 몸의 감각은 완전히 사라져서 약간 위로 뜨는 것처럼 가볍게 느껴졌습니다. 그런데 발가락 끝이 또 찌르르 하고 짧게 꿈틀거리고 사라졌습니다. 조금 빠르던 호흡이 다시 약해지더니 천천히 일어남, 꺼짐만 계속되었습니다.

　　명상 도중에 어제의 현상과 비슷하게 일어나서 오늘도 호흡이 끊기는 것이 있지 않을까 생각했습니다. 그러다 이내 이런 것을 기대하면 안 된다는 것을 알아차렸습니다. 그러나 약간의 기대가 자꾸 일어났습니다.

답_ 계속해서 알아차림을 하라.

문_ 호흡이 계속되다가 매우 천천히 느려지면서 일어남, 꺼짐만 남았습니다. 이것도 점점 작아지더니 호흡의 끝부분만 느껴졌습니다. 그리고 매우 작은 진동만 남더니 호흡이 사라졌습니다. 다른 날과 다르게 입자가 매우 조밀한 현상으로 아침에 동이 터 오는 색깔이 나타났습니다.

그래서 앉음, 닿음을 했습니다. 오른편 닿음을 할 때는 오른편 발이 느껴지고 왼편 닿음을 할 때는 왼편 발이 느껴졌습니다. 그러더니 몸이 사라지고 빛만 남았습니다. 그래서 앎, 앎을 계속했습니다. 이때도 몸이 이완되면서 뚝하고 몸이 풀리는 현상이 한번 나타났습니다. 앎이 계속되다 가슴이 다소 갑갑하게 느껴진다고 생각했더니 바로 호흡이 나타났습니다.

답_ 앉음, 닿음이 끝나고 앎을 할 때 끝까지 알아차려라. 앎이 계속되는 동안 나타나는 것이 있을 때는 없애려고 하는 마음을 내지 말고 그냥 알아차리기만 하라. 호흡이 일어났다가 사라졌으면 그것을 찾지 마라. 명칭은 꼭 붙일 필요는 없다. 놓치지 않고 알아차리는 것이 중요하다. 명칭은 중요한 것이 아니다. 보고하기 위해서 이름이 필요한 것이지 아는 마음이 중요하다. 그리고 앎이 끝나서 없어져 버리고 그 뒤에 나타나는 것이 매우 중요하니 그것을 자세히 알아차려서 보고하라.

빛이나 무엇이나 요기들이 좋아하는 것이 나타났을 때 좋아하지 마라. 발전이 없다. 어떤 때 그 빛의 색깔을 구별하면 좋아하는 색깔과 그렇지 않은 색깔을 차별하는 마음이 생긴다.

주해_ 좌선 중에 호흡이 사라졌을 때 사라진 호흡을 찾거나 집중력이 약해진 상태에서는 호흡이 다시 살아난다. 그렇지만 다시 알아차림과 집중력이 있게 되면 호흡이 다시 사라진다.

앎을 하는 단계는 중요하므로 사야도께서 자세히 보고하라고 하신다. 이 상태에서는 일상생활에서도 각별히 주의를 주신다. 말을 적게 하고 알아차림을 강화하도록 하신다.

특별한 변화가 없는 한 이때의 집중력은 계속 일정 수준을 유지하게 된다. 그러나 주의해야 할 것은 이런 상태를 즐기거나 좋아하지 말아야 한다. 좋아하게 되면 그 순간 알아차림과 집중력이 떨어진다. 좋아하게 되면 노력하는 힘도 사라져 알아차림, 집중, 노력이 모두 무너지므로 수행이 잘되지 않는다.

뿐만 아니라 이런 상태에서 잘하려는 욕심도 매우 위험하다. 그런 마음이 있어도 수행이 잘되지 않으며 나쁜 장애에 시달리기도 한다. 그냥 수행을 해오던 일상대로 하되 조금 주의를 기울이면 된다. 언제나 어디서나 균형이 있는 알아차림으로 자연스러움이 필요하다.

문_ 경행 중에 눈을 감고 하면 집중이 잘되는 것 같습니다.

답_ 경행을 할 때 눈을 감고 하지 마라. 눈을 감으면 우선은 집중이 되는 것 같으나 잘 안 된다. 앞에 무엇이 있는지에 대한 생각이 생긴다.

＊ ＊ ＊

주해_ 좌선을 할 때는 눈을 감고 해야 되지만 움직일 때는 눈을 떠야 한다. 집중을 잘하려고 하는 것도 지나치면 욕망이 된다. 움직일 때는 그냥 움직이는 것을 알아차리면 된다. 경행을 할 때 망상이 많으면 잠시 서서 망상을 알아차릴 때는 눈을 감아도 되겠지만 그렇지 않으면 눈을 떠야 한다.

경행 중에는 눈을 감는 것이나 자세나 발의 움직임이나 모두 자연스럽게 해야 한다. 발을 인위적으로 크게 들어서 놓거나 하면 안 된다. 그것은 힘도 들지만 만들어서 하는 것은 욕망으로 하는 것이기 때문에 순수 위빠사나가 아니다. 자연스럽게 일어나는 현상을 지속해서 아는 것이 중요하다. 인위적으로 어떻게 하려는 자신의 의도를 가급적 배제하고 알아차려야 한다.

문_ 모든 것이 정지된 듯하며 아무것도 들을 수 없을 때가 있습니다.

답_ 어떤 때는 이 세상에 아무것도 없고 들리지도 않는데 그때 알아차림을 멈추지 말고 계속해야 한다.

문_ 좌선 중에 한국에 가고 싶은 생각이 자꾸 납니다.

답_ 명상 중에 언제 한국에 갈 것이라든가 여기 온 지 얼마나 되었다 하는 생각을 했을 때는 그것도 보고하라.

주해_ 수행 중에 장애가 일어났을 때의 상황이 모두 같은 것이 아니다. 수행이 발전되면서 나타나는 장애가 있고 나태함과 들뜸, 의심으로 인한 장애가 있다. 이것이 어떤 장애인지를 수행자 스스로 판단하기는 어렵다. 그래서 어떤 장애이거나 스승에게 보고를 해야 한다. 보고를 하지 않으면 장애로부터 벗어나기가 어렵다. 그러므로 더 발전하지 못하고 답보상태에서 헤매게 되거나, 아니면 수행을 포기하게 되기도 한다.

면담을 한다는 사실은 자신에게 주어진 문제를 스스로 파악하여 개념적으로 정리하게 하는 효과가 있다. 면담을 통하여 자신의 문제를 객관화해서 알 수 있는 것이다. 그렇기 때문에 스승에게 보고를 하면서 자신의 문제에 대해 스스로 답을 얻을 수도 있다.

문_ 좌선 중에 어떤 사람이 보이기도 합니다. 그러다가 전생의 내가 아닌가 하는 생각이 날 때가 있습니다.

답_ 명상이나 경행 중에 어떤 사람의 형상이 나타났을 때 그냥 보임, 보임으로 끝내야지 전생의 나인가를 생각할 필요가 없다. 그 사람이 예쁘면 탐심이, 미우면 성냄이 생길 것 아니겠는가. 수행은 그런 것을 알아차리는 것이다. 다른 것은 알려고 하지 마라.

* * *

주해_ 눈을 감고 수행을 할 때는 실재하지 않는 것이 나타나면 모두 허상이다. 이것들은 자신이 생각으로 만들어 낸 것이다. 그런 것에 특별한 의미를 부여해서는 안 된다. 모두 환청이나 환시 현상으로 보아야 한다. 붓다가 나타났다거나 관세음보살이 나타났다거나 산신령 또는 짐승 등이 나타난 것도 모두 자신의 생각으로 형상화한 것에 불과하다.

이때 이것들이 나타난 것을 알아차리고 자신의 몸으로 와서 몸에서 일어나고 있는 호흡이나 가슴의 느낌을 알아차려야 한다. 그렇지 않고 나타난 대상을 계속해서 주시하면 나타난 대상의 영향을 받게 된다. 이런 상태는 집중이 강해지고 알아차림이 약하기 때문에 대상에 취해서 생기는 현상이다. 만약 알아차림을 강화하지 못하면 이런 현상을 실재로 받아 들여서 괴로움을 겪게 되거나 허상의 종속적인 관계로 지배를 받게 된다. 깨달음은 이런 유의 현상과는 무관한 것이며 이런 현상이 모두 장애라는 것을 알아야 한다.

문_ 좌선 중에 몸과 호흡을 알아차리는 일이 무엇을 위한 것인지 의문이 날 때가 있습니다.

답_ 전에는 물질과 마음이 하나였지만 지금은 물질과 마음이 두 개로 갈라져 있는 것을 아는 수업을 하고 있는 중이다. 마음이 명령을 내려서 물질이 따라가는 것을 아는 것이 위빠사나 수행의 초보단계이다. 계속해서 물질과 마음을 분리해서 보는 연습을 하는 것이 수행의 초기단계에서 할 일이다.

* * *

주해_ 위빠사나 수행을 시작하면 제일 먼저 물질과 마음을 분리해서 보는 지혜를 성숙시키기 위해서 노력한다. 마음이 몸의 호흡과 느낌을 주시하는 것은 보는 마음이 있고 보이는 대상이 있다는 것을 분리해서 아는 것이다. 이것이 위빠사나 수행의 1단계의 지혜이다.

이러한 지혜는 도과에 이르기까지 모두 16단계의 과정이 있다. 그러나 수행을 할 때 이런 지혜의 단계를 처음부터 자세하게 알려주지는 않는다. 스승은 수행자가 스스로의 알아차림으로 지혜가 단계적으로 성숙되어 가도록 도울 뿐이다.

이렇게 지혜가 성숙되어 나가는 과정은 붓다께서 발견하신 것이다. 원래 어떤 인간이나 깨달음에 이르는 과정은 똑같다. 그러므로 누구나 이런 지혜의 단계를 거쳐야 한다. 그러나 처음 수행을 하는 수행자가 이런 과정을 이해하거나 알 수가 없으므로 믿음을 갖고 스승의 가르침을 따르는 길밖에 다른 방도가 없다.

마하시에서는 수행 중에 우안거가 끝날 무렵이면 16단계 지혜의 발전과정을 설명해 주고 그 중 자기가 어느 단계에 있는지를 가늠하게 해 준다. 물론 사야도께서는 평소에 수행자들의 지혜의 발전단계를 파악하고 계신다. 그러나 지금 당신이 어느 단계에 있다고 말하지는 않는다.

수행을 할 때는 적절한 시기에 적절한 가르침이 필요하다. 앞서 나가는 것이 유익하지 않기 때문이다. 그래서 지혜에 관한 말은 하지 않아도 우회적으로 여러 가지 지침을 끊임없이 내려준다. 이처럼 수행자는 오지 않은 지혜를 미리 알고 수행을 하는 것보다 모르고 스승의 지침을 따르는 것이 훨씬 유리하다. 왜냐하면 알음알이가 생겨 마음으로 지혜를 만들어 낼 수 있기 때문이다. 생각으로 아는 것은 지식에 속하며 오히려 지혜를 가로막을 수도 있다.

16단계의 지혜는 누구나 꼭 거치게 되는데, 그 단계를 빠르게 뛰어넘는 수행자가 있다. 이것은 수행의 집중력과 알아차림과 노력의 힘으로 이루어진다. 경전을 보면 때로는 선업의 공덕으로 지혜가 빠르게 성숙되는 경우도 있다. 그래서 수행자는 항상 바라밀 공덕을 쌓는 일이 중요하다. 수행은 자신의 노력과 선업의 힘이 함께 뒷받침이 될 때 더 가속도가 붙는다.

위빠사나는 붓다 이래로 완벽하게 검증된 수행방법이며, 열반으로 가는 단 하나의 수행이다. 이 과정에서 지혜의 발전단계가 모두 나타나 있을 뿐더러 어느 단계에서 어느 장애가 발생하는 것까지 알 수 있기 때문에 경험 있는 지도자를 만나는 것이 중요하다.

수행은 크게 나누어서 사마타 수행과 위빠사나 수행이 있다. 사마타 수행은 색계 4선정과 무색계 4선정의 단계가 있다. 그러나 위빠사나 수행에서는 16단계의 지혜가 있다. 위빠사나 수행의 16단계 지혜는 다음과 같다.

1. 정신과 물질의 현상을 구별하는 지혜(Nāma-rūpa-pariccheda-Ñāṇa) : 나마(Nāma)는 정신이고 루빠(rūpa)는 물질이다. 경전에서는 우리가 아는 몸을 모두 물질로 말하고 있다. 그래서 우리가 흔히 말하는 몸과 마음을 경전의 용어로는 정신과 물질이라고 알아야 한다.

물질에서 일어나는 모든 현상을 마음이 알 때 물질과 마음이 서로 다름을 안다. 물질과 마음에서 일어나고 사라지는 현상을 체험으로 진실하게 알 때 이것을 '정신과 물질에 대한 분석적 지혜'라고 한다. 호흡을 할 때 일어나고 꺼지는 현상은 물질적인 것이고, 그것을 아는 것은 정신적 현상인데, 이렇게 물질에 의해 호흡이 일어날 때 마음이 이것을 알아차린다.

몸에 통증이 나타날 때 이것은 물질적 현상이고 이것을 알아차리는 것은 정신적 현상이다. 이처럼 자신의 몸과 마음에서 일어나는 것은 물질인 육체적인 것과 그것을 아는 정신적인 현상의 조건만 있다. 이것이 정견이고 견해가 청정한 것이라고 한다.

2. 조건을 식별하는 지혜(Paccaya-Pariggaha-Ñāṇa) : 원인과 결과를 아는 지혜이다. 물질과 마음의 현상은 반드시 원인과 결과에 의해 조건 지어진다는 것을 아는 것이다. 수행이 계속되면 물질과 마음이 상호관계를 이루며 조건에 의해 일어나고 사라지는 현상만 있음을 안다.

몸을 움직이는 모든 행위도 마음이 선행되어 일어난다는 것을 안다. 눈이 대상을 보고 마음이 그 대상을 인지하고 다시 마음이 좋거나 싫거나 차별을 일으킨다. 이런 모든 과정이 원인과 결과에 의해 조건지어져 일어난다. 일어남을 아는 마음이 원인이 되어 사라지는 결과를 낳는다.

모든 것이 원인과 결과가 아닌 것이 없다. 호흡의 일어남이 원인이고, 이 원인으로 호흡이 사라진다. 이것이 결과이다. 이 결과는 새로운 원인이 되어 호흡의 일어남을 일으킨다. 이처럼 모든 것은 원인이고 원인은 결과를 가져오고 결과가 다시 원인이 되는 연속적 현상만 있다는 것을 알게 된다. 이것이 '조건을 식별하는 지혜'이다.

3. 현상을 바르게 아는 지혜(Sammasana-Ñāṇa) : 물질과 마음의 현상이 일어나고 사라지는 과정에는 반드시 처음부터 시작과 중간과 끝이 있는 것을 안다. 몸의 통증도 처음에 일어나서 점점 커져 가다가 나중에는 차츰 작아지는 것을 알 수 있다. 마음에서 일어나는 기쁨이나 슬픔도 모두 이러한 과정을 거쳐 생기고 발전하고 사라져 가는 현상을 안다.

이렇게 몸과 마음에서 일어나는 발전하고 사라지는 현상을 알며 무상, 고, 무아를 확실히 알아 간다. 이때가 삼법인을 느끼는 시기다. 그 중에 괴로움을 강하게 알아차리게 된다. 삶이 바로 괴로움이란 것을 강하게 인식한다. 이것이 '현상을 바르게 아는 지혜'이다.

대상을 알아차릴 때, 다시 말해 호흡이나 움직임을 알 때 그것을 아는 알아차림도 사라지는 것을 경험한다. 지금까지 모든 것은 영원한 것이라고 생각해 왔는데 이제는 소멸하는 것이라는 사실을 알게 된다.

4. 일어나고 사라지는 현상의 지혜(Udayavaya-Ñāṇa) : 알아차리는 대상에 집중이 잘된다. 수행 중에 오직 몸과 마음을 알아차리는 힘이 생긴다. 이때 빛이 보이고 알아차림이 섬세해진다. 미세한 것을 알아차리기 시작한다. 기쁨이라고 하는 삐띠(Pīti)가 일어나서 소름이 끼치거나 오싹 떨리거나 물결 같은 전율이 일어나기도 한다. 몸과 마음이 부드러워지고 편안해진다. 이때 집중력이 강해진다.

수행자가 빛을 보거나 기쁨을 느끼거나 환희심이 생겨서 이제 나는 깨달음을 성취했다고 생각할 수도 있게 된다. 아직 수행의 초입에 들어섰는데 모든 것을 완성했다고 착각에 빠지기도 한다. 이때 나타난 것들은 수행의 과정 중에 나타나는 현상일 뿐이라고 알아차려야 한다. 지혜가 더 발전된 수행자는 이러한 현상이 도를 성취한 것이 아니라는 바른 견해를 갖는다.

5. 사라짐의 지혜(Banga-Ñāṇa) : 수행자의 지혜가 향상되면 자신의 감각기관에서 일어나는 모든 대상이 일어나는 것보다도 소멸하는 것만 알아차려진다. 모든 대상은 일어나면 사라지는 과정의 연속에서 이 상태가 되면 오직 사라짐만 크게 알아차려지기 시작한다. 그래서 보고, 듣고, 마주치고, 아는 행위에서 사라짐만 알게 되어 무상, 고, 무아의 법의 성품을 확실히 알아가게 된다.

이 상태에서는 외부적인 현상이 많이 줄어든다. 그리고 자신의 머리, 몸, 다리, 손, 배의 형태가 불분명하게 느껴지거나 일부는 사라진 것처럼 느껴지기도 한다. 그러나 뻐근함과 열기, 저림, 쑤심의 성품은 분명하게 있음을 알아차리게 된다.

안정된 것보다 부조화가 느껴지고 처음에는 알아차림도 잘 되지 않는다. 방바닥이 높거나 낮거나 기울어짐을 느낀다. 때때로 잠을 잘 수도 없다. 이때는 졸음이나 어지러움이 없다.

6. 두려움에 대한 지혜(Bhaya-Ñāṇa) : 사라짐의 지혜가 성숙되면 모든 현상이 빠르게 소멸되므로 깨어서 알아차리는 동안에 두려움과 공포가 일어난다. 자신의 몸과 마음의 대상이 나타나는 대로 사라지는 것이 크게 느껴지므로 자연히 죽을 것 같은 두려움과 무서움,

공포가 느껴지고 슬픔을 느끼기도 한다.

7. 불행에 대한 지혜(Adinava-Ñāṇa) : 모든 현상이 빠르게 일어나고 사라지는 것을 알게 되어 두려움을 느끼게 되고 이런 현상이 불행한 것들이라고 알게 된다. 그러므로 괴로움을 느끼고 행복하지 못하다는 것을 안다. 알아차리는 모든 현상이 끊임없이 사라짐으로 인해 생기는 두려움이 생기고 불행을 느끼므로 더 이상 태어나고 싶은 욕망도 사라진다. 그래서 생에 대한 애착이 사라진다.

모든 것은 무상하고 사악해 보이며 무가치해서 불필요하게 느껴진다. 사는 것조차도 위험하게 느껴진다. 그래서 집착이 사라지는 마음이 일어난다.

8. 혐오감에 대한 지혜(Nibbida-Ñāṇa) : 알아차리는 대상마다 사라지므로 두렵고 괴로움이 생겨서 불행을 느끼며 이러한 대상과 사실들에 대해 혐오감이 생긴다. 자신의 몸과 마음을 알아차릴 때마다 빠르게 소멸되는 것이 느껴지므로 정신적으로나 물질적으로나 현상의 실체가 없고, 그래서 기쁠 것도 없고, 어디에 기댈 데도 없고, 이런 사실에 직면하게 되면 혐오감이 생긴다.

몸과 마음과 행해지는 모든 것이 다 싫어지고 혐오감이 생겨 좋은 것은 하나도 없고 싫증이 나는 과정이다. 졸음에 빠지기도 하며 수행을 그만두고 싶거나 집에 가고 싶기도 하다. 그래서 행복하지 않고 열정적이지 못하며 수행에 지쳐 알아차림도 게을러지게 된다. 그러므로 이것을 바로 알아차리면 혐오감을 갖게 되므로 열반에 대한 강한 열망을 가질 수가 있다. 그래서 더 강하게 알아차림을 지속시켜야 한다.

주석서에서는 '두려움에 대한 지혜'와 '불행에 대한 지혜'와 '혐오감에 대한 지혜'를 하나의 지혜로 다루기도 한다. 이것을 자세하게 세분해서 세 가지로 구분한 것이다. 그래서 수행자에 따라 이 세 가지의 지혜 중에 한두 가지만 경험하기도 하거나 세 가지 지혜를 동시에 또는 각기 경험하기도 한다.

9. 해탈을 이루려는 지혜(Muncitukamayata-Ñāṇa) : 수행자가 나타나는 모든 현상을 알아차려서 지혜가 성숙되어 가면 이런 현상에서 벗어나고 싶은 강한 마음이 일어난다.

수행을 해나가는 중에 몸과 마음이 고통스럽고 괴로워서 오래 앉아 있고 싶지도 않다. 좌선 중에는 자세를 자꾸 바꾸게 되고 몸과 마음이 편치 못하다. 그래서 다시 태어나고 싶지 않은 강한 욕망이 생긴다. 삶에 더 이상 애착을 느끼지 않아 해탈을 이루려는 마음이 일어난다. 그래서 알아차림이 약해지고 대상이 멀리 가 버린 것처럼 느껴진다. 몸과 마음에서 여러 가지 고통이 일어나므로 알아차림을 하기가 싫어지고 수행을 포기하고 싶은 생각도 난다. 좌선 중에는 자세를 바꾸고 싶을 때는 바꾸지 말고 괴로운 마음을 알아차려야 한다.

10. 다시 살펴보는 지혜(Patisangkha-Ñāṇa) : 수행자가 알아차리는 몸과 마음의 현상이 고통이라는 것을 아는 '혐오감을 아는 지혜'에서 발전되면 여기서 벗어나고 싶은 욕망이 일어나는데 이것이 '해탈을 이루려는 지혜'이다. 이 해탈을 이루려는 지혜가 생겼을 때 수행

자는 그것을 위해서는 더 강한 알아차림이 필요하다는 것을 깨닫게 된다. 그래서 '다시 살펴보는 지혜'가 생긴다.

해탈을 이루고자 하는 마음이 있었지만 부족함을 느끼고 다시 한 번 결심을 하고 노력을 하려는 지혜가 난다. 그래서 다시 한 번 무상과 고와 무아를 살펴보게 된다. 이때 고통의 성품을 더 알아차리게 된다. 왜냐하면 이 상태에서도 고통이 계속되기 때문이다. 계속되는 고통에 정신적으로나 육체적으로 견디기 어려워진다. 좌선 중에 앉아 있기가 어렵고 자세를 바꾸어도 만족할 수 없다.

그러나 이 상태에서 알아차림을 포기하지 않고 계속해야 한다. 이때 괴로움에서 벗어나려고 해도 조건지어진 모든 것으로부터 벗어나기 어렵다는 것을 알게 된다. 다만 알아차림만이 수행자가 해야 할 일이라는 것을 알아서 계속 노력하면 괴로움은 사라지게 된다.

11. 현상에 대한 평등의 지혜(Sankharupekkha-Ñāṇa) : 수행자가 수행을 계속해 나가는 중에 '다시 살펴보는 지혜'를 알아 계속 노력하면 더욱 지혜가 성숙되어 몸과 마음의 알아차림이 자연스럽게 계속된다. 몸과 마음을 대상으로 알아차릴 때 좋고 싫고 없이 평등한 마음으로 알아차리게 된다. 이런 상태가 되면 자신의 몸과 마음을 알아차리는 내적인 변화에 대해서 지혜가 열린다.

'현상에 대한 평등심의 지혜'가 생기면 알아차림을 할 때 대상이 빠르게 소멸을 해도 이제는 그것에 대한 불만족으로부터 벗어나고픈 불유쾌함이 생기지 않는다. 또한 기쁨이나 고요함이나 좋은 현상이 생겨도 거기에 머물고 싶은 생각도 일어나지 않는다. 그리고 삼법인의 지혜를 더욱 확연히 알게 된다. 이것이 이 지혜의 특별한 평형적 고요함과 평정이다. 수행에서는 이런 최상의 의식상태도 도에 이르기 위한 과정일 뿐이라는 것을 알아야 한다.

12. 적응의 지혜(Anuloma-Ñāṇa) : '현상에 대한 평등의 지혜'가 성숙되면 알아차림에 대한 특별한 노력이 없어도 알아차림이 빠르게 진행되며 계속되는 알아차림을 통해서 다음 단계의 지혜가 성숙된다. 이것을 '순경계의 지혜'라고 하거나 '적응의 지혜'라고 한다.

이 지혜는 열반(Nibbana)에 이르는 성스러운 도를 의미하며 열반을 예견하고 있다. 이 지혜는 계속되는 수행을 통해 몸과 마음의 자연적 성품을 알아 완전한 지혜가 나게 한다. 그래서 평등의 지혜보다 깊고 강한 것으로 열반에 이르게 해 주는 역할을 한다.

13. 성숙의 지혜(Gotrabhu-Ñāṇa) : '적응의 지혜'가 생긴 이후에 이어지는 지혜가 '성숙의 지혜'이다. 이 단계는 수다원, 사다함, 아나함, 아라한에 이르는 성인이 되기 직전의 지위이다. 이 단계 이전에는 세간적 지혜에 속하지만, 이 단계부터는 세간을 초월하여 '출세간적 지혜'라고도 하고, '출세간의 법'이라고 한다.

'성숙의 지혜'에 이르면 육체적·정신적인 것의 현상과 과정들이 모두 중지된다. 일단 이 단계에 이르면 도의 단계로 진입한다. 이제 더 이상 윤회의 방황이 없어지며 윤회가 끊어지는 흐름에 들게 된다.

14. 도의 지혜(Magga-Ñāṇa) : '성숙의 지혜'가 충만하여 이미 몸과 마음의 기능이 중지된 상태에서 다음 단계인 도(道)의 단계로 진

입한다. 도에 이르기는 해도 도에 드는 자는 없다. 왜냐하면 도에
든 상태는 이미 감각기능이 중지된 상태이기 때문이다. 또한 도는
정신적인 상태일 뿐 이것을 얻은 개체나 자아는 없기 때문이다.

　　육근을 통해 들어오던 번뇌는 완전히 사라지고 마음과 대상
은 열반에 든 상태가 된다. 이 상태를 세간을 초월한 '초세속적인
경지'라고 한다. 이때의 '도의 지혜'를 도심(道心)이라고도 한다.

　　15. 과의 지혜(Phala-Ñāṇa) : '도의 지혜'에 들어 열반에 이르면
'과(果)의 지혜'로 결과를 맺는다. 도심의 결과로 얻어진 것이 과심(果心)
이며 이것은 '초세간적 결과'라고 한다. 이 과의 단계를 거쳐 비로소
'도과(道果)의 지혜'라고 하는 완전한 열반을 성취하게 되는 것이다.

　　16. 회광반조의 지혜(Paccavekkhana-Ñāṇa) : '성숙의 지혜'에서 출
세간적인 상태에 이른 수행자는 몸과 마음의 알아차리는 현상의 기
능이 중지된다. 바꾸어 말하면 몸과 마음의 상태를 인식할 수 없게
된다.

　　수행을 할 때 알아차릴 대상으로서의 신체와 호흡이 사라지
고 나서 마지막으로 알아차릴 수 있는 대상이 마음이다. 이것은 실제
로는 몸도 있고 호흡도 있지만 알아차림으로 감지가 되지 않는 미세
한 상태가 되었음을 말한다. 그래서 이제는 알아차릴 대상이 없어져
서 다시 마음을 대상으로 알아차림을 한다. 이것이 마음을 안다는
것인데, 명칭을 붙일 경우에 '아는 마음'을 줄여서 '앎'을 알아차린
다고 한다.

　　이 상태에서 앎을 알아차리다가 앎이 사라지면 열반에 이르

게 된다. 몸은 이미 사라졌고 마음까지 사라지면 알 것이 없어진다. 그래서 '도의 지혜'에 이르고 차례로 '과의 지혜'에 이른다. 이것이 열반(Nibbana)의 완성이다.

닙바나(Nibbana)라는 말은 열반, 해방, 평화, 적멸, 적정, 지복이라는 말인데, 가장 중요한 뜻은 탐진치라는 불이 꺼진 것을 말한다. 수행을 해나가면서 차츰 의식이 고양되어 지혜가 나는데, 바로 삼법인의 지혜가 나서 결과적으로 모든 집착이 끊어지게 된다. 집착이 끊어진 결과로 탐진치의 불이 꺼져서 최고로 의식이 고양된 상태가 되어 열반에 이르게 되는 것이다.

이처럼 열반의 상태에 이르렀다가 나와서 다시 열반의 상태 내지는 앞선 수행을 되돌아보는 것을 '회광반조'라고 한다. 이 회광반조는 기본적으로 다섯 가지를 되돌아본다. 도의 지혜에 관한 것, 과의 지혜에 관한 것, 닙바나에 대한 것, 모든 번뇌가 다스려진 것, 번뇌가 일어나고 사라짐을 아는 것이다. 그래서 회광반조는 출세간적인 것에서 세간적으로 되돌아와서 반추해 보는 과정을 말한다. 인간은 어차피 열반의 상태가 아니면 현재를 알아차릴 수 있는 현실적 상황으로 되돌아와야 한다.

문_ 호흡이 한 곳에서만 일어나지 않습니다.

답_ 일어남, 꺼짐의 일어나는 곳이 어디에서 나타나든지 그곳을 집중하고 호흡의 알아차림을 계속하라.

* * *

주해_ 호흡은 바람의 요소인 풍대의 작용으로 일어난다. 경전 상에 나와 있는 호흡은 코의 호흡이지만 실재 호흡은 꼭 코에서만 이루어지는 것이 아니다. 실재하는 직접적인 호흡은 코와 가슴에 있다. 그리고 호흡에 의해 일어나는 풍대의 작용은 여러 곳이 있다.

코로 들어간 공기는 가슴에 있는 허파까지 간다. 그 산소가 여러 과정을 거쳐 전신으로 퍼져 가지만 직접적인 움직임은 코와 허파가 있는 가슴이다. 그리고 호흡에 의한 풍대의 작용이 가장 강하게 나타나는 곳이 배다. 배는 호흡에 의한 풍대의 작용이므로 바람이 배까지 들어가지 않는다. 그렇다고 배가 호흡과 상관없이 움직이는 것은 아니다. 코의 호흡이 일어날 때 배의 움직임도 함께 일어난다.

또 다른 곳에서 일어나는 움직임도 호흡에 의한 풍대의 작용으로 분류할 수 있다. 가령 어깨라든가 손끝이라든가 전신의 어느 부분에서 호흡에 의해 일어나는 풍대의 작용을 알아차릴 수 있어야 한다. 집중력이 생기고 호흡이 미세해지면 전신의 어느 곳의 작은 움직임이라도 알아차릴 대상으로 선택해야 하기 때문이다.

그리고 마지막으로 마음을 알아차리는 수행자들은 호흡을 신체의 어느 특정한 곳에서 보지 않는다. 마음으로 보기 때문에 전면에서 본다. 이때는 몸의 어느 부분이 배제된 호흡 그 자체를 보게 된다. 이렇게 보게 되면 호흡이 몸의 어디에 있다는 것이 별 의미가 없어진다. 그래서 호흡이 어느 위치에 있는가에 따른 논란에서 자유로워진다.

이렇게 호흡을 알아차릴 수 있을 때 더욱 모양으로 보지 않고 성품으로 보게 된다. 모양은 있는 것이지만 실재하는 것은 성품이다.

146

가령 두 손바닥을 붙여 보자. 따뜻한 느낌이 있을 것이다. 이때 손은 모양, 또는 관념이고 손이 따뜻한 것은 실재이며 성품이다. 손을 마주 대고 있었지만 아는 것이라고는 손이 아니고 따뜻함이었기 때문에 손은 없는 것이고 따뜻함만 있다고 하는 것이다. 그래서 관념이 있는 것이 아니고 실재하는 것이 있는 것이 된다.

그러나 관념이나 모양을 없는 것이라고 부정해서는 안 된다. 모양은 관념적 진리이고 실재는 궁극적 진리이다. 모양은 있지만 실재로 아는 것은 성품을 알기 때문에 둘과의 관계는 물질과 마음처럼 붙어 있는 것으로 이해해야 한다. 모양을 통해서 성품을 보는 것으로 알면 바르게 아는 것이다.

배의 호흡을 주시할 때 단순히 움직임만을 아는 것은 모양을 아는 것이 되고 그 모양이 가지고 있는 느낌을 아는 것이 실재(reality)를 아는 것이다. 가령 배의 움직임이라고 할 때는 모양을 주시하는 것에 속하지만 배의 움직임이 가지고 있는 공기의 팽창과 수축, 공기의 압력, 가벼움 무거움, 단단함 부드러움 등을 아는 것이 실재를 아는 것이다.

호흡에는 약간의 의도가 있다. 그러나 다른 움직임은 의도를 알아차려도 되는데 굳이 호흡을 알아차릴 때는 의도를 볼 필요는 없다. 호흡은 숨을 쉬지 않으면 갑갑해서 숨을 쉬고 싶은 정도의 의도가 있지만 원래 의도와 상관없이 일어나고 꺼진다. 호흡은 생명과 더불어 지속된다. 그래서 전체로 볼 때 의도가 차지하는 부분은 일부에 지나지 않으며 의도보다는 호흡의 성품을 알아차리는 것이 집중력을 만드는 데 유익하고, 삼법인의 성품을 아는 데 유익하다.

호흡을 대상으로 알아차리는 4단계 방법은 다음과 같다. 이 방법은 수행을 처음 시작하는 수행자에게만 해당되는 것이 아니다. 경험이 있는 수행자도 좌선 중에 집중이 안 될 때 이와 같은 단계적 방법을 사용하면 쉽게 집중이 될 것이다. 호흡이 일어나는 위치가 어느 곳이 되었건 상관없이 다음과 같이 알아차린다.

1단계 : 처음에는 호흡의 단순한 움직임을 알아차린다. 그리고 호흡의 일어남이라는 모양 하나만을 주시한다. 이것을 '호흡의 모양 알아차리기'라고 한다. 1단계에서는 호흡의 많은 것을 알려고 할 필요가 없다. 마음을 편하게 갖고 쉬운 것부터 하나만 알아차리며 단순한 움직임 하나에 집중한다. 호흡이 일어나는 곳을 풍대까지 합쳐서 크게 나누면 코, 가슴, 배, 몸의 일부, 전면 이렇게 나눌 수 있다. 이때 코나 가슴, 배에서 움직임을 알아차릴 수 없으면 몸의 일부에서 일어나는 작은 움직임 하나를 잡아서 알아차려도 좋다. 그러므로 호흡이 꼭 어느 특정한 위치여야 되는 것은 아니다.

2단계 : 1단계에서 호흡의 일어남 하나만을 주시한 뒤에 집중력이 생기면 호흡의 일어남, 꺼짐의 현상을 주시한다. 이와 같이 일어나고 꺼지는 호흡을 알아차리면서 차츰 일어남과 꺼짐의 움직임 안에 있는 성품을 알아차린다. 호흡에 있는 공기가 팽창하고 수축하는 느낌을 주시하는 것을 말한다. 이것은 공기의 압력을 알아차리는 것을 말한다. 또한 호흡의 밀고 당김, 또는 가벼움 무거움, 단단함 부드러움을 알아차린다. 코에서는 차가움 따뜻함이 있다. 이것을 '호흡의 성품 알아차리기'라고 한다.

3단계 : 일어남과 꺼짐을 주시한 뒤에 집중력이 생기면 쉼을 알아차린다. 호흡은 일어남, 꺼짐, 쉼의 3분절이 하나의 호흡을 이루고 있다. 호흡은 쉼의 상태에서 다시 일어남이 있다는 것을 알아차린다. 쉼은 움직임이 정지된 상태라서 알아차림을 놓치기 쉽다. 그래서 이때는 정지된 공간과 시간을 마음으로 채워서 알아야 한다. 쉼에서 알아차림을 놓치면 망상이 들어오거나 졸음에 빠지게 된다. 이것을 '호흡의 쉼 알아차리기'라고 한다.

4단계 : 일어남, 꺼짐, 쉼의 호흡을 알아차린 뒤에는 전면에서 호흡을 알아차린다. 호흡을 몸의 어느 특정한 위치에서 알아차리는 것이 아니고 마음으로 전면에서 알아차린다. 그러나 초심자는 이해가 가지 않을 수 있지만 그렇게 어려운 것도 아니다. 다만 마음을 보는 수행을 해야 쉬울 수 있으며 집중력이 있어야 잘할 수 있게 된다. 이것을 '전면에서 알아차리기'라고 한다.

이상의 호흡을 알아차리는 방법은 기본적으로 3단계까지만 활용해도 된다. 4단계는 마음을 알아차리는 수행을 했을 때와 집중력이 생겼을 때 자연스럽게 전면에서 나타나게 된다. 그러므로 전면에서 알아차리는 힘이 없을 때는 억지로 애쓰지 말아야 한다. 수행은 애를 쓴다고 되는 것이 아니다.

이와 같은 단계적 과정은 수행을 처음 시작하는 사람에게 유익한 방편이다. 또한 수행의 경력에 상관없이 누구나 수행이 안 될 때는 이런 단계를 밟아 나가면 집중력이 생겨 안정을 얻는다. 좌선 중에도 혼란으로 인해 집중이 안 될 때도 이런 단계를 거쳐 집중을 유도할 수가 있다.

문_ 망상이 일어나거나 통증이 생겼을 때 자꾸 이것이 왜 일어났는지 그 원인을 찾게 됩니다.

답_ 어떤 현상이 나타났을 때 이것이 왜 나타났는가를 생각하지 마라. 이것은 위빠사나가 아니다. 그냥 나타난 현상만 알아차려라.

＊ ＊ ＊

주해_ 위빠사나 수행자는 단순하게 몸과 마음에서 일어나고 사라지는 현상을 알아차리는 임무를 부여받은 사람이라고 알아야 한다. 그것이 왜 일어났는가를 알려고 하는 것은 사유에 속하며, 그것은 수행이 아니다. 원인은 지혜로 통찰되어지는 것이 바람직하다.

설령 우리가 왜 그런가를 사유한다고 하자. 그리고 그 이유를 알았다고 하자. 그것이 과연 옳은 사유이겠는가. 그것은 다만 자기의 견해일 뿐이다. 또한 그 이유가 한 가지일 수가 없다. 그래서 주석서에서는 원인을 말할 때 '가까운 원인'이라고 표현한다. 이처럼 이유를 다 따지자면 한이 없다. 또한 이유를 알았다고 해도 그것을 바꿀 수 있는 힘이 없다. 이미 만들어진 것은 바뀌지 않는다. 다만 일어난 것을 알아차려 받아들이는 것이 문제의 본질을 아는 유일한 길이다. 이것이 위빠사나 수행이다.

수행은 사유가 아닌 직관으로 대상을 알아차리는 것이다. 그것은 대상이 되어 가는 것을 그냥 지켜보는 방법으로 접근한다. 원인과 결과를 아는 것은 지혜로 알아질 때가 효과가 있다. 사유에 빠지면 그 순간 알아차림을 놓치게 되고 분석을 하기 때문에 대상에 함몰되어 버린다. 그래서 대상을 바로 알 수가 없다. 우리가 목표로 하는 것은 대상을 지켜보고 대상의 성품을 아는 것이다. 이것이 직관으로 본다는 것이다. 그래서 무심히 대상을 지켜보는 것이 바른 법을 아는 데 가장 효과적이다.

　싫거나 좋거나 간에, 바라거나 없애려 하거나 간에 무엇이나 있을 때 있는 것을 알아차리려 한다. 여기에는 좋다거나 나쁘다거나 하는 것이 없다. 그러나 처음에는 이런 방법에 대한 이해가 없기 때문에 무수한 시행착오를 거쳐야 한다. 그래서 계속 지적 받아야 조금이라도 제대로 된 알아차림을 하게 된다. 수행은 새로운 습관을 만드는 것이다. 그래서 반복밖에 다른 길이 없다.

앎이란 무엇인가

문_ 명상을 7시간 하고 경행을 5시간 했습니다. 그저께부터 명상이 시작되면 다시 계속해서 호흡이 멈추기 시작했습니다. 보통 명상이 시작되면 30분 정도 지나서 호흡이 멈추었는데 오늘은 10분 만에 멈추었습니다. 앎을 알아차리는 시간은 명상 때마다 1시간씩 했습니다. 그러나 새벽과 저녁에는 앎을 30분씩 했습니다.

오늘 명상 중에는 명상 시작 10분 만에 호흡이 사라지고 앎을 시작했는데 10분쯤 되니 앎도 사라졌습니다. 갑자기 잘 정돈되고 고요한 느낌이 일어났으며 차분하고 가라앉은 평온함으로 가득 찼습니다. 조금 이성적인 차가움이 있는 듯했습니다. 그리고 아무것도 없는 맑고 투명한 넓은 공간만 나타났습니다.

처음에는 이것이 앎이 사라진 뒤에 온 것인지 모르겠기에 '앎, 앎'을 해봤더니 불빛이 일렁거리다가 다시 사라졌습니다. 그리고 다시 고요함이 계속되었습니다. '앎, 앎'을 다시 해본다는 것이 아무 의미가 없다는 생각이 들었습니다. 앎이 사라진 뒤에 20분 정도 알아차리다가 허리 통증이 나타나 명상을 끝냈습니다.

답_ 앎이 사라지면 아무것도 나타나지 않는다. 지금 앎이 사라진 것이 아니다. 고요함이 왔으면 고요함을 알아차려라. 명상 중에 졸리거나 고개가 떨어지거나 침을 흘리지 않으면 시간을 연장하여 앎을 계속 알아차려라.

지금이 중요한 시기다. 일어나서 잘 때까지 모든 것을 철저히 알아차려라. 앎을 알아차리는 중에도 현상의 알아차림에 대한 명칭은 똑같이 보임, 생각남, 들림, 망상, 가려움, 즐거움, 슬픔 등 있는 그대로 알아차려라. 아침부터 저녁까지 계속 알아차림을 분명하게 하라. 선명하게 알아차려라. 그래야 앎이 사라질 때 분명하게 보고가 된다.

* * *

주해_ 수행자가 호흡이 사라졌다고 말한 뒤 앎을 알아차리기 시작하면 사야도께서 특별관리를 해주는데, 이때부터 보다 각별한 관심을 써주고 수행상의 주의를 주기 시작하신다.

이때까지도 수행자는 앎이 사라지는 것이 무엇인지를 잘 모른다. 이는 하루 종일 일상생활에서 더 많이 알아차리라는 말이며, 좌선도 1시간을 기준으로 하던 것을 시간에 구애 없이 더 앉아서 하라고 하신다. 보통 30분 만에 호흡이 사라졌다고 할 때 나머지 30분은 앎을 알아차려야 하는데, 30분으로는 적으니 더 앉아서 앎을 알라고도 하신다. 그래서 이제는 1시간 좌선에 구애받지 말고 좌선 시간을 자유롭게 더 연장하라고 하신다.

이는 수행자가 앎을 알아차리기까지의 과정이 쉽지 않음을 의미하는 것이다. 몸과 호흡의 느낌이 사라진 뒤에 이제 마음을 대상으로 알아차림을 하는 것을 앎이라고 하는데, 여기까지 오기가 어렵다는 사실과, 또한 앞으로의 과정에서 현재가 중요한 시기임을 강조한 것이다. 그래서 앎을 알아차리는 단계에서는 더욱 알아차림을 강화하고 행동 하나하나에 마음을 기울일 것을 주문한 것이다.

그러나 앎을 알아차리려고 해도 앎에 대한 분명한 이해가 없고 막연하면 헤매기 마련이다.

"도대체 앎이 무엇입니까?"

수행자의 질문에 사야도께서는 답변하신다.

"앎은 아는 마음이다. 이제 아는 마음을 보아라."

앎을 알아차리기는 하는데 앎이 무엇인지 정확한 개요가 파악되지 않아 몇 차례나 거듭 질문을 한다. 앎을 보다 구체적으로 알려 달라고 했다. 그러나 사야도나 통역의 답변은 앎이 아는 마음이라고만 할 뿐 더 이상의 설명은 없다. 똑같은 질문을 계속해도 수행자가 앎이 무엇인가에 대한 이해를 하는 것이 쉽지 않다. 앎에 대한 확실한 이해가 선행되지 못했기 때문에 계속해서 갈등을 느끼며 수행을 하게 된다.

어쨌거나 수행자가 사라졌다고 알았던 앎이 사라진 것이 아니었다. 통역은 수행자가 앎이 사라졌다고 말하므로 반가운 마음으로 그대로 보고했는데, 사야도께서 아니라고 하니 실망해서 왜 그런 얘기를 했는가 하고 따져 묻는 식의 분위기였다. 수행자는 앎에 대한 구체적 이해와 사라진다는 것에 대한 확실한 견해를 가질 수 없었기 때문에 자기가 아는 한에서 말한 것이다. 수행자가 앎을 알아차리는 과정에서 앎의 변화가 있는 것을 사라진 것으로 잘못 알고 말한 것이다.

문_ 좌선을 할 때 몸의 감각이 없어지는데 배에 한 점의 느낌만 남아 있습니다.

답_ 몸에 남아 있는 느낌이 사라지기를 바라지 마라. 사라지고 안 사라지는 것은 자기의 소관이 아니다. 일어남, 꺼짐이 사라지면 그 남아 있는 것과 함께 앉음, 닿음을 하라. 앉음, 닿음을 하다 그것이 사라지면 그 느낌을 알아차리고 앎을 하라. 어떤 경우나 그냥 멍청히 있지 마라.

＊ ＊ ＊

주해_ 수행자는 무엇이나 바라고 하지 말아야 한다. 그러나 살아온 날들이 바라는 것밖에 없었기 때문에 바라지 않는 마음을 갖기란 쉽지 않다. 그래서 명상 시작 전에 '지금 마음이 무엇을 바라고 있는가'를 알아차린다. 좌선 중에도 '지금 마음이 무엇을 하는가' 또는 '지금 마음이 무엇을 바라고 있는가' 하는 것을 알아차린다.

바라는 마음이 있을 때 이것을 달리 해결할 방법은 없다. 오직 알아차리는 것밖에 없다. 이렇게 마음을 새로 내서 알아차리는 것이 노력하는 것이다. 바라는 마음이 있을 때는 탐심이 나타난 것으로 불선심이 작용하는 것이다. 그래서 마음의 상태가 선한 상태가 아니다. 이때 몸이 긴장하므로 온전하게 몸과 마음이 소멸되기를 기대하기가 어렵다.

문_ 좌선을 할 때 자꾸 미운 사람이 떠올라 수행하기가 어렵습니다.

답_ 수행이라는 것은 미운 사람이 없어지라고 하는 것이 아니라 미운 사람이 좋아지라고 하는 것이다. 미운 사람이 있을 때 철저히 '미움, 미움' 하고 알아차려서 다음에 다시 나타나지 않게 하라. 좋거나 밉거나 알아차리는 것만이 수행이다. 그것을 알아차리는 것이 신수심법의 법에 해당하는 것이다.

* * *

주해_ 좌선 중에나 일상에서 미워하는 사람이 자꾸 생각되면 먼저 미워하고 있다는 것을 알아차린다. 그리고 미워하는 마음을 알아차린다. 미워하는 것은 마음이 하는 것이므로 그때 미워하는 마음을 알아차리면 좋다. 마음은 대상이 없으면 일어나지 않는다. 그래서 느낌이 일어난 것은 대상이 일어난 것이므로 이때 바로 마음을 알아차릴 수 있는 기회가 온 것이다. 그렇지 않고서는 비물질인 마음을 알아차리기가 어렵다.

　미워하는 사람 때문에 괴로움을 겪을 것이 아니라 오히려 그 기회에 미워하는 마음을 알 수 있는 순간으로 반전시켜야 한다. 그래야 마음을 알아차리는 훈련이 되고 미워하는 마음으로부터 자유로워진다. 미워한다는 것은 성냄이다. 미워하는 마음을 알아차리면 왜 성냄이 일어났는지도 알 수 있다. 이렇게 마음을 알아차리면 성냄의 자연적 성품은 탐심이란 것을 알게 되고 그것을 알아야 자꾸 화가 일어나지 않는다. 대상의 성품을 알아야 지혜가 나서 대상을 바로 보는 힘이 생긴다.

　이때 마음을 알아차리지 않으면 이 마음이 자꾸 더 커져서 나중에는 감당할 수 없는 지경까지 가게 된다. 이것이 미움을 스스로

키운 것이다. 그래서 나중에는 스스로도 감당하기 어려운 마음을 갖게 된다. 그러나 이때는 마음을 오래 알아차리고 있지 말고 바로 가슴으로 가서 미워하는 마음이 남긴 느낌을 주시해야 한다.

이때 가슴의 느낌은 거친 호흡과 함께 여러 가지 형태로 나타난다. 이렇게 가슴의 느낌을 보게 되면 미워하는 대상에서 자신의 가슴의 느낌으로 대상이 바뀌게 된다. 미움에는 나라는 존재가 나타난 것이고 상대라는 존재가 나타난 것이다. 존재가 있는 한 무아의 경지에 이르기가 어렵다. 그래서 나나 상대라는 존재로부터 자유로워지기 위해서 가슴의 느낌을 주시해야 한다. 그러면 존재는 없고 단지 느낌뿐이므로 비로소 미움으로부터 자유로워질 수 있다.

문_ 경행을 할 때 발에 집중이 안 되고 자꾸 망상이 떠올라서 어떤 것을 알아야 할지 몰라 헤매게 되는 때가 있습니다.

답_ 경행 중에 경행에 지장이 있다고 생각되는 것만 서서 알아차려라. 그리고 다시 경행을 해라. 경행 중에 일어나는 가벼운 망상은 그냥 지나치면서 알아차려라. 그리고 마음과 움직이는 발을 일치시키면서 알아차려라.

* * *

주해_ 경행을 할 때는 마음을 다소곳하게 발에 기울이고 발의 움직임에 초점을 맞춘다. 실제로 건성으로 알아차리기 때문에 망상이 들어온다. 몸에 철저히 마음을 밀착시키지 않으면 마음은 순간적으로 빠르게 달아나 버린다. 경행을 할 때는 좌우를 두리번거리지 말고 서너 걸음 앞에다 시선을 고정하고 해야 망상이 생기지 않는다. 이것 저것을 쳐다보면 그것이 정보가 되어 망상으로 연계된다. 쳐다보면 시비가 생기고 차별이 일어난다. 그래서 부질없는 참견을 하게 된다.

오른발을 알 때는 마음이 오른발에 가 있어야 하는데, 경행을 하다 보면 일치가 안 되는 수가 있다. 오른발이 움직이는데 왼발이라고 하면 실재를 아는 것이 아니고 생각을 아는 것이다. 그래서 이때 망상이 많이 들어온다. 이것은 마음이 달아날 조건을 만들었기 때문에 망상이 들어온 것이다. 경행을 할 때는 움직임이 계속되므로 어지간한 망상은 무시하고 발에 집중해야 한다. 그러나 자꾸 나타나는 망상이나 강한 망상은 잠시 서서 알아차린다.

문_ 잠자리에서 알아차림을 할 때 어떻게 하는 것이 좋겠습니까?

답_ 밤에 잘 때 알아차림을 할 때는 일어남, 꺼짐, 누움, 닿음을 하라.

* * *

주해_ 잠자리에 들기 전에 지금 내가 무슨 마음으로 자는가 알아야 한다. 그러고 나서 호흡을 주시하면서 자야 한다. 이렇게 자기 전에 마음을 알아차리는 것은 잠자기 전에 있었던 온갖 기억을 지우고 자는 효과가 있기 때문이다. 그래야 잠을 잘 때 온전하게 자게 된다. 그렇지 않으면 편하게 잘 수가 없다. 낮에 있었던 온갖 생각들을 기억하고 자면 뇌를 자극하여 숙면을 취할 수가 없다.

누워서 잘 때는 배의 호흡이 매우 잘 보인다. 몸의 긴장이 풀리고 이완되기 때문에 호흡이 확실하게 나타난다. 이때 처음에는 일어남, 꺼짐을 알아차리고, 차츰 휴지부가 생기면 일어남, 꺼짐, 쉼을 알아차린다.

호흡을 알아차릴 때 명칭을 붙이면 자연스럽게 호흡의 휴지부가 생기므로 이때는 휴지부인 쉼에서 누움, 닿음을 알아차릴 수 있다. 누움은 누워 있는 몸의 위쪽 부분인 얼굴, 가슴, 배 등을 알아차리고 닿음은 몸이 바닥에 닿아 있는 것을 알아차린다.

쉐우민 사야도께서는 항상 잘 때 무슨 마음으로 자는가, 아침에 일어날 때 무슨 마음으로 일어나는가를 알라고 거듭 강조하신다. 잠들기 전과 아침에 일어나서 먼저 마음을 알아차리는 것이 매우 중요하다.

호흡과 함께 알아차릴 몸의 위치

문_ 앎을 알아차리는 중에 자주 알아차림을 놓치고 있습니다.

답_ 몇 차례나 놓쳤다고 생각되는가?

문_ 세 번 내지 네 번 정도 되는 것 같습니다.

답_ 앎이 사라졌다가 나타날 때의 상황을 기록해서 보고하라. 사라 질 때는 어떻게 사라졌는지, 나타날 때는 어떻게 나타났는지 자세히 알아차려서 보고를 하라.

문_ 네, 알겠습니다. 알아차림을 놓쳤다가 어떤 때는 통증이 들어오 면 통증과 함께 알아차림을 합니다. 통증이 매우 가볍고 보면 사라집 니다. 그러면 대체로 기분이 매우 편안한 상태에서 다시 앎을 알아차 립니다. 대체로 앎을 알아차리는 시간이 30분 이상은 됩니다.

답_ 통증이 한 군데에만 오는가? 아니면 앎이 다시 나타난 상황이 다른가?

문_ 허리와 또는 얼굴의 가려움과 또는 그냥 정신이 들 때 앎을 다시 시작합니다.

답_ 처음에 시작할 때 일어남, 꺼짐, 앉음, 닿음, 오른편 닿음, 오른편 복숭아 뼈 닿음, 오른손 닿음까지 하라.

문_ 오늘 명상 중에 수행을 하는데 스승과 여러분들의 도움을 받고 있는 일에 감사한 눈물이 났습니다.

답_ 감사한 마음이 나타나서 눈물이 핑 돌 때 즉시 알아차려라. 그것이 계속되면 (해야 할 일이) 시간이 오래 걸린다.

문_ 앎을 알아차리다 보면 미세한 호흡이 일어날 때도 있는데 어떻게 할지를 몰라서 그냥 앎을 계속합니다. 이때 호흡이 사라지는 과정을 다시 밟아야 하는지요?

답_ 앎을 하다가 호흡이 나타나면 다시 일어남, 꺼짐을 알아차리고 없어지면 다시 앎을 알아차리는 것으로 돌아와라.

＊ ＊ ＊

주해_ 사야도께서는 호흡을 알아차릴 때 다양한 위치를 선정하여 알아차림을 계속하라고 하신다. 그 호흡의 위치에 대한 말씀을 정리해 보도록 하자.

먼저 호흡의 일어남과 꺼짐을 기본으로 한다. 그리고 다시 일어남, 꺼짐을 하고 호흡의 휴지부가 생길 때 일어남, 꺼짐, 앉음, 닿음을 한다. 앉음을 하고 닿음을 할 때 그냥 닿음이 아니고 오른편 닿음을 하고 그 다음 왼편 닿음을 해서 위치를 바꿔 가며 한다. 오른편 닿음이나 왼편 닿음은 무릎이나 발이 바닥에 닿은 것을 알아차리는 것이다. 처음에는 일어남, 꺼짐이라는 2분절을 하고 다시 일어남, 꺼짐, 앉음을 하는 3분절을 한다. 이렇게 휴지부의 길이에 따라 분절을 늘려 나간다.

1. 일어남, 꺼짐
2. 일어남, 꺼짐, 앉음
3. 일어남, 꺼짐, 앉음, 닿음
4. 일어남, 꺼짐, 앉음, 오른편 닿음
5. 일어남, 꺼짐, 앉음, 왼편 닿음

또 다른 방법으로는 일어남, 꺼짐, 앉음, 닿음의 4분절을 계속하면서 닿음을 할 때의 위치를 계속 바꾸어서 하는 방법도 있다.

1. 일어남, 꺼짐, 앉음, 닿음(엉덩이)
2. 일어남, 꺼짐, 앉음, 오른편 닿음(무릎)

162

3. 일어남, 꺼짐, 앉음, 왼편 닿음(무릎)

4. 일어남, 꺼짐, 앉음, 오른발 닿음

5. 일어남, 꺼짐, 앉음, 왼발 닿음

6. 일어남, 꺼짐, 앉음, 오른손 닿음

7. 일어남, 꺼짐, 앉음, 왼손 닿음

이렇게 위치를 바꾸어서 왼손 닿음까지 알아차리는 것을 한 사이클로 하여 알아차린 뒤에 다시 처음부터 반복한다. 이때 중간에 위치를 놓치게 되면 어느 때나 다시 처음부터 시작한다.

이와 같이 몸의 위치를 바꿔 가며 알아차림을 계속하는 것은 호흡의 휴지부가 있기 때문이다. 또한 위치를 바꿔 가며 알아차림으로써 마음이 흥미를 잃지 않는 효과가 있으며 집중력이 길러지게 된다. 조금만 망상이 들어와도 위치를 놓치게 되기 때문에 이렇게 알아차리다 보면 알아차림과 노력이 지속되어 집중력이 향상되게 된다.

위치를 바꾸는 것은 이런 의미 외에 다른 특별한 뜻이 있어서 하는 것이 아니다. 수행자는 언제나 항상 무엇인가를 알아차려야 하는데 쉬고 있는 동안에 알아차림을 놓치지 않기 위한 방법으로 하는 것이다. 이때 망상과 졸음이 오고 나태함이 나타나기 때문에 이것은 오히려 각별한 테크닉에 속한다고 볼 수도 있다. 이것은 휴지부가 생기는 동안 어느 곳이나 하나를 선택해서 알아차리든가, 아니면 그냥 가만히 그 상황을 지켜보든가 하는 선택의 문제이다.

사야도께서 말씀하신 이런 유형의 알아차림은 꼭 어떻게 되어야 한다는 정형이 있는 것은 아니다. 이런 유형을 따르면 된다는

163

의미가 있을 뿐이다. 그러므로 필요하면 자기가 위치나 명칭을 스스로 정해서 알아차리면 된다.

다만 마하시 방법은 휴지부가 생기면 가만히 쉬면서 호흡이 다시 일어날 때까지 기다리지 않고 그 틈을 다른 곳을 보는 것으로 모두 메운다는 것이 특징이다. 그러나 이렇게 메우다 보면 다음에 알아차려야 할 순서를 잊어버리는 수가 있다. 다음 위치를 잊어버렸다는 것은 알아차림을 잠시 놓쳤다는 것의 반증이므로 그 순간 알아차림을 놓친 것을 알고 알아차림을 더 강화하는 효과도 있다.

오랫동안 이렇게 알아차리면 상당한 집중력이 생기는 것을 경험하게 된다. 그리고 사야도께서는 치매를 예방하는 효과가 있다고 말씀하신다. 어쨌거나 한 시간을 보내는 것이 지루할 때는 매우 좋은 방법이다. 이는 인내심을 기르는 데도 일조한다. 또한 이렇게 알아차리다 보면 한 시간이 금방 지나가기도 한다. 이것이 집중의 효과이다.

앎이 사라지다

문_ 앎을 알아차리는 중에 명상 상태의 집중이 매우 깊고 또 몸이 완전히 사라진 상태인데 앎을 놓치곤 합니다. 이렇게 놓치는 것이 1시간 좌선 중에 4회에서 5회 정도 됩니다. 다른 때보다 오히려 명상 상태가 좋을 때 이런 현상이 생깁니다.

어제 저녁 명상 때와 오늘 오후에 하는 명상에서도 2회 이런 일이 있었습니다. 잠깐씩 놓쳤다가 다시 앎을 알아차리는데, 이때의 느낌으로는 전혀 졸리지가 않아 수면으로 인한 것 같지는 않습니다. 그래서 이런 일이 있으면 '앎, 앎'을 마음속으로 큰 소리로 외치거나 눈을 살짝 떴다가 다시 명상을 해도 명상 상태는 계속 좋은 집중이 유지됩니다. 그러나 다시 되돌아올 때는 몸의 통증이나 주위의 어떤 소리에 상관없이 그냥 되돌아오곤 합니다.

답_ 앎의 알아차림을 놓친 것이 아니라 앎이 사라진 것이다.

문_ 아닙니다. 사라진 것이 아니고 놓친 것 같습니다.

답_ 아니다. 앎이 사라진 것이다. 내일부터는 시계를 놓고 사라진 시간을 정확히 확인하라. 앎이 사라지는 끝을 알 수 있으면 기억하라. 앎이 사라진 뒤에 깨어났을 때 그 상태를 자세히 살펴보아라. 호흡이나 느낌이나 아는 마음이나 어떤 상태로 살아나는지 자세히 보고 기록하라. 그리고 이제부터는 명상을 할 때 하루에 세 번 부처님께 서원을 하고 명상을 시작하라.

"앎이 사라지고 난 뒤에 몸과 마음이 완전히 사라진 상태가 완벽하게 되기를 서원합니다. 이상과 같은 것이 명확하게 이루어지기를 부처님께 재삼 발원합니다." 이렇게 서원을 세우고 명상을 시작해라.

* * *

주해_ 앎이 사라진 것을 몸과 마음이 소멸한 것으로 말한다. 그러나 이것과 유사하여 몸과 마음이 소멸한 것으로 잘못 아는 경우가 다섯 가지가 있다.

1. 알아차림을 놓쳤을 때
2. 집중이 지나칠 때
3. 기쁨이 지나칠 때
4. 졸음이 왔을 때(깜빡깜빡 졸 때)
5. 평등심이 지나칠 때(무관심이 지나칠 때)

이상은 열반이 아니고 유사 열반이라고 한다. 이것이 앎이 사라지는 것과 비슷한 다섯 가지 현상이다. 사야도께서는 이런 것을 면밀하게 알아차려서 열반의 사실 유무를 판단하신다.

열반에 들었다는 것은 초과를 했다는 말이다. 잠시라도 단 한 번이라도 열반에 들면 수다원과를 얻은 것이다. 도과의 네 단계는 수다원, 사다함, 아나함, 아라한의 도과가 있다. 붓다는 아라한 도과를 얻으신 분이다.

보통은 단계적으로 도과를 얻는데, 선업의 공덕으로 재생연결식(再生連結識)에서 무치(無癡, 어리석지 않음)를 타고 태어나면 수행의 진전이 빠르다. 이는 지혜를 말하는 것이다. 수행에서는 다른 것보다 태어날 때 무치를 가지고 태어났는가가 크게 영향을 미친다.

치심(癡心, 어리석음)을 가지고 태어나면 그 생에서는 도과를 얻기가 어렵다. 그러나 수행을 하면 다음 생에서는 지혜를 가지고 태어난다. 그래서 다음 생에 도과에 들 수 있다. 그러나 한순간에 바로 아라한이 되었다 해도 빠르게 수다원, 사다함, 아나함의 과정을 거쳐 아라한에 이른다.

수다원은 다시 도(道)의 단계와 과(果)의 단계로 나눈다. 도는 들어가는 단계이고, 과는 나오는 단계이다. 도는 들어가는 과정이므로 지향하는 상태이고, 과는 열매를 의미하는 것처럼 완성을 말한다. 깨달음에 도의 과정과 과의 과정이 있다는 것은 붓다께서 밝히신 단계이다.

이와 같이 수행을 통해서 일단 초과에 들면서부터 성인(聖人)으로 불린다. 그래서 네 단계의 도에 두 가지씩의 도과를 합해서 4쌍 8배라고 한다.

열반에 든 자는 자기가 열반에 들었다는 말을 못하게 되어 있다. 수다원 도과를 성취했을 때 내가 수다원이라고 말하면 안 된다. 상대가 그렇게 말한 성인을 멸시했을 때는 상대의 허물이 커진다. 자신으로 인해 상대에게 큰 허물을 주어서는 안 되기 때문이다.

부처님은 전생에 6대 부처이신 까사빠 부처가 출현했을 때 "그자가 그렇게 되기 어려운 아라한이란 말인가?" 하고 부처를 비난한 과보로 오직 본인 혼자 6년 동안 고행하신 뒤에 부처가 되셨다. 위로 올라갈수록 성인을 욕하면 과보가 크다. 이것은 임금님의 뺨을 때린 것과 같다.

다음으로 수다원을 얻었다고 하면 교만심을 가지기 때문에 그렇게 말하는 사람은 내 제자가 아니라고 붓다께서 말씀하셨다. 수다원이라는 도과는 그 당시의 정신적인 상태이지 수다원을 얻은 자는 없다. 아라한의 도과는 있어도 아라한을 얻은 자는 없다. 이 도과는 정신적인 지혜의 수준을 말하는 것이지 무슨 자격증을 의미하는 것이 아니다. 바로 무아이기 때문이다.

수다원은 수다원도과에 들었을 때의 정신적인 의식 수준의 상태이지 그것이 항상 꼬리표처럼 매달려 있는 것이 아니다. 수행을 안 하면 그 의식상태가 떨어진다. 그러나 이미 일정한 지혜가 났었기 때문에 4악도에 떨어지지는 않는다. 이 말은 4악도에 떨어질 일을 안 한다는 말이다. 그러므로 무슨 도과를 얻었다고 말하는 사람은 사실이 아닐 수도 있고, 사실이라고 해도 부처님의 제자는 아니다. 깨달음이란 것은 자기가 뭐라는 그런 것이 아님을 알아야 한다. 이런 과정을 이해하면 진정한 깨달음의 위대함이 새삼 느껴진다. 무상·고·무아의 정신적인 성숙에 의해 도달한 고양된 의식에 내가 무엇이라는 유신견이 있다면 일단은 잘못된 것이다.

앎이 사라진 이런 수행의 단계를 "모르고 사는 백 년보다 알고 사는 단 하루가 낫다"고 한다. 부처님께서는 수다원의 도과는 천상에 있는 제석천도 부러워한다고 말씀하셨다. 제석천은 그 생이 끝나면 다음으로 어디에 어떻게 태어날지 알 수 없지만 수다원의 도과는 일곱 생 이내에 윤회가 끝나므로 부러움의 대상이 아닐 수 없다. 또한 한번 열반에 들면 지옥, 축생, 아귀, 아수라의 4악도에는 떨어지지 않는다고 하니 누구나 가야 할 길이다.

수다원이 되면 열 가지 족쇄 중에서 세 가지가 소멸된다.

1. 유신견이 사라진다.
2. 불법승에 대한 회의적 의심이 사라진다.
3. 계율이나 금지조항의 집착에서 자유로워진다.

수다원이 되면 일곱 생애 이내에 아라한이 된다. 그래서 수다원을 흐름에 든 분, 또는 예류과(預流果)라고 한다. 수다원에 든 수행자는 다시 사다함을 얻기 위해 수행을 한다. 그러나 최대한 일곱 생이내에 아라한이 될 수 있는 것이지 꼭 일곱 생이 되어야만 아라한이 되는 것은 아니다. 사다함은 한 번 더 이 세상에 태어나서 아라한이 된다. 그래서 사다함은 한 번 더 오는 분이라 일래과(一來果)라고 한다. 아나함은 죽은 뒤에 인간으로 태어나지 않고 천상에 태어나서 그곳에서 아라한이 된다. 그래서 아나함은 이 세상에 오지 않기 때문에 불래과(不來果)라고 한다. 부처를 낳은 마야부인은 부처를 출현하게 한 과보로 아나함이 되어 천상에 태어나서 아라한이 되었다.
아라한은 탐진치의 번뇌가 소멸되어 집착이 끊어진 상태이므로 윤회의 사슬이 끊어진 것을 말한다. 아라한은 공양을 받을 자격이 있는 분이란 뜻으로 '응공'이라고 한다.

깨달았다고 하는 것은 무엇인가? 깨달음은 어떤 신통한 능력을 얻은 것이 아니고 탐진치의 번뇌를 소멸하여 집착을 끊었다는 말이다. 아라한의 경우 사마타 수행을 한 수행자만 특별한 능력이 있을 수 있으나 신통한 능력은 수행 중에 부수되는 하나의 현상일 뿐이지 그것 자체가 목표는 아니며 별 의미도 두지 않는다. 깨달음은 무엇을 얻었다는 것보다 무엇으로부터 벗어났다는 표현이 더 적합할지 모른다.

깨달음에는 수다원의 깨달음, 사다함, 아나함, 아라한의 깨달음이 있는데 각기 다르다. 모두 삼법인에 대해 깨달은 것은 같으나 어느 정도의 집착을 끊었는가에 따라 도과가 나뉜다. 이것은 지혜의 성숙도에 따라 달라진다.

욕망의 세계[欲界] 대한 번뇌가 있는데, 이것을 오하분결(五下分結)이라고 한다. 번뇌가 발목을 붙들어 매는 다섯 가지 족쇄를 말한다. 그리고 미세한 물질의 세계[色界]와 정신의 세계[無色界]에 존재를 붙들어 매는 다섯 가지 번뇌가 있는데, 이것을 오상분결(五上分結)이라고 한다.

깨달았다고 하는 것은 이 열 가지 족쇄를 끊었다는 것을 말한다. 성인에 따라 열 가지 번뇌로부터 자유로워짐을 말하는데, 열 가지 족쇄의 종류와 누가 무엇으로부터 자유로워졌는가를 살펴보자.

오하분결(욕계의 번뇌)
1. 유신견(자아가 있다는 견해)

2. 회의적 의심

3. 계금취견(계율이나 금지조항의 집착으로부터 자유로워짐)

4. 감각적 욕망

5. 악의, 분노

오상분결(색계의 번뇌. 무색계의 번뇌. 천상에 있는 생명은 아직 지혜가 나지 않아 집착을 가지고 있기 때문에 번뇌를 해결하지 못하고 윤회의 과정 중에 있다.)

6. 색계에 대한 욕망

7. 무색계에 대한 욕망

8. 아만

9. 들뜸

10. 어리석음[無明]

이상의 열 가지가 족쇄라고 말하는 번뇌이다. 이 중에 수다원이 되면 1, 2, 3번이 소멸한 수행자이고, 사다함은 1, 2, 3번이 소멸하고 4, 5번이 약화된 상태의 수행자이다. 아나함은 1, 2, 3, 4, 5번의 족쇄를 완전히 끊어서 천상에 태어나 그곳에서 아라한이 된다.

천상에서는 기쁨만 있는 곳이기 때문에 수행을 할 필요가 없는 곳이다. 그러나 오직 아나함만 수행할 수 있다. 천상은 보편적으로 인간보다 나은 지혜를 가지고 있으나 인간계처럼 희로애락이 없어 수행을 할 의지가 생기지 않는다.

아라한은 열 가지 족쇄가 완전히 소멸된 수행자를 말한다. 아라한은 부처와 같이 반열반에 들지만 부처님처럼 큰 지혜가 없다는 것이 다르다. 부처님은 전지하지만 전능하지는 않다. 하지만 아라한은 전지하지 못하지만 열 가지 번뇌를 끊어서 윤회의 사슬이 끊어진 수행자이다.

문_ 갑자기 잠이 현저하게 줄었습니다. 잠을 자려고 할 때 누워서 와선을 하여 잠이 밀려오는 것을 알아차렸더니 잠이 사라지곤 하였습니다. 또 누워 있을 때나 명상 중에 발이나 손이 몇 차례씩 저도 모르게 들썩들썩합니다.

답_ 좋은 현상이다. 잠을 자지 않아도 되니 계속 알아차림을 하라. 손발이 들릴 때는 들리는 것을 알아차려라.

* * *

주해_ 수행 중에 기본적인 수면시간은 4시간이면 충분하다고 한다. 그러나 잠이 부족하면 6시간을 자도록 한다. 잠을 많이 자면 지혜가 성숙되는 과정이 더디어진다. 그리고 집중력이 깨질 수 있다. 부처님께서는 4시간을 주무신 것으로 알려졌다. 수행자가 밤에 잠이 오지 않는 상태도 수행 중에 나타나는 과정의 일환이다. 이때가 의식이 고양되어 가는 기회이므로 더 열심히 수행해야 한다.

　　밤에 잠이 오지 않을 때 두려움을 가져서 그렇지 두려움 없이 명상을 하면 전혀 피곤하지가 않다. 그러나 잠을 자지 못해서 큰일이라고 생각하면 피곤해진다. 잠이 오지 않는 것은 수행자에게는 오히려 더할 수 없는 기회인 것이다. 수행을 한다는 것은 장작을 비벼서 불을 내는 것과 같은데, 이때 장작은 몸이고 장작을 비비려는 의도는 마음이다. 몸과 마음이 쉬지 않고 비벼지면 일주일이면 아라한이 된다고 부처님께서 말씀하셨다. 수행은 계속 장작을 비벼서 불을 내는 것처럼 끊어지면 안 된다. 지속성과 연속성이 요구된다. 그러므로 잠이 오지 않는다는 것은 오히려 수행을 할 좋은 기회가 주어진 셈이다.

손발이 들리는 것은 기쁨으로 오는 삐띠(pīti) 현상이므로 좋아하거나 두려워하지 말아야 한다. 그러나 이런 현상을 좋아하면 그 현상이 오래간다. 그렇지만 좋아하지도 않고 싫어하지도 않고 알아차리면 이내 사라지게 된다. 이는 의식이 고양되어 다음 단계로 성숙되었다는 것을 말한다.

오근의 균형

문_ 일요일에는 명상 중에 졸지는 않았는데 깜빡 조는 것과 같은 현상으로 목이 앞으로 뚝 떨어지는 현상이 세 번 있었습니다.

답_ 집중력이 넘쳐서 그렇다. 경행을 늘려라.

문_ 월요일 명상은 새벽부터 12시 명상 때까지 몸이 조여 오는 쾌감이 강하게 계속되었습니다. 오후 명상에서는 평안하고 행복한 기분이 내내 계속되었습니다. 1시간이 지나서도 앉아 명상을 계속했는데 고통이 밀려와도 견딜 만하였습니다. 이날은 고개와 얼굴에 강한 전율이 한차례 강하게 스치고 지나갔습니다. 그리고 손가락이 꿈틀거리는 현상이 계속됩니다.

답_ 행복한 순간은 놓치지 말고 알아차려라. 나타나기만 하면 즐기지 말고 바로 알아차려라. 그렇지 않으면 수준이 낮아진다.

174

문_ 오늘 새벽 명상에서는 갑자기 요란한 소리가 나더니 온몸에 전율이 일어나면서 작은 물결이 점점 커지는 듯하다가 사라지곤 했는데 3회나 계속되었습니다.

답_ 이 상태에서는 그런 현상이 나타날 때마다 목이 돌아가기도 하고 다리가 번쩍 들리기도 하니 절대 놀라지 말고 계속 알아차리기만 하라. 왜 그런 현상이 나타났는가에 대하여 그 원인을 찾지 마라. 나타난 것만 알아차리면 된다. 귀에 들리는 소리나 무슨 소리가 들리더라도 놓치지 말고 알아차려라. 멀리 있는 소리가 들릴 수도 있다.

문_ 앎은 계속 알아차리고 있습니다.

답_ 앎을 알아차릴 때 없어지기를 바라지 마라. 그리고 앎이 사라졌을 때 다시 생기기를 바라지 마라. 앎이 사라졌을 경우 시간이 얼마나 걸렸는지, 사라진 시간이 얼마나 계속되었는지, 그리고 깨어난 상태를 정확히 기록하여 보고하라.

* * *

주해_ 수행 중에 집중이 지나치게 강해지면 졸게 된다. 이때는 알아차림이 약해진다. 그리고 노력도 부족한 상태이다. 이런 것들의 균형을 잡아주는 것이 오근(五根)의 균형이다. 위빠사나에는 기본적으로 필요한 다섯 가지 근본이 있다. 이것을 오근이라고 한다.

1. 믿음
2. 노력
3. 알아차림
4. 집중
5. 지혜

믿음은 필요한 것이지만 넘치면 맹신에 빠진다. 노력이 넘치면 산란해지고 들뜨게 되어 대상에 접근하기가 어렵다. 수행 중에 이상할 정도로 대상을 잡을 수가 없다면 이것은 잘하려는 노력이 지나쳐서 그런 것이다. 노력은 정신적 노력과 육체적 노력이 있다. 경행은 육체적 노력에 해당되며, 마음을 알아차리는 것은 정신적 노력에 해당된다.

알아차림은 많을수록 좋은데, 아무리 많다고 해도 결과는 부족한 것이다. 그래서 다다익선이다. 그러나 알아차림에도 사마타 수행의 알아차림과 위빠사나 수행의 알아차림이 다르다. 또한 대상에 따라 적절한 알아차림이 필요하다. 수행을 할 때, 책을 읽을 때, TV를 볼 때, 말을 할 때 등 각기 적절한 알아차림이 필요하다.

여기에 따른 적절한 집중도 함께 필요한데, 집중이 넘치면 이 또한 혼침에 빠진다. 집중이 넘치면 나태해지고 무기력해지므로 이때 알아차림이 강화되어야 하며, 알아차리기 위한 노력이 필요하다. 노력을 강화하는 길이 경행을 하는 것이다. 경행은 게으름에 빠지면 하고 싶지 않아진다. 그러나 운동을 통하여 수행에 필요한 근육의 근력을 길러야 한다. 또한 노력을 강화하는 방법 중의 하나가 이따금씩 '지금 내 마음이 무엇을 하고 있는가' 하고 알아차려서 마음을 항상 지금 이 순간의 현재로 가져와야 한다.

　　마지막으로 지혜가 넘치면 간교해진다. 지혜는 짧은 순간에 빠르게 오는 것으로 대상의 실재하는 법을 파악하는 것이다. 그러나 지나치게 지혜를 갈구하거나 생각하면 사유에 빠져 대상의 성품을 바르게 이해하기 어렵다. 그래서 지혜가 나도 빠르게 알아차리고 말아야 한다. 그것에 너무 매달리면 생각으로 발전하여 사유에 빠지게 되며, 그러면 지혜가 지식이 되어 버린다.

　　모든 것은 지나치면 화가 되는데, 유독 알아차림 하나만은 많을수록 좋다. 아무리 많아도 부족하다는 것은 알아차림이 얼마나 중요한가를 나타낸 말이다. 그래서 위빠사나 수행에서 가장 중요한 것이 알아차림이다. 8만4천 법문을 하나로 줄여 말할 수 있는 이 '알아차림'이란 말의 의미가 여기에 있다.

　　수행은 믿음과 지혜의 균형이 필요하고, 집중과 노력의 균형이 필요하다. 알아차림은 네 가지 것들 모두에게 다 필요한 것이고, 다시 중간에서 이 두 그룹의 균형을 바로잡아 주는 것이 알아차림이다.

　　수행 중에 빠르게 밀려오는 떨림이나 퍼져 오는 느낌은 기쁨이라고 말하며 삐띠(pīti)라고 한다. 이런 현상은 내용상으로는 기쁨으로 오는 것이지만 꼭 표가 나게 기쁘다고 알리고 나타나는 것은 아니다. 순간순간 때때로 예고도 없이 기습적으로 나타난다. 이때의 기쁨은 정신적으로 충만함이 생겨서 나타나는 여러 가지 유형의 현상이다. 이와 같은 삐띠가 나타나도 처음에는 무엇인지 모르고 그냥 당한다는 표현이 옳을 것이다. 처음에는 이런 현상에 대해 잘 알 수가 없을 때는 두려움마저 인다. 특이한 현상이 나타남으로 인해 벌레에 물렸다거나 중풍의 증상으로까지 오해할 수도 있다.

삐띠라고 하는 기쁨은 정신적인 충만함에서 오는 것으로 행복과는 다르다. 우리가 알고 있는 행복과 불행은 느낌에 속한다. 그러나 기쁨이나 행복이 모두 순간적인 것이고 일어나면 즉시 사라진다는 특성이 있다. 삐띠는 몸의 이곳저곳에서 여러 가지로 나타나는 현상이므로 수행자가 의도적으로 제어할 힘이 없다. 일정한 시간에 나타나는 것이 아니라 수시로 시도 때도 없이 이곳저곳에서 나타난다. 때로는 강하게 때로는 약하게도 나타난다. 나타나는 현상의 종류도 다섯 가지가 있다.

그러나 무엇인지 모르고 있으면 그 현상은 사라지지 않고 계속된다. 그때마다 알아차려야만 비로소 사라진다. 다만 좋아하거나 싫어하지 않거나 두려워하지 않고 있는 그대로를 알아차려야 한다. 이런 현상이 나타났다는 것은 의식이 고양된 것이며, 나타나지 않고 사라졌다는 것 역시 의식이 고양되었다는 것의 반증이다.

삐띠는 알아차릴 틈도 없이 빠르게 일어났다가 사라지므로 어떻게 손을 쓸 수가 없다. 처음에 무엇인지 모르고 일어날 때는 그냥 망연히 바라보고만 있을 수밖에 없다. 그러나 수행을 계속하면서 차츰 이런 삐띠가 나타날 때마다 담담하게 알아차려야 한다.

나중에는 이것이 수행의 과정에서 발전했을 때 나타나는 현상이란 것을 알게 되고 좋아하거나 즐기게 되기도 한다. 경험이 있는 수행자는 삐띠가 오면 수행이 발전하는 신호로 나타나는 것을 알기 때문에 바라는 마음까지 생기게 된다. 이와 같이 처음에는 모르고 겪다가 경력이 생기면 삐띠에 대한 이해가 생기고 차츰 즐기려고 하거나 반기게 되는데, 이때 즐기려는 마음을 알아야 한다. 그것을 즐기고 있으면 사라지지 않는다. 사라지지 않으면 수행이 앞으로 나아가지 못한다. 머물면 퇴보하는 것으로 보아야 한다.

제대로 수행을 한다면 수행 중에 나타나는 모든 현상은 항상 새로운 것이기 때문에 그것을 판단할 겨를이 없기도 하다. 그러나 좋은 현상이 나타났을 때 바라는 마음이 생기면 나중에는 장애가 일어나기도 한다. 그래서 좋아하는 마음과 호기심으로 그것을 바라다가 나중에 크게 고생하는 경우도 있다.

그 예가 바로 삐띠이다. 삐띠란 정신적인 기쁨이 몸에 영향을 남기는 현상이지만, 처음에는 특별한 것이 오는 줄 알고 기다려진다. 그래서 그것을 즐기게 되면 상기의 위험도 생긴다. 몸에 물결 같은 강한 전율이 왔을 때 이것을 즐기면서 반기게 되면 상시적으로 밀려와서 나중에는 강하게 머리에 상기로 남는다. 이렇게 되면 처음에는 오솔길로 오던 것이 나중에는 큰 대로로 달려오듯이 빠르고 강하게 나타나서 제어할 수 없게 된다. 그리고는 습관적으로 나타나서 병이나 괴로움으로 자리잡게 된다. 이런 현상은 얼마간 좋아서 바랐기 때문에 생긴 것이며, 이런 마음으로 강하게 밀어붙여서 생긴 장애이다. 이처럼 수행은 정도에서 조금만 벗어나도 한 치의 여지도 없이 바로 후유증이 나타난다.

이렇게 수행이 발전되어 나가는 현상은 무엇이든 간에 좋아하지 않고 알아차려야 한다는 것이 위빠사나의 기본적인 수행방법이라고 인식해야 한다. 위빠사나 수행은 알아차림으로 모든 대상을 맞이하는데, 여기서 알아차림의 범주가 어디까지냐가 문제이다. 알아차림은 아무리 많아도 부족한 것이다. 그래서 위빠사나 수행에서는 알아차리지 않아야 할 대상이 없다. 나타나는 모든 것이 그 대상이다.

사마타 수행이 포함되지 않은 순수 위빠사나 수행을 해나가면서 나타나는 현상들은 모두 발전의 특징으로 나타난다. 만약 이런 현상이 나타나면 수행이 제대로 되어 간다는 것을 말하는 것이다. 그러나 이러한 발전의 변화를 위빠사나 수행에서는 오히려 번뇌로 규정한다. 궁극적 목표로 가기 위해서는 이런 현상이 단지 하나의 과정에 불과하기 때문이다.

빨리어에 우빠낄레사(upakkilesa)라는 말이 있다. 우빠(upa)는 작은, 번뇌, 불결, 수번뇌[隨染]라는 말이고, 낄레사(kilesa)는 번뇌라는 말이다. 우빠와 낄레사의 합성어인 우빠낄레사는 불결한 번뇌, 또는 더럽히는 번뇌, 따르는 번뇌라는 말이다. 또한 위빠사나 우빠낄레사라는 말은 위빠사나 수행을 할 때 따라서 일어나는 번뇌라는 말이다.

위빠사나 수행을 할 때 나타나는 열 가지 불결한 번뇌

1. 밝은 빛[光明]
2. 지혜(智慧)
3. 기쁨[喜]
4. 편안함[輕安]
5. 행복함[樂]
6. 확신[勝解, 강한 믿음, 믿고 결정함]
7. 노력[精進]
8. 현기(現起, 상태가 나타남, 현재 있는 것을 알아차림)
9. 평등[捨, 탐심과 진심이 아닌 중간]
10. 소망[慾求, 빛으로부터 그 이후에 위빠사나 수행에서 일어난 모든 것들의 집착]

이상은 위빠사나 수행 중에 발전되어 갈 때 나타나는 것들이다. 그러나 가장 필요한 이것들이 오히려 위빠사나 수행을 할 때 나타나는 번뇌라고 한다. 이것을 좋아해서 집착하면 앞으로 나아갈 수 없다. 그래서 스승은 매번 이런 현상이 나타날 때마다 집착하지 말 것을 가르친다. 그렇기 때문에 스승 없이는 깨달을 수 없다는 뜻이 여기에 있다. 어떤 인간이 스스로 좋은 것으로부터 빠져나올 수 있는 힘을 가지고 있겠는가?

이상 열 가지 번뇌 중에 삐띠는 세 번째 기쁨에 해당된다. 수행 중에 일어난 삐띠도 알아차릴 대상일 뿐인 것이다. 이렇게 삐띠가 일어나서 사라지면 다음 단계로 평안함이 나타난다. 많은 고통을 겪으며 수행하다 보면 천신만고 끝에 나타나는 편안함을 즐기게 마련이다. 그러나 이것도 즉시 알아차려야 한다. 이 지혜도 번뇌에 불과한 것이다.

이때도 알아차리라는 지적을 받으면 스승이 너무한다는 생각을 하게 되기도 한다. 그래서 때로는 이런 것을 말하지 않고 혼자서 즐기기도 한다. 그러나 이것은 잘못이다. 지나고 나면 이해가 될 것이다. 당시에는 편안한 것도 즐기지 못하게 해서 너무한다고 섭섭하기도 하지만 위빠사나 수행은 평안함이 목표가 아니다. 궁극에는 열반을 위해 계속해서 가야 하는 길이다.

이 말은 언제나 어디서나 무엇이나 알아차려야 할 대상이라는 것이다. 알아차림에는 끝이 없다. 항상 끝이라고 생각할 때 또 그것을 알아차려야 한다. 그래서 다다르는 곳이 열반인데, 그것을 얻은 뒤에도 다시 회광반조(수행해 온 전 과정을 돌아보는 것)를 하여 알아차린다.

그리고 더 높은 단계를 위해 다시 알아차림을 시작한다. 아라한이나 부처님은 이런 과정을 거쳐 알아차림이 습관으로 되신 분들이다. 그래서 탐욕, 성냄, 어리석음이 들어올 수 없게 된 것이다. 이때는 큰 노력 없이 법의 힘으로 알아차림을 자연스럽게 하게 된다. 이것을 '있는 알아차림'이라고 한다. 그러므로 알아차림에는 수행자가 처음에 일으키는 알아차림과 지혜가 생겨서 자연스럽게 일어나는 있는 알아차림이 있다.

문_ 일어남, 꺼짐의 호흡이 선명하게 나타납니다. 움직임이 다 다르게 느껴집니다.

답_ 호흡이 분명한 때일수록 더 밀착해서 집중하여 알아차려라. 호흡이 분명하기 때문에 방심할 수 있다.

* * *

주해_ 호흡이 분명해지면 이제는 움직임에서 호흡의 성품을 알아차리기 시작해야 한다. 호흡에는 알아차릴 많은 것들이 있다. 길고 짧음, 크고 작음, 단단함 부드러움, 뜨겁고 차가움, 밀고 당김, 팽창과 수축, 공기의 압력을 알 수 있는 여러 가지 바람의 요소들이 있다. 각자의 느낌이 다 다르므로 느껴지는 대로 알아차리면 된다. 이런 느낌에 명칭은 필요 없다. 호흡은 매번 같은 호흡이 있는 것이 아니다. 한번 일어난 호흡은 사라지고 항상 새로운 호흡이 일어난다. 또한 일어나고 사라진 호흡들의 성품도 모두 같지 않다. 모양과 실재가 모두 다르다. 이것을 바다의 파도에 비유할 수 있다. 바다에는 헤아릴 수 없는 파도가 있으나 그것들이 모두 모양이 다르다. 호흡 역시 파도의 모양처럼 매번 다르게 느낄 수 있어야 더 집중을 잘할 수 있다.

호흡에 대한 집중이 잘되면 이 세상에 호흡밖에 없는 것처럼 크게 보이기도 한다. 그러다가 차츰 매우 미세해져서 알아차리기가 어려울 때도 있다. 호흡은 그때의 마음을 반영하기도 하므로 여러 가지 형태로 나타난다. 그러나 이런 때일수록 더 노력을 해야 한다. 조금만 잘되면 자칫 방심하기 쉬운 것이 마음이다. 달궈진 쇠가 강하듯이 노력을 계속해야 한다.

문_ 경행을 할 때 집중이 잘 안 되고 있습니다.

답_ 경행을 할 때 한 발의 집중이 잘되어야 다음 발의 집중이 잘된다. 발을 드는 것부터 밀착해서 알아차리고 앞으로 나가는 것을 밀착해서 알아차리고 놓는 것을 분명하게 밀착해서 알아차려라.

* * *

주해_ 먼저 한 발에 마음을 기울여야 한다. 집중이 안 되는 것은 한순간의 한 동작부터 안 되기 때문이다. 열을 세기 위해서는 하나부터 세야 한다. 이처럼 집중이 안 될 때는 우선 한 발에만 마음을 기울여도 된다.

우선 단지 한 발만 집중해야 다음 발이 집중이 된다. 이런 방법은 실전에서 수행자 스스로 해보면 좋은 효과를 얻을 수 있을 것이다. 한 발, 한 발이 모여 열 발, 백 발이 된다. 그래서 경행 초기에는 알아차리기 쉬운 방법으로 오른발, 왼발의 발바닥이 바닥에 닿는 것만을 알아차리는 닿음 하나만 선택하여 알아차리면 효과가 있다.

이것은 호흡의 경우에도 적용된다. 먼저 한순간의 하나의 호흡에 정성을 들여서 집중한 뒤에 일어남, 꺼짐, 쉼 중에서 처음에는 '일어남' 하나만을 대상으로 하면 효과가 있다.

한 발은 현재이다. 언제나 현재를 알아차린다는 마음으로 한 발에 집중하면 정성이 생기고 마음을 대상에 온전하게 깃들일 수 있다. 그러면 같은 마음으로 다음 발로 가게 된다. 호흡도 현재이다. 단 하나의 호흡을 알아차린다는 마음으로 하면 마음도 편하고 의외로 집중이 잘될 수도 있다. 그래서 처음에 시작할 때가 문제다. 무엇이나 시작할 때 '지금 내가 무슨 마음으로 하는가'를 알아차리면 좋은 출발을 할 수 있다.

문_ 명상 중에 통증, 망상이 많이 일어납니다. 집중이 잘 안 되고 그래서 괴로움이 있습니다.

답_ 요기(수행자)의 사명은 무엇을 기대하지 말고 좋거나 싫거나 나타나는 것을 그대로 알아차리는 것이다. 좋은 것을 원하는 마음이 생기면 향상되지 못하고 밑으로 떨어진다. 밥상에서 밥을 먹을 때 있는 것을 먹고 없는 것은 찾지 마라. 수행자는 언제나 선택을 하지 마라. 기쁨, 슬픔, 고통, 행복, 좋음, 싫음, 아픔 등 모든 것을 나타나는 대로 알아차려라. 그리고 없어지기를 바라지 마라. 수행자는 알아차리는 것이 임무다. 명상 중에 나타나는 것이 있을 때는 언제나 그대로 알아차리고 그것이 너무 오래 계속되면 다시 일어남, 꺼짐으로 돌아가라.

한 시간이 잘되면 하루가 안 된다

문_ 앎을 알아차리는 도중에 몸에서 재채기를 할 때처럼 물결이 일어나서 밑에서부터 위쪽으로 올라와 그냥 사라지고 했습니다. 오늘 그런 현상이 다시 나타나더니 두 번이나 고개가 천천히 뒤로 넘어갔습니다.

답_ 고개의 움직임을 알아차려라. 모든 것을 나타나는 대로 알아차리는 것이 최선이다.

문_ 앎을 알아차리는 도중에 앎의 알아차림이 기분이 좋아서 알아차림의 중간에 그냥 멍청히 있는 경우가 가끔씩 생깁니다.

답_ 기분이 좋을 때는 기분이 좋은 것을 알아차려라.

186

문_ 매우 기분이 편안한 것과 앎을 알아차리는 마음이 함께 있을 때는 어떤 것을 알아차려야 할지 모르겠습니다.

답_ 편안함을 알아차리고 나서 나중에 앎을 알아차려라.

문_ 어젯밤 11시경 자기 전에 명상을 했는데, 요즈음 평상시에는 20분이 지나면 호흡이 사라졌는데도 50분이 되어도 사라지지 않았습니다. 그때 호흡이 사라지려는 현상과 그것을 막는 것과 같은 현상이 함께 나타나 몸이 몹시 괴로워서 부들부들 떨기까지 했습니다. 신음을 하다가 결국 호흡이 사라지지 않은 채로 명상을 끝냈습니다. 그런데 밤에 끙끙 앓으며 잠을 잤습니다. 어제 저녁에 녹차를 조금 많이 마신 것 때문일까요?

답_ 앓을 때는 앓는 것을 알아차려라. 아플 때는 아픔을 알아차리는 것밖에 없다. 이제부터 부처님께 앎이 사라지는 현상이 자주 나타나는 것에 대한 서원을 한 뒤에 좌선을 하고 좌선 중에 나타나는 현상을 보고하라.

* * *

주해_ 수행은 한번 잘되면 얼마간은 잘 안 되는 것이 보통이다. 그러다 조금 잘되면 또다시 잘 안 되는 과정을 겪는다. 그래서 1시간 잘되면 하루가 안 되고, 하루가 잘되면 며칠이 안 된다는 말이 있다. 여기에는 여러 가지 원인이 있지만 한번 잘되면 다음에도 잘되기를 바라는 마음이 있기 때문이다. 또한 수행이 잘된다는 것은 의식이 고양되었다는 것인데, 누구나 의식이 생각처럼 쑥쑥 고양되는 것은 아니다. 그래서 수행은 잘 안 되는 것이 보통이라고 알고 해야 한다.

수행을 하다 보면 지혜로써 원인이 알아질 때가 있다. 원인은 생각으로 알아서는 안 되고 수행을 통해 통찰될 때 알아야 한다. 모르는 것은 무지이고 아는 것이 지혜인데, 아는 지혜 중에서 원인을 아는 것이 진정한 지혜에 속한다. 생각으로 아는 것은 지적 사유에 속하는 철학적인 것이고 이렇게 알아서는 끊을 수가 없다. 그러나 수행의 지혜로 아는 것은 아는 순간에 끊어지는 특성이 있다. 그래서 원인은 수행을 통한 지혜로 알아야 한다.

의식에 관한 문제는 시간이 필요하고 조건이 성숙되어야 한다. 수행 중에 나타나는 장애는 다름 아닌 탐심 때문이기도 하다. 누구나 바라고만 살아와서 바라지 않는다는 것이 이해될 수도 없거니와 습관 때문에 바라지 않을 수가 없다. 바라는 것은 욕망인데 욕망은 필요한 만큼만 얻고 만족하지 못하는 특성이 있다. 그래서 항상 넘치기 때문에 교만해지고 마음이 긴장하므로 따라서 몸이 긴장하게 된다.

조금만 좋은 현상이 나타나도 천하를 얻은 것같이 기쁘고 다 완성된 것 같다. 그러면 그 순간 떨어져 버린다. 이런 시행착오를 거치며 차츰 수행이 무엇인지를 알고, 인생이 무엇인지를 알게 된다. 그래서 더 낮게 겸손한 마음을 갖는다. 그리고 삼법인의 지혜를 터득해 간다. 그러므로 장애가 스승인 것이다.

수행은 현악기의 줄에 비유된다. 몸과 마음이 항상 알맞은 상태로 있어야 되는데 바라는 것이 생기거나 미워하는 것이 생기면 정상적인 상태가 될 수 없어서 장애가 된다. 현악기의 줄이 너무 느슨해도 소리가 나지 않고, 너무 팽팽하면 줄이 끊어져 소리가 나지 않는다. 그러므로 이 줄을 잘 조절하기 위해서는 알아차림이 항상 균형을 잡아주어야 한다.

처음 수행하는 경우에는 삐띠 상태를 제대로 이해하지 못해 결정적이고 특별한 현상으로 알고 기대하게 된다. 그리고 그것 뒤에 결정적인 것이 나타나지 않을까 하는 기대를 하게 된다. 이처럼 강력한 전율 뒤에 무엇인가 오지 않겠는가 하는 기대 때문에 두통이나 상기나 장애가 생긴다. 그러나 수행자 본인은 이런 과정 때문에 장애가 생긴다는 것을 알기가 어렵다.

장애가 생길 때 이 사실을 사야도께 모두 보고하지 못하는 경우가 허다하다. 약간의 문제를 도우들과 상의할 수도 있지만 이것은 위험한 일이다. 대다수의 경우 잘못된 얘기를 듣기가 일쑤이다. 그래서 수행 중에는 주저하지 말고 무슨 현상이 나타나더라도 스승에게 보고해서 바른 길을 찾아야 한다. 수행에 관한 것은 무엇이라도 질문할 수 있다. 또한 수행 중에 일어난 아무것도 아닌 것같이 생각되는 것이 중요한 내용일 때가 많다.

처음에 수행의 어려움 중의 하나는 나타난 현상을 어떻게 요약해서 보고하는가 하는 문제이다. 그리고 스승이 한 말을 과연 얼마나 받아들여서 이해하고 실천에 옮기는가 하는 문제이다. 일반적으로 스승의 말을 이해하기가 어렵기도 하고 이해한다고 해도 생각으로 듣고 말뿐이지 그것을 실천에 옮기기는 어렵다. 그래서 이 문제를 어떻게 극복하는가 하는 것이 중요하다.

수행을 하면서 중요한 순간에는 사야도께서 서원을 세우게 한다. 수행에서 서원의 의미는 매우 크다. 보살이 부처가 되기를 서원을 세워서 부처가 되는 것처럼 수행에서 서원이 없으면 견디기가 어렵거나 마음의 집중이 잘 안 된다. 수행 중에 믿음을 가지고 바르게 서원을 세우면 그 서원이 이루어지는 것에 대하여 때로는 놀라기도 한다. 그래서 마음의 힘이 이토록 큰 것이구나 생각하게 되기도 한다.

서원은 자신의 마음이 자신에게 바르게 투사되어 나타나는 것이다. 그러나 수행 중에 자신의 힘이 약하기 때문에 부처님과의 서원을 세우게 한다. 그러나 결국 이것은 자신과의 서원인 것이다.

사야도께서는 부처님께 앎이 사라진 상태가 더 많이 나타나게 해달라고 서원을 세우고 수행을 하라고 하신다. 사실은 수행에서는 바라는 것 없이 해야 하는 것 아닌가 하는 의문을 갖게 될 것이다. 그러나 바라는 것 없이 하라는 말은 욕망을 말하는 것이고, 알아차리려는 노력, 선하게 살려고 하는 노력은 언제나 필요한 것이다.

수행을 할 때는 서원은 세우되 실수행에서는 서원을 세운 것을 잊어버리고 해야 한다. 서원은 하나의 이상이다. 그러나 서원은 세우되 바라는 것 없이 한다는 것이 수행이다. 서원은 세우되 바라지 말라는 말은 언뜻 이해가 안 되겠지만 필요한 노력은 해야 하고, 무엇이나 욕망으로 해서는 안 된다는 것을 말한다. 이상은 갖되 실전에서는 억지가 없이 자연스러운 조화를 이루어야 한다. 이것이 우리가 세상을 살면서 갖는 이중적 구조이다. 누구나 쉽게 이상과 욕망의 차이를 구별하기가 어렵기 때문이다.

이처럼 서원을 세우는 것은 믿음으로 우리의 의식을 고양시키게 하여 선한 결과를 얻게 하는 필요한 과정이기도 하다. 그래서 수행을 할 때 목표는 있되 수행에 들어가서는 목표를 잊어버리고 해야 한다.

어느 날 사야도께 이런 질문을 드린 적이 있다.

"계속 바라는 것 없이 수행을 하라고 들었는데, 서원을 세운다는 것이 부처님의 가르침에 맞지 않는 것 아닌지요?"

그러자 사야도께서는 이런 답변을 주셨다.

"서원을 세우는 것은 부처님께 하는 것이지만, 자기 자신과의 문제이므로 사실은 그런 형식을 빌리는 것일 뿐이다."

문_ 어제 명상 중에는 50분쯤 지나서 호흡이 사라졌으며, 그 뒤 명상에서는 계속해서 뒷골이 당겨 그냥 호흡만 알아차리는 명상을 했습니다. 오늘은 경행의 횟수를 늘리고 다시 시작하는 기분으로 매우 천천히 알아차림을 했더니 명상 상태가 다시 좋아졌습니다. 그래서 다시 호흡이 사라지고 집중이 매우 잘되었습니다. 그러나 명상 중에 뒷골이 당기는 현상이 자주 일어납니다. 경행이 부족하다 싶어서 아침 점심 저녁으로 무릎을 굽히는 운동을 하고 있습니다.

답_ 머리의 당겨짐이 있을 때는 당겨지는 것을 알아차려라. 머리의 당김 때문에 경행을 할 필요는 없다. 그 대신 이때는 명상을 많이 할 필요가 있다.

＊ ＊ ＊

주해_ 수행자는 머리가 당기는 현상 때문에 괴로움을 겪으며 두통을 호소하는데 사야도께서는 알아차리라고만 하신다. 좌선 중에 뒷골에 쭉쭉 뻗쳐오는 강력한 느낌 때문에 수행을 하기가 쉽지가 않다고 호소한다. 이런 현상은 처음에는 기쁨으로 인한 전율 현상이었는데, 이것이 일어났다가 사라지고 즐거운 느낌이 생겼다. 그러나 이 전율 현상이 무엇인가를 가져다주는 것인 줄 알고 바라는 마음이 생겨 오히려 습관적으로 전율의 현상을 더 불러들였다. 그 결과로 나중에는 상기라는 괴로운 느낌이 습관적으로 생긴 것이다. 이와 같이 바라는 마음이 수행을 할 수 없도록 상기로 발전한 것이다.

상기는 수행 중에 나타나는 기의 흐름이 과다하게 위로 치솟아 장애를 일으키므로 수행을 할 수 없게 만들기도 하는 고질적인 증상이다. 피가 거꾸로 솟는 것처럼 열기가 위로 강력하게 상승하는 것이지만 두려움 때문에 수행을 할 수 없게 만든다. 더구나 이런 증상이 한번 생기면 계속 같은 증상이 나타나므로 고통을 준다. 그래서 이런 상기 현상을 치유할 길이 없어 수행을 포기하게 되기도 한다. 상기의 원인은 보편적으로 과다한 집중으로 너무 힘을 썼거나 너무 강하게 밀어붙인 결과로 오기도 한다.

사야도께 상기 현상에 대한 질문을 계속해 봐도 알아차리라는 말 외에는 다른 처방을 내리지 않는다. 그래서 수행자는 통역에게 다음과 같은 질문을 했다.

"왜 이렇게 고통스러운 상기가 오는지 모르겠어요."

통역은 다음과 같이 대답했다.

"수행자가 잘하려고 용을 써서 그렇습니다."

"사야도께 상기를 말해도 특별한 처방이 없고 계속 알아차리라는 말씀뿐입니다."

"미얀마 사람들은 용을 쓰지 않아서 상기가 거의 없습니다."

문_ 좌선을 하면서 배의 호흡을 알아차릴 때 휴지부가 생겨서 일어남, 꺼짐, 앉음, 닿음을 합니다. 이때 오른편 닿음을 먼저 해야 합니까, 아니면 그냥 닿음을 하고 나서 오른편 닿음을 해야 합니까?

답_ 일어남, 꺼짐, 앉음, 닿음을 할 경우는 계속해서 같은 것을 반복할 때이다. 그러나 일어남, 꺼짐, 앉음, 오른편 닿음을 할 때는 다음에 왼편 닿음 그리고 오른손 닿음, 왼손 닿음 등으로 여러 곳을 알아차릴 때 하면 된다.

보/니/거/기/세/상/이/있/다
상기가 사라지다

문_ 상기 때문에 수행을 포기하려다가 죽어도 좋다는 각오로 알아차렸습니다. 상기가 머리 위로 뻗쳐올 때마다 머리가 터지지나 않을까 하는 두려움에 얼른 알아차림을 중단했습니다. 그때마다 혹시 머리가 돌지 않을까 하는 불안을 느꼈지만, 어차피 생긴 병이니 달리 길이 없어 단단히 각오를 하고 그냥 알아차렸습니다.

상기가 머리 위로 뻗쳐올 때 아무런 두려움 없이 그냥 가만히 그 현상을 지켜보았습니다. 그랬더니 그 현상도 얼마간 머리에 정지해 있었습니다. 마치 저도 지켜보고 그 현상도 그냥 멈추고 제 반응을 지켜보는 것 같았습니다. 이렇게 그냥 얼마간을 지켜보았더니 당김 현상이 오른쪽 머리 아래쪽으로 안개처럼 내려오면서 사라지기 시작했습니다. 그때 약간 차가운 느낌이 있었습니다.

그런 뒤 수행을 포기하게 할 뻔했던 상기가 돌이켜 생각해 보니 사야도의 말씀처럼 그냥 알아차리는 것이 정답이었습니다. 지금까지 상기를 치료하는 것에 대한 특별한 비법이 있는 줄 알았던 것이 잘못이었습니다. 또한 상기가 왔을 때 두려움에 알아차리는 것

194

을 포기한 것이 문제를 더 크게 했던 것 같습니다.

답_ 그런 현상이 나타나면 계속 그렇게 알아차려라.

* * *

주해_ 수행 중에 나타나는 상기는 과다하게 힘을 써서 생긴 현상이다. 흔히 생기는 치료방법이 없다고 알려져 있다. 그러나 상기가 왔을 때 두려움 때문에 알아차림을 포기해서 그런 증상이 사라지지 않는다. 상기를 단지 알아차릴 대상으로 있는 그대로 보면 그것도 하나의 생멸현상일 뿐이다. 한번 상기가 치유되었다 해서 완전히 소멸된 것은 아니다. 상기는 상기를 일으킬 만한 조건을 성숙시킨 것이 문제이다. 그래서 한번 상기를 경험한 수행자는 다시 상기를 겪을 수도 있다. 왜냐하면 어느 땐가 결정적인 순간이 되면 다시 강하게 밀어붙일 잠재적 성향을 가지고 있기 때문이다.

문_ 명상을 한 지 10분 만에 호흡이 사라졌습니다. 잠시 집중을 했었는데 짧은 순간에 기억이 없는 순간이 지나쳐 갔습니다. 그래서 앎이 없어진 것을 알고 다시 집중을 시작했는데, 다른 때와 달리 몸이 전혀 움직임이 없고 정신도 어떤 표적에 고정이 된 것처럼 움직이지 않았습니다. 몸에 힘이 모두 빠져 있었습니다. 조용히 앎을 알아차렸는데 그 뒤로는 잠깐 기억이 없는 순간이 또 있었습니다.

두 번째로 앎이 사라졌었는데 시계를 보니 5분 정도 그런 현상이 있었던 것 같았습니다. 그러나 처음에 있었던 앎의 사라짐 현상은 얼마나 되는지 정확히 시간을 모르겠습니다. 두 번째 있었던 것을 5분 정도라고 기억하는 것은 첫 번째 앎의 사라짐 현상이 있었기 때문에 각별하게 알아차려 보았기 때문입니다.

깨어났을 때 잠시 정신을 잃었구나 하는 생각 이외에 다른 생각은 전혀 없었습니다. 그래서 그냥 다시 명상을 시작했습니다. 오히려 생각을 잊어버리기 전의 상태가 더 선명하게 기억되었습니다. 그 외의 시간은 깊게 집중이 되는데 앎이 알아차려지다가 없다가를 계속했습니다. 분명히 잠을 자는 것은 아닌데 저의 생각으로는 집중이 너무 깊어서 헤어나지를 못하는 것이 아닐까 하는 의심이 들었습니다.

답_ 다음부터 명상을 시작하기 전에 "몸과 마음이 사라진 상태가 30분 이상 되기를 서원합니다" 하고 서원을 한 뒤에 명상을 하라. 그리고 서원을 했을 때 좌선 중에 나타나는 현상이 있으면 자세히 기록하여 보고하라. 그리고 다시 깨어났을 때 무엇부터 알아차렸는가?

문_ 알아차림이 사라졌구나 하는 것을 생각하고 다시 앎을 알아차리기 시작했습니다. 의식은 매우 맑고 안정되어 있었습니다.

답_ 계속 그렇게 알아차려라.

문_ 서원을 세우면 그렇게 되는지요?

답_ 그렇다. 서원을 세우면 그렇게 된다. 그렇게 된다는 믿음을 갖는 것이 중요하다.

* * *

주해_ 사야도께서 수행자가 다시 앎이 사라진 상태가 된 것으로 아시고 다음 단계의 주문을 한 것이다. 앎이 사라진 상태가 30분 이상 되도록 독려하는 말이다. 사야도께서는 수행자가 졸거나 알아차림을 놓치고도 앎이 사라졌다고 말하는 경우를 가려내기 위해 앎이 사라진 상태와 깨어나서 알아차린 상태를 질문한다. 일반적으로 수행 중에 이런 사례들이 있으므로 정확히 판단하기 위해 앎이 사라진 상태에 관해 자세한 답변을 요구한다.

이런 구체적인 요구는 대체로 앎이 사라질 때의 상황과 사라지고 나서 깨어난 뒤의 상황에 초점을 맞추고 있다. 앎이 사라질 때의 상황과 다시 깨어났을 때를 아는 것이 진실로 앎의 사라짐을 파악하는 데 좋은 기준으로 삼는다.

여기서 앎이 사라졌다는 것은 몸이 사라진 상태에서 아는 마음까지 사라진 것을 말한다. 수행이 시작되어 어느 단계에 가면 처음에는 호흡이 사라지고 더불어 몸이 사라지는 과정이 나타난다. 그런 뒤에 이제 알아차릴 대상이 마음뿐이므로 마음이 마음을 대상으로 알아차리는 것을 바로 앎이라고 한다. 그러나 앎마저도 사라진 상태는 수행자가 아무것도 의식할 수 없는 상황에 이른 것을 말한다.

통상적으로 사야도께서 다음 단계로 서원을 주문하는 것은 수행의 단계를 더 높이려는 지침이다. 또 다른 의미로 보면 이는 수행자의 현재의 상태를 인정하는 것을 의미한다. 현재 앎이 사라진 수행 상태를 인정한 결과로 다음 단계에 대한 주문을 하는 것이 일반적인 지도방침이다.

처음에 앎이 사라진 것이 짧게 나타난 뒤에 다음으로 10분, 그리고 30분, 다시 1시간 동안 앎이 사라지는 것이 계속되도록 단계적으로 서원을 세우게 한다. 그런 뒤에는 앎이 사라지는 현상이 자주 나타나도록 서원을 세우게 한다. 스승은 이러한 유도를 통하여 수행자가 더 높은 의식세계로 나아가게 한다. 수행을 시작하고 이런 경험을 처음 하는 수행자에게는 스승의 지도가 없으면 한 발도 더 나아갈 수 없다는 것이 이런 경우에 더 구체적으로 나타난다.

서원을 세우는 것은 무엇을 소망한다는 것인데, 이는 그것을 얻기 위해 정신적·육체적으로 노력한다는 말이다. 이런 노력의 결과로 결국은 그렇게 되도록 되어 있다. 좋은 것도 바라서 생기고, 좋지 않은 것도 바라서 생긴다. 누가 좋지 않은 것을 바라겠는가 싶겠지만 그렇지 않다. 우리는 의외로 부정적인 사고방식을 가진 사람은 계속 안 좋은 것을 자신에게 투사하며 산다. 자신을 학대하거나 미워하는 것은 자신에게 나쁜 것들을 투사해서 그렇게 되도록 만드는 것이다. 이런 경우는 좋지 않은 것을 바라는 것이 된다. 이것을 무지, 또는 어리석음이라고 말한다. 이는 지혜가 없기 때문이란 뜻이다.

내가 현재 좋은 마음을 먹으면 기다리고 있던 선업이 현재의 마음과 만나는 것을 조건이라고 한다. 한번 일어나서 생긴 선업과 악업은 축적되어서 과보로 대기하게 된다. 그래서 같은 성질의 조건이 맞는 마음이 일어날 때를 기다리고 있는 것이다. 이것이 업의 과보심이다. 여기에는 선업뿐만 아니라 악업도 기다리고 있다가 내가 현재 악업의 마음을 내면 기다리고 있던 악업의 과보와 만나 하나의 조건을 연출해 낸다. 이것이 불선업의 과보를 받는 것이다.

일례로 누구에게나 혹은 어린아이에게 계속 나쁜 녀석이라고 하면 귀에 못이 박히도록 들은 당사자는 나쁜 녀석이 되어야 한다는 것이 정신적으로 투사가 된다. 그래서 좀 심한 말로 나쁜 녀석이 되려고 노력하게 된다. 이는 나쁘다는 것이 고정관념으로 입력되어 있기 때문이다. 그래서 태어난 업의 과보에 현재의 마음이 함께 작용하므로 교육이 필요한 것이다. 교육은 현재의 순간에 좋은 마음을 내게 하기 위한 것이며 이것이 수행을 하는 것이라고 할 수 있다. 우리가 흔히 화를 내면서 야단을 치는 것을 교육이라고 생각하면 잘못된 것이다. 이때는 교육이 아니고 화를 보내는 일을 하는 것뿐이다.

이런 정신적인 측면으로 보면 사야도께서 몸과 마음이 사라진 상태가 30분이 되도록 서원을 세우게 한 것을 이해할 수 있을 것이다. 또한 사야도의 이 말은 서원을 세우면 그렇게 된다는 의미이기도 하다.

여기서 서원과 실재가 또 한번 맞부딪친다. 바라되 바라는 것 없이 하라는 말이다. 여기서 상충하는 것으로 부딪치면 안 되고 서원과 실재가 조화를 이루어야 된다. 우리는 부딪치는 것을 상충하는 개념으로만 알았지 모여서 조화를 이루는 화합으로는 생각하지 못할 수도 있다. 이것은 상생 개념이다. 무엇이나 이렇게만 한다면 이때의 좋은 만남은 상승효과를 가져와서 안 될 것이 없도록 만든다.

육근이 육경과 부딪칠 때 선한 마음이면 선업의 관용, 자애, 지혜가 일어난다. 반면에 불선심일 때는 불선업의 탐심, 성냄, 어리석음이 일어난다. 이처럼 모든 부딪침에는 선업과 불선업이 있다. 이 선업과 불선업의 선택은 현재 자신의 마음으로 스스로 하는 것이다.

문_ 명상 중에 몸이 자꾸 작아지는 것 같은 느낌이 생깁니다.

답_ 몸이 작아지는 것은 매우 좋은 현상이다.

* * *

주해_ 몸이 작아진다는 것은 소멸을 알아차리는 지혜가 성숙될 때 나타난다. 점점 몸이 작아지다가 사라지는 현상으로 나타날 때는 무상과 무아로 들어가는 단계를 맞이하는데 그때 나타나는 정신적인 현상인 것이다.

앎이 사라지기 전에는 반드시 삼법인의 지혜가 나는데 무상과 고와 무아를 알아 집착이 끊어진 정신적인 상태에서 앎이 사라진다. 아무 이유도 없이 어느 날 앎이 사라지는 것이 아니라 삼법인의 지혜가 충분히 성숙되어 그 순간 집착이 끊어진 상태에서 앎이 사라진다. 이때 삼법인의 세 가지, 또는 그 중에 한 가지의 지혜가 강력하게 일어나는 단계가 생긴다. 이런 원인의 결과로 앎이 사라지는 것이다.

이처럼 수행자는 자신도 모르는 사이에 지혜가 단계적으로 성숙되어 간다. 사야도께서는 수행자가 수행의 과정에서 깨달음의 요인인 칠각지의 과정을 하나하나 거쳐 가면서 발전되어 나가는 것을 지켜볼 수 있기 때문에 이에 따른 적절한 지도를 하게 되는 것이다.

앎이 사라지는 순간에 조금이라도 몸과 마음에 미련이 있으면 앎이 사라질 수가 없다. 몸 하나가 사라진 것도 이미 몸에 대한 집착이 소멸된 의식이 고양되어 있기 때문에 사라지는 것이지 몸에 대한 집착이 있으면 사라지지 않는다. 끔찍이 여기는 내 몸에 집착하는 마음이 있으면 몸이 사라져 주겠는가. 이 몸이 소중한 내 몸이라고 생각했다면 마음은 그 몸을 떠나보내지 않을 것이다. 물론 이 상태는 정신적으로 의식이 고양되어 관념이 사라지고 실재의 성품만 남아 있는 것을 말한다.

스승의 가르침을 따르고 있는가

문_ 명상 중에 한 차례씩 두 번이나 머리에 꽝하는 천둥 같은 것이 내려쳐 잠깐 끊기는 현상이 있었습니다. 두 번째로 꽝하고 천둥 같은 것이 내려친 뒤에는 갑자기 머리가 맑고 모든 것이 씻겨 내려간 것 같았습니다. 명상 중에 앎을 뚫어지게 겨냥하면 바로 뒷머리가 잡아당 겨지는 것 같아 약간 느슨하게 앎을 알아차립니다. 그런 중에 나중에는 앎이 몇 차례 사라졌었는데 뒤에 사라진 것은 몇십 분 되는 것 같았습니다.

그러나 몇 차례 있었던 앎의 사라짐과 다시 그것을 안 것이 확실하다는 스스로의 판단이 서지 않습니다. 명상 상태는 매우 깊었습니다. 앎이 사라졌다고 여겨지는 순간에 깨어나서 자꾸 시계를 보는 습관이 생겼습니다. 얼마 동안이나 사라졌는지 자세히 알려고 합니다. 이것이 방해가 되는 것 같습니다.

명상 중에 머리 쪽에서 당기는 현상이 대기하고 있는 것같이 느껴져 어떤 현상이 나타나면 무조건 아래쪽으로 끌고 내려갔습니다. 그리고 의식을 자꾸 아래쪽으로 내려서 집중하려고 노력합니다.

그러다가 아래쪽에 네모난 휴지통 같은 곳에 무엇이 나타나면 쑥쑥 집어넣어 버렸습니다. 매우 술술 잘 들어갔습니다. 그러고 나서 생각하니 이것은 잘못된 방법이 아닌가 하는 생각이 들었습니다.

뒷머리 당김 현상이 앎의 알아차림을 방해하려고 대기하고 있는 것 같아 다소 우회적으로 비껴서 명상을 합니다. 머리가 당겨 대상을 적극적으로 알아차리지 않습니다.

답_ 그것은 삐띠(pīti) 현상이다. 그런 현상이 있은 뒤에 평온한 현상이 오면 그것은 느낌이 아니고 삐띠이다. 앎이 사라졌다고 느끼고 다시 살아났을 때 무엇이 살아났는가? 앎이 정확히 사라지면 본인이 사라질 때와 깨어날 때를 분명히 안다.

깨어났을 때 자세가 바로 되어 있었는가? 무엇이 살아났었는가가 중요하다. 명상 중에 시간은 중요하지 않다. 시계를 자주 보지 마라. 30분 서원을 세우고 명상을 했을 때 앎이 정확히 사라졌다면 30분 만에 깨어난다.

머리에 관해서는 앉을 때마다 자세에 신경을 써라. 우선 허리의 바른 자세를 취하고, 그리고 고개를 숙이지 마라. 앉을 때마다 바른 자세와 머리를 똑바로 세운 상태로 수행하도록 서원을 세워라. 그리고 그런 현상이 생기면 알아차려라.

명상이 시작되고 나서 바로 호흡이 끊기는 경우도 있다. 무엇을 만들어서 없애려 하지 마라. 있는 현상을 그대로 알아차려라. 어떤 현상에 대해서 조사하지 마라. 집중력이 흐트러진다. 그냥 나타나는 대로 알아차려라.

주해_ 수행을 할 때 스승이 많은 가르침을 줘도 다 수용할 수가 없는 것이 현실이다. 그래도 자기 방식만을 고집하지 말고 반드시 스승의 가르침을 따르려는 의지를 내야 한다. 수행의 성패는 자기 생각을 버리고 스승의 가르침을 얼마나 잘 받아들여서 실천하느냐로 결정된다. 무슨 가르침이건 받아들이지 않으면 결국은 자기 손해일 뿐이다.

몰라서 못하는 것이야 어쩔 수 없지만 스승의 지도가 있는데도 잘 따르지 않는 것이 문제이다. 그래서 스승에 대한 믿음과 신뢰가 수행을 결정하는 요소가 된다. 바로 이런 경우가 수행자의 상이 얼마나 강한가 하는 문제로 귀결된다. 이상이 강한 사람은 남이 좋은 애기를 해도 잘 받아들이려 하지 않는 경향이 있다. 이것이 수행을 할 때 가장 잘 나타난다. 또한 이상이 강한 사람은 옳은 것도 배척하게 되어 스스로 장애를 만들게 된다.

이런 사실은 모든 수행자에게 다 해당되는 얘기이다. 수행자 열이면 열이 다 그렇다. 그러므로 과연 얼마나 스승의 말을 적게 배척하느냐 하는 것이 수행의 변수로 작용한다고 보아도 무방할 것이다. 특별한 경우에 스승의 말을 그대로 받아들이는 수행자가 있기도 한데 이런 수행자는 빠르게 발전하는 것이 눈에 보인다.

이런 결론은 수행을 하면서 많은 수행자들의 면담을 지켜본 결과이다. 그간에 여러 수행자들을 지켜보다 보니 의외로 스승의 가르침을 잘 받아들이지 않는 현실을 알고 놀라기도 했다. 우선 나 자신도 스승의 말을 평가 분석하고 극히 일부만 수용하고 있다는 사실을 발견했다. 이것도 마음을 알아차리는 수행을 하면서 비로소 그렇다는 사실을 알게 되었다. 스승이 조금만 언짢은 말을 해도 거부하는 모습을 보면서 우리의 아상이 얼마나 강한지 알 수 있었으며, 더 중요한 것은 자신이 그런 줄을 모르고 있다는 것이다. 부처님의 경전에 어떻게 수행을 하라는 것이 상세하게 기록되어 있지만, 우리가 관념적으로 받아들이기 때문에 진리를 손에 쥐고도 알 수가 없다는 것이 이를 반증해 준다. 결국 이 말은 모든 수행자가 자기 방식으로 생각하고 그 방식을 고집하지 스승의 가르침대로 따르지 않는다는 것이다.

수행자가 스승의 말이나 또는 주위의 중요한 말을 받아들이고 안 받아들이고 하는 문제는 고집에 속하는 것이겠지만, 이 고집은 성격이고, 타고난 업이며, 타고난 지혜의 문제가 아닐 수 없다. 귀가 열린 자가 지혜가 있는 자고 좋은 말을 받아들이는 자다. 물론 귀가 엷어도 문제인데 그것은 결국 지혜가 없어서이기 때문이다. 그래서 없는 지혜를 얻기 위해서는 좋은 스승이 필요한데, 좋은 스승을 만나고 서도 고집을 피울 때는 지혜는 타고나는 것이라고 생각되기도 한다.

결국 수행이 잘된다는 사실은 평소의 고정관념을 바꾸었다는 말이다. 가르침을 거부하지 않고 온전하게 따랐으며 그것을 위해 헌신적인 노력을 했다는 것이다. 그래서 수행과 인간의 삶이 다른 것이 아니다. 수행이 완성되어 가는 과정은 인생이 무엇인지를 알아 인간이 성숙되어 가는 것이라는 의미가 여기에 있다.

『논장(論藏)』에서는 인간이 태어나는 출생의 조건이 형성될 때 최초의 마음인 재생연결식(再生連結識)에서 일생의 지혜가 결정된다고 한다. 지금 하는 수행은 현재의 지혜를 만들게 되며 다음 생의 지혜를 결정한다. 그러니 지혜가 없다고 여기서 포기해서도 안 된다. 지금 노력해서 지혜를 만들어야 이후에라도 지혜를 얻을 수 있고, 다음 생에서라도 좋은 지혜를 가지고 태어날 수 있다. 그러므로 타고

난 지혜가 있는가, 없는가에 상관없이 계속 노력하는 길밖에 없다.

문_ 좌선 중에 시계를 앞에 놓고 자꾸 쳐다보게 됩니다. 시계를 보면서도 이것이 부자연스럽게 느껴지고 문제가 있다고 생각되었지만, 시간을 알기 위해서 불가피하게 행하고 있습니다.

답_ 시계를 쳐다보지 마라. 30분간 앎이 사라지기를 서원을 세우고 난 뒤 30분이 되고 안 되는 것에 신경을 쓰지 마라. 서원을 세우면 그렇게 된다. 그러나 결과를 기대하지 말고 그냥 수행을 하도록 해라.

* * *

주해_ 좌선 중에 앎이 사라진 시간을 알아보기 위해 자꾸 시간을 보는 것은 집중력을 깨뜨리고 무엇인가를 바라는 탐심에 속한다. 사야도께서는 자세히 알아차리라고 하면서 앎이 몇 분 동안 사라졌는가를 묻지만 이것은 슬기롭게 대처하기가 쉽지 않다. 이런 시간은 오래 수행을 하다 보면 어림짐작으로도 알 수 있다.

그러나 정확히 30분이 사라지기를 서원을 세워서 30분이라는 관념의 지배를 받지 않을 수 없다. 스승의 가르침을 따라 그대로 행하려 할 때도 문제가 없는 것은 아니다. 이런 지시도 수행의 흐름이 단절되지 않게 자연스럽게 받아들여야 하지만 실수행에서는 그렇게 자연스러울 수가 없다. 그래서 목표는 있으되 실행함에 있어서는 바라는 것이 없어야 한다는 말이 여기에 적용된다. 몇 분간 앎이 사라졌는지를 알기 위해 자꾸 시계를 의식하지 않을 수 없고, 그러면 집중이 되지 않기 때문에 지시도 알맞게 수용해야 한다.

　　그러나 사야도의 말씀이 이의 해결방법이다. 사야도께서는 30분 서원을 세우고 앎이 제대로만 사라진다면 30분간 사라진다고 말씀하신다. 그러므로 정확한 시간을 따지기 위해 자꾸 시계를 보는 것은 다시 관념을 끌어들이는 결과가 된다. 그래서 이런 경우에도 스승의 가르침을 믿고 그냥 해나갈 뿐이지 시계를 자꾸 보는 일이 없어야 한다. 앎이 사라지는 시간이 꼭 30분이 아니면 어쩌겠는가?

문_ 호흡을 알아차릴 때 명상이 너무 깊게 되어서 알아차림을 놓칠 때가 있습니다. 그래서 오늘부터 알아차림을 놓치지 않도록 서원을 추가했습니다. 다른 시간에 명상을 할 때는 앎을 알아차리는 중에 앎이 자주 사라집니다. 그러나 깨어날 때가 모두 다릅니다. 어떤 때는 삐띠 때문에 깨어나기도 합니다. 이것은 깨어나고 보면 삐띠가 있는 것이 아니고 앎이 사라진 상태에서 삐띠가 나타나 깨어나는 것 같습니다. 또 어떤 때는 깨어나서 매우 기쁘고 즐거운 희열을 느끼기도 합니다.

　　그간 계속되던 상기 현상은 목을 똑바로 하고 허리를 바로 폈더니 매우 좋아졌습니다.

답_ 수행의 과정 중에 일곱 가지 깨달음의 요인이 있다. 이것을 칠각지라고 한다. 깨달음의 요인에는 즐거움 뒤에 고요함이 오는 때가 있다. 이때라도 알아차림을 놓쳐서는 안 된다. 앎이 사라졌다가 깨어났을 때 즐거움이 오면 즐거움을 알아차리고, 호흡이 일어나면 호흡을 알아차리고, 깨어났을 때 느낀 부분을 알아차리고, 그것을 대상으로 다시 시작하라.

깨어나서 그냥 멍청히 있지 마라. 명상 시작 전에 서원을 하고, 앉아 있는 자세를 하나하나 점검한 뒤에 명상을 시작하라. 고개를 오래 숙이고 있으면 뒷골이 당기는 현상이 생길 수 있다. 상기 현상은 그 현상의 모양이 바뀌는 것을 끝까지 알아차려라. 아프다면 어디가 어떻게 아프고 변해 갈 때 어떻게 변해 가는가? 뜨거워진다든가, 어디로 옮겨 가는가, 어떻게 움직여 가는가를 알아차려라. 상기 현상은 알아차릴 대상 거리가 생겼다고 알고 알아차려라.

없어지기를 바라고 알아차림을 하면 위빠사나의 삼법인에 의한 진리를 바로 보지 못하는 것이다. 이러한 과정을 통하여 무상을 느끼게 되는 진리에 접근할 수 있다. 몸이 있는 한 언제나 괴로움은 있다. 좋거나 나쁘거나 다 알아차려라. 변화를 알아차리면 그것이 무상이다. 그리고 나면 무아를 안다.

상기 현상이 너무 오래 고통스럽게 느껴지면 알아차림을 다른 곳으로 바꾸어서 알아차리다가 그래도 계속 아프면 다시 그 현상을 알아차려라. 그리고 좌선 중에 본인의 자세도 살펴보아라.

* * *

주해_ 수행은 전체적인 흐름이 있지만 어떤 때는 시간대별로 달라지는 수가 있다. 하루를 아침, 오전, 오후, 저녁으로 나누어서 수행을 할 때 잘되는 시간이 있고 여전히 잘 안 되는 시간이 있다. 그러나 어떤 때는 시간에 상관없이 전반적으로 침체에 빠지는 수도 허다하다.

삐띠는 수행 중에 나타나는 현상이다. 그래서 호흡이 사라지기 이전의 보통의 경우는 삐띠가 일어날 때 알아차리면 삐띠가 계속되지 않는다. 그러나 이런 과정을 건너서 앎이 사라진 단계에서도 다시 삐띠가 계속되고 있는 것이 특성이다. 삐띠가 생기는 현상은 깨달음의 요소 중에 4번째에 해당하는 기쁨의 요소이다.

이와 같은 기쁨의 현상을 알아차렸을 때 다음 단계로 편안함이 온다. 다시 편안함을 알아차린 결과로 집중의 단계가 온다. 그리고 고요한 집중의 상태를 벗어나서 평등심의 단계가 오게 된다. 앎이 사라지는 단계는 이 평등심을 알아차렸을 때 나타나는 단계이다.

그럼에도 불구하고 앎이 사라진 뒤에 다시 삐띠가 나타나는 것은 특별한 이유가 있다. 앎이 사라지는 단계가 있으면 이것은 하나의 작은 완성에 속한다. 하나의 단계가 완성되면 다음에 앎이 사라지는 단계까지 가기 위해서는 새로 똑같은 과정의 단계를 거쳐 이르게 된다. 이는 똑같은 장애를 계속 경험한다는 말이다. 다시 말해 처음부터 새로 출발을 한다는 말이다. 물론 전보다 시간이 단축되지만 불가피 거쳐야 하는 과정이다. 그러므로 앎의 사라짐은 하나의 작은 완성이다. 그러나 이 완성이 계속 지속되는 것이 아니고 다음 앎의 사라짐이 생기기까지는 전과 똑같이 새로 시작하는 깨달음의 과정을 거쳐야 이르게 된다.

깨달음의 요소를 보장가(bojjhanga)라고 한다. 우리말로는 각지(覺支)라고 하며, 일곱 가지의 깨달음의 요소가 있어서 칠각지(七覺支)라고 한다. 깨닫기 위해서는 거쳐야 하는 일정한 과정이 있다. 깨닫는다는 것이 어느 날 그냥 홀연히 나타나는 것이 아니다. 만약 홀연히 나타나는 것이 있다면 그것은 그 단계에서의 지혜이다. 완성된 지혜는 일정한 과정을 거쳐서 단계적으로 발전하여 최고의 지혜에 이르게 된다. 이 과정이 일곱 가지 요소이다. 깨달음이란 위빠사나를 통하여 4성제를 깨닫는 것인데, 칠각지는 깨달음으로 가는 과정에서 나타나는 정신적 현상을 말한다. 일곱 가지 깨달음의 요소는 다음과 같다.

1. 알아차림(대상을 잊지 않고 알아차리는 것)
2. 대상에 대한 탐구(물질과 마음의 진실한 대상을 선택하는 것)
3. 노력(잊지 않고 열심히 정진하는 것)
4. 기쁨(좋아하고 만족함으로써 기쁨의 현상이 일어나는 것)
5. 편안함(기쁨이 생긴 수행자가 몸과 마음이 평온하고 경쾌한 것)
6. 집중(고요한 마음이 집중되는 것)
7. 평등(통일된 마음이 평등하게 잘 알아차리는 것)

깨달음의 요소에서 알아차림, 대상에 대한 탐구, 노력은 수행을 하면서 기본적으로 필요한 충분조건에 해당된다. 먼저 알아차림의 요소가 완전해져야 하며, 몸과 마음이란 대상에 대한 탐구가 선행되어야 하고, 이것을 위해 끊임없는 정진을 해야 하는 것을 말한다.

이 세 가지의 기본적인 조건이 충분해지면 다음 단계로 기쁨의 요소가 나타난다. 이때 기쁨의 요소를 알아차리게 되면 다음 단계인 편안함의 요소에 이르게 된다. 다시 이 단계를 알아차리게 되면 다음 단계인 집중의 요소에 이르게 된다. 집중의 요소에 빠지지 않고 지속적으로 알아차림을 강화하면 마지막인 평등한 요소에 이르게 된다.

깨달음의 과정에서는 알아차릴 대상이 아닌 것이 없다. 마지막 평등한 요소조차도 알아차릴 대상이다. 평등의 요소에서 알아차림을 계속해야만 다음 단계인 열반의 단계에 이르게 된다. 수행은 어느 단계에 이르러서도 지속적으로 알아차림을 해야 한다. 어떤 대상이든지 열반을 제외하고는 알아차림을 멈추어서는 안 된다.

　　　깨달음의 과정을 단계적인 지혜로 나눌 때는 16단계의 지혜로 나누지만, 깨달음의 요소로 나눌 때는 일곱 가지의 요소로 분류한다. 어느 것이 되었건 지혜가 완전해지기까지는 계속해서 성숙되는 과정이 있다. 여기서 가장 중요한 것은 한 단계의 지혜가 성숙되면 거기서 만족하지 말고 알아차림을 통해 그 단계를 극복해야 한다는 것이다.

문_ 좌선 중에 자세의 중요성을 절감하고 있습니다. 그래서 좌선을 시작할 때 몸의 자세를 최대한 편안하게 하고, 좌선 중에도 자세가 기울었는지 살피고 있습니다. 또한 몸에 힘이 들어가 있지나 않은지 살펴보기도 합니다.

답_ 좌선을 시작할 때나 좌선 중에나 좌선이 끝나고 나서도 항상 자세가 바른가를 알아차려라.

* * *

주해_ 좌선 수행을 할 때의 자세는 매우 중요하다. 자세가 나쁘면 집중이 안 되고 통증이 생겨서 수행을 하기가 여간 어렵지 않다. 그러므로 좌선을 시작할 때와 좌선을 하는 중에도 꼭 한두 번씩은 자세를 살펴야 한다. 그리고 끝난 뒤에도 자세를 살피는 것이 중요하다. 평상시 어떤 자세로 수행을 하고 있는지 끝나고 나서 알아차리는 것도 도움이 된다. 자세가 나쁘면 집중이 될 수가 없다.

수행 중에 항상 자세를 살피는 것도 노력의 하나이다. 또한 어느 때고 자세를 간과해서는 안 된다. 좌선을 시작하면 제일 먼저 통증과 망상과 졸음 등과 마주해야 한다. 이때 통증과 망상과 싸우느라 몸에 힘이 들어가서 두 주먹을 불끈 쥐고 하거나 얼굴을 심하게 찌푸리고 하거나 자세가 기울어져 있는 경우가 많다. 그래서 몸에 긴장이 지속되고 이 상태가 몸에 무리를 주어 고통을 일으키게 한다. 고개를 오랫동안 숙이고 있으면 무거운 머리의 무게가 어깨에 실려 어깨가 몹시 아프고 두통의 우려가 있다. 어깨 근육이 뭉치면 뇌로 피가 잘 공급되지 않는다.

머리는 바로 세우고 턱은 당겨야 한다. 턱을 들면 목과 어깨가 아프다. 망상에 빠져서 즐기고 있을 때 턱을 앞으로 내밀고 즐기는 경우가 많다. 눈은 지그시 감는다. 졸릴 때를 제외하고는 눈을 뜨지 말아야 한다. 눈을 뜨면 밖에 있는 정보가 유입되어 집중에 방해를 받는다.

허리는 똑바로 하되 너무 곧게 세우면 안 된다. 자연스럽게 펴야지 지나치면 힘이 들어가서 집중이 잘되지 않는다. 그렇다고 허리를 굽혀서도 안 된다. 다만 허리를 바르게 하되 지나치게 펴지만 않으면 된다. 수행을 하면서 집중이 되면 몸이 가벼워지고 굽었던 허리가 자연스럽게 펴지기도 한다.

혀는 입천장에 말아서 붙이지 말고 그냥 자연스럽게 둔다. 위빠사나 수행이 아니고 사마타 수행을 할 경우에 혀를 입천장에 붙이거나 손을 포개고 엄지손가락을 맞대는 경우가 있기도 한데 이것은 부자연스럽다. 손은 최대한 자연스럽게 무릎 위에 올려놓는다. 손을 너무 무릎 끝에 두면 좌선 중에 아래로 떨어질 수가 있으므로 약간 안쪽에 둔다. 두 손을 양쪽 무릎 위에 놓거나 두 손을 포개거나 각자 편안한 자세로 해도 상관없다. 또한 손바닥을 무릎 쪽으로 향하게 하거나 손등을 무릎에 대도 좋다.

발은 반가부좌를 하거나 결가부좌를 해도 된다. 가부좌가 안 되면 두 다리를 가지런히 평행으로 놓는다. 그리고 한쪽 발목의 뒤꿈치를 안쪽으로 바짝 당기고 앉는다. 다른 한쪽의 발뒤꿈치도 중앙에 밀착시킨다. 이때 안쪽의 발의 엄지발가락을 바깥쪽의 종아리 중앙에 밀착시키면 효과가 있다. 이렇게 앉으면 엉덩이와 다리가 튼튼한 삼각대의 받침이 되어 앉는 자세가 고정된다. 그런 뒤에 전신의 힘을 최대한 빼고 편안한 상태로 앉는다.

좌선 중에라도 자세가 나빠지면 그때마다 알아차리면서 바르게 편다. 처음에는 알아차리지 못하고 무조건 자세를 바꾸게 되는데 자세를 바꾸는 것 하나에 탐욕과 성냄이 모두 작용한다는 것을 알아야 한다. 수행을 하다 보면 차츰 여유를 가지고 천천히 알아차리면서 바꾸게 된다. 그러나 좌선 중에는 가능한 한 몸의 자세를 바꾸거나 움직이지 않는 것이 좋다.

몸이 아플 때 아픈 것 때문에 화를 내는 마음을 알아야 한다. 몸을 자주 움직이는 것은 인내심이 부족한 것이고 화를 내고 있는 것이고 탐심을 내는 것이다. 이때의 마음을 알아차릴 수 있으면 오히려 수행이 발전된다.

자세를 자꾸 바꾸면 통증의 성품이 무엇인지를 알 수 있는 기회를 놓치는 셈이다. 그리고 집중력이 생기지 않는다. 자세를 한번 바꾸다 보면 자꾸 바꾸게 되어 마음이 산란해지고 안정을 얻지 못한다. 이때 필요한 것이 인내다. 통증은 사라지기 전에 가장 많이 아프다는 것을 인식해야 한다. 그래서 많이 아플 때는 통증이 사라지려고 아프구나 하고 생각해야 한다.

몸이 지나치게 아플 때는 몸 때문에 싫어하는 마음을 먼저 알아차리는 것이 중요하다. 그러고도 견딜 수 없을 때는 알아차리면서 천천히 자세를 바꾼다. 가려워서 긁을 때도 알아차리면서 긁는다. 이렇게 긁으면 상처가 나지 않고 알맞게 조금만 긁게 되며 매우 시원한 것을 느낄 수 있다. 그렇지 않고 긁으면 싫어하는 마음으로 화를 내고 긁어서 무리하게 긁어 상처를 내거나 통증만 늘어난다.

평안함

문_ 앎을 알아차리는 중에 매우 평안함이 올 때는 평안함을 알아차
려야 하는지요? 둘 중에 어떤 것을 선택해야 할지 망설여질 때가
있습니다.

답_ 앎을 알아차릴 때는 앎의 알아차림이 우선이지만 평안함이 강
하면 평안함을 알아차려라.

* * *

주해_ 평안함을 빨리어로 빠삿디(passaddhi)라고 한다. 빠삿디는 일곱
가지 깨달음의 요소 중에서 다섯 번째에 해당되는 과정이다. 빠삿디
는 평온, 편안함, 가벼움, 휴식, 안정의 뜻을 가지고 있다. 이것은 수
행을 하면서 의식이 고양되어 가는 과정에서 나타나는 하나의 현상
이다.

　한 단계의 지혜가 성숙되고 다음 단계의 지혜가 성숙되기 위
해서는 언제나 현재의 성숙된 지혜를 뛰어넘어야 한다. 수행의 결실

은 이런 끊임없는 과정에 의해 이루어진다. 뛰어넘는 구체적인 방법이 바로 지속적인 알아차림이다.

평안함은 기쁨을 알아차려서 극복이 되었을 때 나타나는 다음 단계의 현상이다. 기쁨이 생긴 수행자는 다음으로 몸과 마음이 평온하고 경쾌해진다. 그래서 평안함을 경안각지(輕安覺支)라고도 한다. 행주좌와에서 수행의 균형이 생기면 기쁨이 넘치고 다음으로 몸과 마음이 가볍고 편안해진다. 이때 자신이나 다른 사람이나 모두 각자의 일이 업에 의해 일어나고 사라짐을 알게 되며 평안함의 깨달음의 상태에 이른다. 그러나 이것도 알아차려야 할 대상이다. 평안함에 머물면 다음 단계인 집중의 상태로 나가지 못한다. 집중은 마음이 청정해졌을 때 생긴다. 몸과 마음이 경쾌한 상태에서 충분히 알아차렸을 때 다음으로 집중의 상태에 이르게 되는 것이다.

그러나 수행 초심자는 평안함에서 벗어나야 한다는 것을 알 수가 없다. 평안함에 이르면 이것이 수행의 완성인 것으로 착각하기도 한다. 평안함도 하나의 과정에 불과하다. 그러나 실제로 평안함이 수행의 과정이라는 것을 알았다 해도 거기에서 벗어나기가 쉬운 일이 아니다. 그래서 이때 필요한 것이 스승이다. 수행자 스스로는 자신을 통제할 힘이 그렇게 많지 않다. 알아차림은 언제나 누구에게나 부족하기 마련이다. 스승은 수행자가 여기서 벗어나도록 가르침을 준다.

수행자가 지금까지 수행을 시작한 이래 하루도 편안할 날이 없었고 여러 가지 힘든 우여곡절 끝에 참으로 오래간만에 편안한 휴식을 취하려고 하는데 누가 거기에서 나오려고 하겠는가? 그래서 평안함에 머무는 것이 옳지 않다고 해도 이것을 버리고 싶지는 않은 것이 그 순간의 정서일 수도 있다. 이런 이유 때문에 스승이 평안함을 알아차리라고 할 때 알았다고 하고는 그냥 계속 평안함을 즐기게 되기도 한다. 좀 심한 경우는 스승께서 너무한다는 원망을 하기도 한다. 모처럼 만에 좀 편안하려고 하는데 바로 나오라는 것으로 생각하기 쉽다. 그러나 거기에서 벗어나야 한다. 벗어나는 방법 역시 그것을 없애려 하지 말고 알아차림을 통해서 자연스럽게 해야 한다.

평안함을 알아차리고 나서 나타나는 집중이 꼭 편안함 뒤에 오는 것만은 아니다. 평안함 뒤에 나타나는 집중은 지혜를 수반한 집중을 말한다. 그러므로 일반적으로 말하는 집중이 아니다. 이 상태의 집중은 열반의 조건을 성숙시키는 더 깊고 분명한 지혜가 나는 단계이다. 알아차림과 노력과 집중은 수행을 시작하는 처음부터 필요한 것이고, 이 단계에서의 집중은 지혜의 요소로써의 집중을 말한다. 그래서 오직 대상과 아는 마음만 있는 집중의 상태를 의미한다.

알아차릴 대상이 앎과 편안함 두 가지가 있을 때 어떤 것을 알아차려야 하는가에 대한 질문은 미세한 정신적인 영역이다. 이 상태에서 앎을 대상으로 하는 것도 놓칠 수 없는 중요한 대상이지만 평안함도 알아차려 할 대상이다. 그러나 무엇이 더 중요한가? 이 두 가지 모두 적절하게 알아차릴 대상으로 삼아야 한다.

첫째는 평안함이 있어도 계속해서 앎을 알아차리는 경우이다. 앎을 알아차리는 상태는 앎이 사라지기 전의 과정이다. 앎이란 몸이 사라지고 마음을 대상으로 알아차리는 단계인데, 이런 앎의 단계까지 가기가 결코 쉽지 않다. 그러므로 매우 의식이 고양된 상태임을 알 수 있다. 그래서 가볍게 나타나는 평안함이 있어도 계속해서 앎을 알아차릴 필요가 있다. 결국 모든 수행자의 최종목표는 앎이 사라지는 것이기 때문이다.

둘째는 수행자가 앎을 알아차리다가 평안함이 강하게 느껴졌을 때는 평안함을 알아차려야 한다. 평안함은 앎의 전 단계에서 나타나는 현상이므로 당연히 평안함이 알아차릴 대상이 되어야 한다. 앎을 알아차리다가도 의식이 항상 일정한 상태에 머물러 있기가 어렵다. 그래서 알아차림과 노력과 집중의 차이에 따라 의식이 떨어질 수 있다. 만약 의식이 떨어졌으면 떨어진 상태에서 나타난 현상을 알아차릴 필요가 있다. 마음이 이미 평안함이 있다는 것을 감지했다면 평안함을 알아차리는 것도 무방하다. 다만 평안함을 알아차리는 시간이 그렇게 길지는 않을 것이다. 평안하다는 것은 정신적 요소이므로 알아차리면 이내 다음 단계로 이어진다. 수행을 하면서 평안함이 있을 때 이를 알아차리지 못하면 평안함을 즐기게 되어 나태해진다.

문_ 평안함을 알아차려도 기쁨이나 빛처럼 잘 사라지지 않고 평안함이 계속 남아 있습니다.

답_ 평안함을 정확히 알아차리지 않았기 때문에 사라지지 않는 것이다. 알아차림을 정확히 해라. 그러나 평안함을 알아차리는 것은 좋은 목적을 가지고 좋은 곳으로 한눈을 파는 것과 같다. 그래서 평안함을 너무 오래 알아차리지 말고 다시 앎으로 돌아가라. 오래 하게 되면 앎의 알아차림을 잊어버린다. 중요한 것은 앎의 알아차림이다. 앎을 알아차리는 것에 더 중점을 두어라.

＊ ＊ ＊

주해_ 평안함을 알아차려도 기쁨이나 빛처럼 사라지지 않는다는 호소는 사실 정확한 표현이 아니다. 알아차리기는 했는데 약간 느슨하게 알아차렸기 때문이다. 평안함을 알아차리기는 하지만 좋아하기 때문에 미련을 가지고 있기 때문에 그렇다. 이때 평안함을 좋아하는 마음을 알아야 한다. 가장 결정적일 때 그 마음을 알아차리지 못하면 쉽게 사라지지 않는다. 마음은 마음을 속인다. 알아차리는 마음이 있고, 또 하나의 마음은 좋아하는 것을 버리지 못하게 붙들고 있다.

그래서 가장 확실한 방법은 좋아하는 그 마음을 알아차려야 하는 것이다. 새로 일어난 마음이 현재 있는 좋아하고 있는 마음을 알아차려서 그 결과로 사라지는 것이 가장 완전한 방법이다. 마음은 한순간에 하나밖에 일어나지 않지만 이런 경우에는 알아차리는 마음과 집착하는 마음이 교차하면서 일어나게 된다.

사야도의 가르침은 평안함과 앎을 알아차리는 것 중에서 우선하는 대상은 앎이라는 것이다. 그리고 평안함은 있어서 알아차리는 것으로 잠시 선한 목적으로 한눈을 파는 것으로 비유하였다. 이는 앎을 알아차리는 문제의 중요성을 새삼 강조한 것이다.

문_ 앎을 알아차릴 때 알아차림을 뚜렷하게 하고 있으면 앎의 사라짐이 잘 나타나지 않는 것 같습니다. 그래서 알아차림을 조금 늦추면 너무 깊게 들어가곤 합니다. 이것의 조화를 어떻게 하면 좋을는지요?

답_ 앎이 사라지기를 바라지 마라. 집중된 상태에서 노력이 부족하면 잠을 잔 것과 같은 상태가 온다. 그러나 알아차리려는 노력을 하지 않으면 안 된다. 중요한 것은 알아차리는 것이다. 알아차림을 느슨하게 하지 마라.

* * *

주해_ 호흡과 몸이 사라지고 앎을 알아차릴 때 뚜렷하게 알아차리면 앎이 사라지지 않는다는 말이다. 이는 앎을 알아차리는 자세가 경직된 상태로 힘이 들어간 것을 말한다. 앎을 알아차리는 단계의 중요성을 의식하게 되면 소멸을 시켜야 한다는 강박관념이 일어날 수 있다. 그래서 앎을 알아차리는 것도 균형이 필요하다. 앎은 최선의 조건이 아니면 사라질 수 없다는 것을 이해해야 한다.

알아차림은 언제나 부족한 것이라서 더 필요한 것이지만 정확하고 분명한 알아차림에 부드러움도 함께 가지고 있어야 한다. 너무 골몰하게 대상에 집중하게 되면 긴장감이 팽배하게 된다. 이때는 현의 줄을 알맞게 조이듯이 알아차림도 적절하게 유지할 필요가 있다. 너무 집중하려고 하다 보면 항상 상기의 위험이 있다.

또한 조금만 더 자세히 보려고 하면 바로 눈으로 보려고 하기 때문에 여기서는 본다고 말하기보다 알아차려야 한다는 표현을 사용하는 것이 이롭다. 그래서 알아차림을 늦추지 아니하되 너무 팽팽하게 당기지 말고 알맞게 하면서 분명하게 깨어 있는 상태를 지속해야 한다.

이렇게 의욕이 앞서거나 긴장된다고 느껴질 때는 '의욕이 앞선 마음', '긴장하는 마음'이 알아차릴 대상이 되어야 한다. '지금 내마음이 앓이 사라지기를 바라며 긴장하면서 알아차리고 있지 않은가'를 다시 알아차려야 한다. 이어서 계속되는 질문에 알아차림을 조금 늦추면 너무 깊게 들어간다는 표현이 있다. 이처럼 깊게 들어간다는 말은 알아차림이 약간만 느슨해도 깊은 집중에 빠져 혼침에 빠지려 한다는 것을 말한다. 알아차림이 느슨해지고 집중이 강해지면 바로 졸아버리게 된다. 그래서 알아차림과 집중을 중간에서 알맞게 조율하는 것이 바로 노력이다.

　　노력은 알아차림이 부족하고 집중이 강해져서 균형이 무너지는 것을 잡아주려는 의지가 노력을 한다는 것이다. 알아차림을 지속시켜서 집중력을 갖게 하는 것도 노력이고, 알아차림이 느슨해지고 집중력이 강해졌을 때 졸음에 빠지지 않도록 하는 것도 노력이다.

　　이 질문에서 알아차림과 집중과 노력이라는 세 가지의 부조화가 어떤 결과를 가져오는가를 알 수 있다. 수행 중에 집중력이 강해져서 너무 깊게 들어갔다고 판단될 때는 먼저 자신의 마음을 알아차려서 마음이 느슨해진 것을 알아야 한다.

문_ 평안한 마음이 계속되는 중에 갑자기 남을 미워하는 마음이 생기고 옛날 일로부터 최근의 일까지 온갖 생각이 떠오릅니다. 그러나 그 생각이 사라질 때는 무상의 법을 느끼게 해 줍니다. 그러나 너무 많이 떠올라서 명상에 장애가 될 때도 있습니다.

답_ 집중의 힘이 넘치면 옛날 옛적의 일까지 기억이 난다. 그러나 이것을 알아차림으로 사라지게 해야지 그렇지 않으면 탐심과 성냄, 어리석음이 생겨 그것에 휘말리게 된다. 망상이나 모든 것을 알아차림으로 사라지게 해야 한다. 명상 중일 때뿐이 아니고 일상 중에서도 괴롭거나 고통스러운 망상, 즐거운 일, 슬픈 일 등은 모두 알아차림으로 처리하라. 그리고 명상 중에도 이렇게 알아차려라.

* * *

주해_ 기억이 떠오르는 것은 수행이 진행되면서 겪는 현상이다. 수행을 하다 보면 집중력이 생기기 마련인데, 이때가 고요한 마음의 상태라서 왕성한 기억력이 생긴다. 그래서 잊어버렸던 까마득한 것들도 생각이 난다. 이것도 수행의 과정에서 나타나는 현상들 중의 하나라고 알아야 한다. 이런 기억들은 모두 잠재의식 속에 저장되었던 고정관념들이다. 이런 고정관념은 즐겁고 괴로운 여러 가지의 기억들이다. 한으로, 사랑으로, 아쉬움으로, 미움으로, 그리움으로 온갖 사연으로 기억의 탱크에 저장되어서 나를 괴롭히는 것들이다. 그 배경에는 항상 나라고 하는 아만심과 욕망이 원인이 된다. 그래서 인간의 삶은 기본적으로 괴로울 수밖에 없는 것이다.

좌선 중에 이런 고정관념들이 나타나는 것을 망상이라고 말한다. 사실은 이것들이 나타나는 것은 잘못된 것이 아니고 매우 유익한 기회이다. 잠재의식 속에 저장되어서 항상 괴로움을 주는 괴로움의 진원지에 있는 편린들이 수면 위로 떠오른 것이기 때문이다. 이것들도 자기를 알아달라고 나타났으므로 알아차려야 한다.

고정관념이라는 망상은 없애려 하면 더 반작용을 일으키는 일반적 특성이 있다. 그러므로 손님으로 정중하게 맞이하되 미워하거나 싫어하지 말며, 그렇다고 크게 반길 것도 없이 그냥 왔으니까 알아차리는 수준에서 꼭 알아차려야 한다. 이것들은 모두 평생 좋아하거나 없애려고만 하면서 살아온 날들의 결과이며 그 유산이다. 그래서 자신이 키워 놓은 것들이다. 존재하는 모든 것들은 존재하려는 속성이 있는데 무엇이나 조용히 물러가지 않는다. 망상도 그 중의 하나이다. 무엇이나 없애려고 작용했을 때는 없어지지 않으려는 더 강한 반작용이 일어난다.

위빠사나 수행의 알아차림은 비작용으로 일상적인 업의 과보와 그 연계를 무너지게 하는 유일한 길이다. 그냥 바라는 것 없이 알아차리는 것이다. 이것이 출세간의 방식이다.

고정관념, 망상, 번뇌, 무지 이런 것들은 무엇을 먹고 사는가? 바로 미워하고 싫어하고 없애려고 하는 마음을 영양으로 먹고 더 성장한다. 그래서 오히려 대상에게 영양을 주면서 키워 놓고 괴로워한다. 화를 내는 것은 화를 냄으로써 더 커지는 것을 말하며, 이것을 무지라고 한다. 욕망을 키우는 것은 욕망과 무지 때문이며, 미움은 미움과 무지를 영양으로 먹고 더 커진다. 이것이 악순환의 고리이다.

고정관념이나 망상이 오래 저장된 것은 오래된 만큼 오랫동안 많이 알아차려야 한다. 뿌리가 깊기 때문이다. 열 번 나타나면 열 번 알아차리고, 백 번 나타나면 백 번 알아차려야 한다. 달리 방법이 없다. 이렇게 다소곳하게 알아차리면 수확이 크다. 나를 괴롭히던 정신적인 번뇌가 사라지기 시작하고 더 중요한 것은 알아차릴 때마다 알아차리는 힘이 강화되는 것이다. 그리고 차츰 건강도 좋아진다.

망상이 떠오를 때마다 알아차린다는 것은 여러모로 유익한 일이다. 사실 우리는 깊은 망상에 빠져서 살아가는 것이기 때문이다. 깊은 망상이 바로 무지다. 망상은 온갖 무지의 꽃을 피우는 과정이다. 인간은 수많은 생애 동안을 살아오면서 망상밖에 한 일이 없다.

망상이란 지나간 과거에 빠져 고통과 좌절의 늪에서 헤어나지 못하거나 이미 사라져 버린 물거품 같은 과거의 영화에 매달려 향수를 달랜다. 또는 오지 않은 미래를 꿈꾸며 비현실적인 환상에 취해 노력도 하지 않는다. 우리의 일상의 삶은 이런 것들이다. 이것은 모두 과거로 회귀하거나 현실성 없는 미래를 지향하는 우리들 마음의 속성이다.

그러나 수행자는 항상 현재에 머문다. 수레바퀴는 닿는 점이 항상 한곳밖에 없다. 그것이 바로 현재이다. 현재는 실재하는 현실이다. 인간에게 가장 중요한 순간은 실재하는 현실이며 여기에 있을 때가 가장 행복한 때이다.

어느 때 어떤 천신이 붓다께 와서 왜 붓다의 제자들은 얼굴색이 평온하게 보이는지 물었다. 그러자 붓다께서는 "그들은 지나간 일을 한탄하지 않는다. 그들은 아직 오지 않은 것을 걱정하지 않는다. 그들은 현재 있는 것으로 자신들을 지탱해 나간다. 그러므로 그들의 얼굴색은 평온하게 보인다"라고 말씀하셨다.

이상의 질문에서 볼 때 한 수행자의 의식이 항상 일정한 상태에 머물러 있지만은 않다는 것을 알 수 있다. 모든 것이 변하지 않는 것이 없듯이 의식도 일정 수준으로 고양되었다가 다시 떨어지기 마련이다. 그래서 알아차림으로 다시 고양시키는 과정을 되풀이한다. 그러므로 지속적인 알아차림만이 열반으로 이끄는 유일한 길이다.

수행이 잘 안 될 때

문_ 1시간 좌선을 할 때 몸이 아파 자세를 자꾸 바꾸게 되고 싫증이 나서 중간에 일어나는 경우가 있습니다. 그러다 다시 앉기도 합니다.

답_ 수행의 단계에서 명상 중에 앉았다 섰다 하는 것을 조심하라. 싫증이 나서 수행이 안 될 때는 싫증나는 것을 알아차려야 한다. 그 상태에서 1시간을 못 채우고 일어섰다 앉았다 하면 수행에 진전이 없다. 그것을 참고 이겨내야 한다. 자세를 바꿀 때는 천천히 명칭을 붙여가면서 하라. 그러나 빨리 하지 말고 천천히 하라.

* * *

주해_ 수행은 그냥 저절로 되는 것이 아니다. 온갖 시련을 이겨내는 피나는 과정 없이는 안 되는 것이다. 그래서 상황에 따라 부드러움과 강인함이 함께 공존해야 한다. 하고 싶은 것을 모두 하는 뜻을 이룰 수 없다. 때로는 하고 싶은 것을 한다는 것이 욕망을 충족시키는 일이 될 수도 있다. 그래서 해야 할 것과 하지 말아야 할 것이 있다. 수행을 할 때 해야 할 것은 알아차림이며, 이것은 선업에 속한다. 그러나 알아차리지 못하는 것은 불선업이며 하지 말아야 할 것에 속한다.

수행은 살아온 습관과의 부딪침이므로 새로운 습관을 만드는 인내가 따라야 한다. 수행이 안 되는 이유는 많이 있다. 그러나 이유를 찾지 말아야 한다. 단지 안 된다는 사실을 알아차리면 된다. 수행 중에 알아차릴 대상은 무엇이 되었거나 항상 현재 있는 것이다. 그러므로 대상을 단순화시켜야 한다. 수행이 안 되면 안 되는 조건을 알아차리고 되는 조건으로 만들어야 한다.

1. 수행이 안 될 때는 안 되는 것이 알아차릴 대상이다. 이때는 다음과 같은 방법으로 알아차린다.
(1) 수행이 잘 안 될 때는 먼저 수행이 안 된다는 것을 알아차린다.
(2) 수행이 안 되어서 화가 나거나 못마땅한 마음을 알아차린다.
(3) 그 마음이 사라진 것을 알아차린다.
(4) 가슴으로 가서 그 마음이 일으킨 느낌을 가만히 지켜본다.
(5) 가슴의 느낌이 미세해지면 호흡을 알아차린다.

2. 또 다른 방법으로 수행이 안 될 때는 무조건 현재로 돌아온다.
(1) 현재로 와서 몸을 살핀다.
(2) 몸의 앉음, 닿음을 주시한다.
(3) 차츰 일어나고 꺼지는 호흡을 주시한다.

3. 수행이 잘 안 되는 것은 기본적으로 다섯 가지 장애가 있기 때문이다. 장애는 외부로부터 온 것이 아니고 자신에게 내재한 마음

이 일으킨 것이다. 그러므로 수행이 잘 안 된다는 것이 지극히 정상적인 것이다. 누구나 수행을 가로막는 것이 바로 자신의 마음이라고 알아야 한다. 수행할 때 일어나는 다섯 가지 장애를 오개(五蓋)라고 한다. 다섯 가지 덮개라는 뜻이다. 이런 장애가 나타나면 즉시 나타났다는 것을 알아차려야 한다. 장애가 커질수록 감당하기가 힘들어진다. 장애는 없애야 할 대상이 아니고 알아차릴 법(法)에 속한다.

다섯 가지 장애는 다음과 같다.
(1) 감각적 욕망
(2) 악의와 성냄
(3) 혼침과 게으름
(4) 들뜸과 회한
(5) 회의적 의심

4. 수행을 할 때는 바른 조건이 갖추어져야 한다. 수행자의 올바른 조건은 다음과 같다.
(1) 말이 없어야 한다.
(2) 잠이 없어야 한다.
(3) 일이 적어야 한다.
(4) 혼자 있는 것을 즐겨야 한다.
(5) 사람들과 섞이는 것, 섞여 지내거나 모여서 하는 일을 피한다.
(6) 사견에 대한 집착을 없앤다.

5. 수행을 할 때 알아차려야 할 수칙은 다음과 같다.

(1) 부처님의 교훈을 어기지 않고 사념처 수행에 대한 지극한 존경심을 가져야 한다.

(2) 활동하지 않을 때는 계속 몸을 움직이지 않고 고요한 상태에서 알아차림을 집중해야 한다.

(3) 행동이 필요할 때는 즉각 움직이지 말고 우선 움직이지 않은 채 고요하게 알아차림을 한다. 왜냐하면 동작하기 전에 보다 강한 알아차림이 필요하기 때문이다. 이때 자신의 의도를 알아차리고 움직임에 전심전력으로 주의 깊게 알아차림을 해야 한다.

(4) 잔치나 축제, 위험한 경계 등에 처했을 때라도 몸을 제어하여 알아차림을 해야 한다.

(5) 행주좌와에서 사념처(身受心法)의 알아차림을 굳건히 한다.

(6) 자세가 흐트러지지 않도록 자세를 빈틈없이 기민하게 알아차림을 굳건히 한다.

(7) 대화 가운데에서도 지나친 즐거움, 오만, 흥분, 편견 등으로 지나친 몸짓이나 보기 흉한 꼴을 보여서는 안 된다.

(8) 알아차림을 하여 듣는 사람이 이해할 수 있도록 말하며, 너무 크게 소리 내어 얘기하지 말아야 한다. 그렇지 않으면 무례함의 우를 범하게 된다.

(9) 만약 교양이 없는 사람을 만나는 역경에 처할 때는 자신의 생각이 상대방의 마음에 잘 이해가 되고 수용이 되도록 마음을 가다듬는다.

(10) 마음은 발정기에 있는 코끼리와 같이 대상을 찾아 이리저리 날뛰고 있다. 이 마음을 항상 내적인 고요함의 말뚝에 꽉 매어 두어야 한다.

(11) 매순간 자신의 마음상태를 알아차려야 한다.

(12) 군중이 많이 운집한 가운데에서도 다른 행동을 포기하는 한이 있어도 집요한 알아차림을 놓치지 않기 위해서는 위의 설명을 기억하고 실천해야 한다.

문_ 몸에 이상이 있는지 입에서 냄새가 납니다.

답_ 이것이 무엇 때문에 생겼는지, 또는 왜 냄새가 나는지 등 명상 중에는 모든 원인에 대해서는 생각하지 마라. 이것저것 생각을 하지 마라. 단지 나타나는 것만을 알아차리는 것이 수행자의 임무이다.

* * *

주해_ 수행자가 알아차려야 할 대상 중에 보는 것 외에 소리, 냄새, 맛, 접촉, 생각들도 모두 알아차릴 중요한 대상들이다. 육근의 육문을 통해 들어오는 모든 정보가 다 알아차릴 대상에 속한다. 특히 소리는 수행을 할 때 방해가 되면 화를 내게 되어 수행을 망치는 상황까지 갈 수도 있다. 자신이나 남에게서 냄새가 날 때도 알아차려야 할 대상이다. 주위에서 나는 악취 때문에 고통을 받는 경우도 허다하나 이것도 알아차릴 대상이다.

1. 냄새가 날 때는 냄새가 나는 것을 알아차린다.
2. 다음으로 냄새 때문에 싫어하는 마음을 알아차린다.
3. 그런 다음 가슴으로 가서 싫어하는 마음이 일으킨 느낌을

주시한다.

4. 계속해서 냄새가 날 때는 냄새가 나는 대상으로 마음을 보내지 말고 코에서 냄새를 알아차린다. 냄새가 날 때 마음이 냄새나는 곳으로 가면 싫어하게 된다.

냄새가 나면 반사적으로 먼저 싫어하는 마음이 일어나거나, 아니면 이것 때문에 두려워하는 마음이 일어난다. 그래서 그 마음을 알아차리고 나서 가슴으로 가서 그 마음 때문에 일어난 느낌을 지켜봐야 한다. 이렇게 대상이 바뀌면서 알아차림이 지속되면 불쾌한 마음이나 걱정이 사라지게 된다. 가슴에서 일어난 느낌은 호흡과 함께 나타난다. 싫어하는 마음이 생기면 호흡이 거칠어지고 느낌 또한 강하게 일어난다. 이때 호흡에 붙어 있는 느낌을 주시한다.

외부로부터 생긴 냄새에 대해서도 한번 냄새를 알아차렸다면 두 번째 냄새가 날 때는 처음보다 훨씬 싫어하는 마음이 작아진다. 그러므로 다시 냄새가 나도 똑같이 알아차린다. 그러면 냄새로부터 차츰 자유로워진다. 이와 같이 냄새가 날 때마다 알아차리는 과정을 거치면 다시 냄새가 나도 이제는 좋거나 싫거나 하지 않고 그냥 냄새일 뿐인 상태가 된다. 이런 상태가 되었을 때가 바로 대상을 있는 그대로 본 것이라고 말한다.

향기로운 냄새도 마찬가지다. 좋은 냄새에 취하지 말고 얼른 냄새를 좋아하는 것을 알아차리고 다시 좋아하는 마음을 알아차려야 한다. 그러면 좋은 냄새를 더 이상 집착하지 않게 된다. 그리고 계속해서 냄새를 맡을 경우에는 냄새를 일으키는 대상으로 가지 말고 코에서 냄새를 알아차린다. 이렇게 알아차리고 나서 다시 향기로운 냄새가 났을 때는 훨씬 덜 즐기는 자신을 알아차리게 될 것이다. 이렇게 알아차리는 과정을 거쳐야 처음에 느낀 즐거움이 차츰 감각적 쾌락의 즐거움으로 발전하지 않게 된다.

문_ 이제 명상 중에 앎이 사라지는 것이 며칠에 한 번 정도밖에 되지 않습니다. 그리고 어떤 때는 호흡이 사라지는 것조차도 힘이 들 때가 있습니다. 경행을 조금 빨리 했더니 명상 중에 호흡이 사라지는 것이 더딘 것이 아닌가 생각되어서 경행을 매우 천천히 하고 있습니다. 어떤 경우에는 호흡을 할 때 계속해서 큰 숨을 내쉴 때가 많습니다. 큰 숨이 너무 오래 계속되면 쉽게 멈추어지지 않습니다.

답_ 호흡이 사라지는 것이 더디거나 큰 숨이 계속 내쉬어지거나 하는 것이 정상이다. 정상에 올라가면 밑으로 떨어져서 새로 시작한다. 야자수 나무 꼭대기에 올라가면 밑으로 뚝 떨어져서 새로 시작해야 하는 것이다. 이것이 계속되니 다시 열심히 수행을 하라. 이제부터는 "몸과 마음이 사라지는 것이 빨리 나타나지이다" 하고 서원을 세우고 하라.

경행을 빨리 하는 것과 호흡이 사라지는 것과는 무관하다. 빨리 하건 천천히 하건 알아차리면서 하는 것이 중요하다.

문_ 야자수 나무 꼭대기에 올라가면 밑으로 떨어져서 새로 시작한다는 것이 무엇을 말하는 것입니까?

답_ 앎이 한번 사라진 것으로 하나의 과정이 이루어진 것이다. 하나의 과정이 이루어진 뒤에는 새로운 과정이 시작되는 것과 같다. 앎이 사라졌다고 해서 같은 상태가 계속되지는 않는다.

문_ 그러면 앎이 사라진 정신적 상태가 연속되는 것이 아닙니까?

답_ 연속되지 않는다. 원숭이가 야자수 나무 위에 올라갔으면 내려와야 하고 내려왔으면 다시 올라가야 한다. 이때 다시 올라가는 것은 새로 올라가는 것이다. 그래서 새로 올라갈 때 겪는 경험도 이전에 겪었던 것처럼 새로 겪어야 한다.

문_ 알겠습니다. 진작 그 말씀을 해 주실 것을 그랬습니다. 지금까지 이런 이유를 모르고 조금 전에 앎이 사라졌는데 다시 사라지지 않는 것에 대해 지나치게 괴로움을 겪었습니다. 그래서 이것을 타개하기 위해 여러 가지 방법을 동원해 보기도 하고, 그래도 안 되어서 고통을 겪고 있는 중입니다.

답_ 조금 전에 앎이 사라졌다고 해서 다시 사라지라는 법은 없다. 상황은 늘 바뀌게 마련이다. 또한 앎이 사라졌으므로 사라지기를 바라는 마음이 더 커져서 오히려 이런 마음이 장애가 될 수도 있다. 이때 앎이 사라지기를 바라는 집착이 생겼을 것이다.

* * *

주해_ 사야도께서 앎이 사리진 뒤에는 수행이 잘되지 않는다는 것

232

을 밝히고 있다. 조금 전에 잘되던 수행을 기억하고 그렇게 되기 위해 애를 쓰면 더 나쁜 상태에 빠지게 된다. 잘 안 되는 것으로부터 벗어나기 위해서 무리하게 힘을 쓰다가 다른 장애가 생길 수도 있다.

수행을 할 때 알아차림이나 집중력이나 노력이 항상 일정한 수준을 유지하는 것이 아니다. 지난 시간에 잘되어서 앎이 사라졌는데, 다음 시간에는 이상하게 잘 안 되는 때가 있다. 이것은 조건이 바뀐 것이다. 조건은 매순간 바뀐다. 이것이 바로 무상이다.

수행자들이 이런 상황에 직면하게 될 때 이것을 그대로 받아들이지 못하기 마련이다. 왜 그런지를 알 수가 없기 때문이다. 그러나 이런 현상은 매우 자연스러운 일의 하나로 보아야 한다. 조건에 의해 새로운 원인과 결과가 생긴 것이다. 그러나 우리의 지혜로는 모든 원인을 다 알 수가 없다. 그래서 주어진 상황을 그대로 받아들이는 것이 현명한 해결책이다.

평상시에 수행을 할 때도 한번 집중력이 생기면 얼마간은 집중력이 유지되는 것이 보통의 경험이다. 이때는 집중력이 깨질까 봐 밖에도 나가지 않거나 누구와 말하는 것조차 삼가기도 한다. 그래서 수행은 한번 어느 상태에 이르면 그 상태가 지속적으로 유지되는 것으로 생각하기 쉽다. 그러나 앎의 사라짐에서는 그렇지 않다.

평소 수행을 할 때와 달리 한번 앎의 사라짐이 있으면 그것 자체가 하나의 완성이기 때문에 다음에 하는 수행은 직전에 했던 수행 상태와 전혀 다르다. 그래서 앎이 사라진 뒤에는 항상 다시 수행이 시작된다. 그렇기 때문에 평소에 있던 장애가 그대로 새로 나타나게 된다.

그러나 이러한 원인을 모르니까 수행이 이유 없이 자꾸 끊어진다고 괴로워하게 된다. 그래서 나타나지 않아야 할 장애가 새로 나타나는 것을 이해할 수 없게 된다. 이것은 앎의 사라짐이 갖는 특수성에 기인하는 것이다. 앎의 사라짐은 다른 경우와 달리 하나의 작은 완성을 뜻하기 때문이다. 일례를 들자면 앎의 사라짐은 하나의 원을 그린 것이고 이것은 완성을 의미한다. 원을 하나 그릴 때 원 하나를 그리고 다시 또 다른 원을 그리면 그것은 전에 그린 원이 아니다. 나중 것은 새로운 원을 그리는 것이라서 다시 새로운 것을 경험한다는 것이다.

이 완성은 매순간 일어나고 사라지는 무수한 생멸과는 차이가 있는 것이다. 의식세계에서는 이것 자체가 비로소 온전한 하나의 완성을 의미한다. 그러나 이 완성은 작은 완성에 불과하다.

이런 작은 원을 하나 그리고, 다시 또 하나를 그리고, 이렇게 많은 원을 그리면서 이것이 모여 어느 날 큰 원이 그려지고 그렇게 해서 수다원의 원이 그려진다. 그리고 다시 시작하여 많은 원이 그려져서 사다함의 원이 그려진다. 다시 아나함의 원이 그려지고 결국 아라한의 원이 그려지고 붓다의 원이 될 것이다.

모든 원은 새로운 원이기 때문에 처음에 원을 그릴 때와 똑같이 생소한 상황 하에서 다시 그리는 것이다. 다만 인간이 가지고 있는 기억의 힘으로 전보다는 기능이 향상된 상황에서 원을 그릴 수는 있을 것이다. 그러나 원을 그리는 행위 또는 그 행위에 따르는 고통이나 장애라는 온갖 문제는 항상 새로 똑같이 상존하는 것이다. 적어도 완성을 의미하는 아라한이 아니고서는 같은 상황이 반복된다는 말이다.

이런 순환의 장애를 통하여 비로소 무상의 지혜가 성숙되고,

괴로움의 지혜가 성숙되고, 무아의 지혜가 여물어 가게 된다.

위빠사나 수행을 한다는 것의 실체는 대상이 매순간 새롭게 느껴지는 지혜를 갖는 것을 말한다. 이렇게 새롭다고 알 때가 바르게 수행을 하고 있는 것이다. 새롭다는 것은 매순간의 생멸을 아는 것으로 이것이 무상을 아는 지혜이다. 새롭다는 것은 인간에게 괴로움이다. 또한 새롭다는 것에 자신의 의도가 개입될 수 없음을 알 때가 무아를 아는 지혜이다. 이처럼 몸이나 마음이나 매순간 새롭게 일어나고 사라지는 것밖에 없다. 그래서 대상을 아는 마음도 매순간 새로 일어나는 것이기 때문에 대상도 새로울 수밖에 없다. 그래서 모든 것이 순간적으로 일어났다가 사라지는 것의 연속이라는 것을 아는 것이 위빠사나 수행의 지혜이다.

물질은 최소의 미립자들이 모여서 하나를 이루고 마음도 순간의 마음들이 모여서 강물이 흘러가는 것처럼 흐른다. 이런 흐름들이 지속되며 흘러가는 것이 실재하는 것이다. 흐름이란 낱낱의 것들이 지속되는 현상이다. 이런 현상을 이해하려면 집중력이 필요하다. 수행을 하면서 집중력이 향상되면 낱낱의 존재들이 모두 작게 끊어져 있다는 것을 알게 된다.

이처럼 모든 것이 매순간이 새롭게 일어난다는 것을 아는 것이 법의 성품을 아는 것이다. 이렇게 아는 것이 정견이며 무지가 소멸되는 것이다. 수많은 세월 동안에 쌓여 온 고정관념의 무지가 하나씩 풀리게 되면 자아가 있다는 유신견과 교만이 소멸되어 간다.

사야도의 말씀 중에 "원숭이가 야자수 나무 꼭대기에 올라갔으니 내려와야 되는 것이고, 내려왔으니 원숭이가 다시 야자수 나무 위로 올라가는 것이 아니겠는가?"라고 하셨다. 원숭이가 새로 나무를 올라갈 때는 전에 겪었던 과정을 그대로 거쳐야 올라가게 된다는 것이 수행에서 말하는 반복적인 현상이다.

이것이 위빠사나 수행의 진면목이다. 세상은 이렇게 생멸을 거듭하는 것이고 우리의 삶도 이 범주의 방식에서 벗어날 수 없는 것이다. 그래서 성공과 실패가 항상 함께 하고, 행복과 불행이 항상 함께 한다. 인생은 좋은 것이건 나쁜 것이건 항상 반전된다. 좋은 것도 순간이고 나쁜 것도 순간이다.

위빠사나 수행이란 단순하게 수행만의 문제가 아니고 한 인간의 삶의 문제와 직결되어 있다. 수행과 인간의 삶과 따로 떼어서 생각할 수 없고 위빠사나 수행은 삶 그 자체이다. 수행을 해나가다 보면 수행을 배우는 것이 아니고 인생을 배우고 있음을 알게 된다.

그래서 위빠사나 수행을 할 때는 일상생활 속의 모든 것이 알아차릴 대상이 되는 것이다. 또한 특별한 시간만 수행을 하는 것이 아니다. 좌선이나 경행만 수행이 아니고 일상의 알아차림이 모두 알아차릴 대상이다. 그래서 대상과 시간이 모두 전방위적이어야 한다.

수행자가 갖는 여러 가지 잘못된 견해 중에 뺄 수 없는 것이 수행이 잘 안 된다고 괴로워하는 것이다. 수행이 잘되기를 바라는 것은 당연한 것이나 위빠사나 수행에서는 좋고 싫고 한 것을, 잘되고 잘 안 되고 하는 것을 떠나서 하는 것이 바르게 하는 것이다. 이런 모든 현상은 단지 알아차릴 대상일 뿐이다. 그래서 위빠사나가 무엇인지를 아는 데는 시간이 걸릴 수도 있다.

사실 수행이 잘되는 것보다 위빠사나 수행이 무엇인지를 아는 것이 더 힘들다. 여러 해가 가면서 알게 되는 것이 수행의 방법을 알아가는 것보다 수행이 무엇인지를 아는 것이다. 이것이 더 큰 수확이다. 이런 과정에 의해 바른 견해가 생기기 때문이다.

수행이 무엇인지를 알게 되면 인생이 무엇인지를 알게 된다. 수행이 삶이기 때문이다. 수행 따로, 인생 따로, 그렇지 않다. 삶 그 자체가 수행이기 때문에 해탈이란 것이 있는 것이다. 그러므로 수행에서는 실패나 좌절이나, 행복이나 성취감이 모두 수행이 무엇인지를 알게 하는 대상일 뿐이다. 실제로 행복도 좋은 것만이 아니라는 것은 수행을 통해서 알게 된다. 행복하기를 바라는 마음 때문에 불행한 것이다. 누구나 수행이 잘 안 될 때 괴로워한다. 이것이 바로 행복하지 못해서 불행하게 느끼는 것이다.

수행이 잘 안 될 때는 잘되기 위해 있는 예비단계에 있는 것이며 오히려 그 순간이 자신의 교만이, 내가 있다는 아상이 조금씩 마모되어 가는 과정이다. 조금만 잘되어도 모든 것을 다 이룬 것 같은 마음도 마찬가지다. 그것도 과정임을 알아야 한다. 과정이 아닌 것은 세상 어디에도 없다. 수행 중에 바라는 것이 있을 때는 그것이 탐심(貪心)인 줄을 알고, 수행이 잘 안 된다고 화가 날 때는 그것이 진심(嗔心)인 줄을 알아야 한다. 이것을 모르는 것이 바로 치심(癡心)이다.

본인은 수행이 잘 안 된다고 생각하지만 경험자의 입장에서 보면 매우 잘 되어가고 있는 것이 보인다. 누구나 거쳐야 될 필요한 과정은 거쳐야 한다. 항상 잘되기를 바라는 이것이 조급한 것인 줄을 아는 것이 수행이다. 그래서 스스로가 속단하지 말고 항상 끝이 없다고 생각하고 알아차리기만 하면 된다. 진정한 끝이 있다면 알아차림이 올바른 끝이다.

수행자에게는 결론이 없어야 한다. 결론을 내리면 안 된다. 몸과 마음에서 일어나고 있는 현상이 계속되기 때문이다. 결론을 내리면 그 순간 상황이 박제가 되어 버린다. 그렇게 될 때 현상에 머물게 되는 것이며 머물면 퇴보한다. 그래서 마침표는 언제나 알아차림이어야 한다.

잘못된 견해와 방법으로 인해 수행이 잘 안 될 수도 있다. 이때는 지도자의 조언이 필요하다. 그러나 그런 지도자를 곁에서 만날 수 없다면 역시 가장 좋은 방법은 경전을 읽거나 계속 알아차림으로 극복해 나가는 길을 택하면 된다. 결국 수행자에게 필요한 것은 어느 때나 알아차림이다.

수행과 계율

문_ 어제와 오늘 앎의 사라짐이 있었는데 짧은 순간이었으며 깨어
날 때는 기쁨으로 인한 현상(pīti) 때문에 깨어난 특징이 있었습니다.
오늘 마지막 명상 중에는 기쁨으로 인한 현상 때문에 깨어나고 일순
간에 모든 것이 환하게 밝아지고 머리가 맑아져 즐거운 희열을 느꼈
습니다.

그러나 요즘 명상이 아주 잘되다가도 가끔 전혀 안 되곤 합니
다. 항상 호흡이 사라지다가도 어떤 때는 1시간 내내 호흡이 사라지
지 않아서 앎을 알아차릴 수도 없을 때가 있습니다. 또 어떤 때는
명상을 시작한 지 50분쯤 되어서야 호흡이 사라져 겨우 몇 분밖에
앎을 알아차리지 못하고 있습니다. 그리고 명상 중에 호흡이 매우
깊게, 또는 길게 될 때도 있는데 호흡이 사라지지는 않습니다. 전체
적으로 명상 상태가 일관성이 없습니다.

정점으로 가면 떨어져서 다시 시작한다는 말씀을 듣고 잘 안
되어도 채근하지는 않습니다. 그러나 괴로운 것은 어쩔 수 없습니다.

답_ 오늘부터 몸과 마음이 45분 이상 사라지기를 서원을 세워라. 호흡이 사라지기를 기다리지 마라. 그리고 앎이 사라지기를 기다리지 마라. 서원을 할 때만 사라지기를 바라고, 명상을 할 때는 무엇이나 바라지 말고 그냥 나타나는 현상을 나타나는 대로 알아차려라. 명상이란 잘되었다, 잘 안 되었다 하는 것이니 열심히 노력만 하면 된다. 밥상에 항상 맛있는 것만 차려지지 않는다. 좋은 것, 나쁜 것 가리지 마라. 나쁘다고 생각되는 것이 모두 나쁜 것은 아니다.

* * *

주해_ 수행을 하다 보면 더 큰 목표를 위해 더욱 철저히 계율에 신경을 쓰게 된다. 수행을 할 때는 사소한 것에서도 크게 영향을 받을 정도로 마음이 여려지기 때문이다. 그래서 수행을 완성하기 위해서는 모든 힘을 다 동원해야 하는데, 거기에는 계율의 힘도 크게 작용한다. 계율은 몸과 마음을 청정하게 하는 것이므로 자신이나 남과의 관계에서도 생각하지만 행동 하나에도 주의를 기울이지 않으면 안 된다.

수행을 하다 보면 예민해지게 마련이므로 사소한 일에도 자신이 걸려 넘어지기가 쉽다. 그래서 이런 때일수록 자신에게나 남에게나 부드러움과 자애를 보여야 한다. 목표가 설정되면 긴장하게 마련이고 그러다 보면 자기만 알고 인색해지기가 쉽다. 그러나 이런 자애가 실제로는 쉬운 일이 아니다. 그래서 더욱 철저히 계율을 지켜서 조금도 몸과 마음에 거리낌이 없도록 힘써야 한다.

수행이 진전되면서 평등심의 단계에서 앎이 사라지는 단계에 이르기까지는 선업을 쌓은 공덕의 과보가 결정적으로 작용한다.

이때는 자신의 의지대로만 되지 않는다. 그래서 모든 조건이 충족되어야 한다. 또한 이때 계율을 지켰느냐의 여부가 크게 작용한다.

그래서 수행에서 믿고 의지할 것은 오직 계율밖에 없다. 계율은 청정이기 때문이다. 그러므로 계율을 지키지 않으면 도과에 이르기가 어렵다. 평소에도 계율을 지키지 않으면 마음이 산란하고 탐진치의 노예로 사는 것인데 수행 중에는 더욱 지대한 영향을 준다. 열반이라는 관문은 수행의 여러 가지 것을 모두 합쳐서 얻어지는 결과이기 때문이다.

한때 미얀마에서 수행을 시작할 때 비구계를 받으려고 하니 사야도께서 받지 않는 것이 좋겠다고 하셨다. 누구나 비구계를 받고 수행을 하는데 이번에는 이상하다 싶어서 왜 그러냐고 물었다. 그랬더니 큰 사야도께서 요즈음 한국인들이 비구계를 받고 나서 계율을 안 지킨다는 것이다. 그래서 수행을 제대로 하려면 안 받고 하는 것이 훨씬 좋을 것이라고 충고를 해 주셨다. 사야도께서는 한국인 수행자들이 계율을 지키지 않는 것을 아시면서도 외국인들이라서 묵과하고 계셨다는 얘기다.

결국 일주일 만에 비구계를 받고 수행을 했다. 그때 계율과 수행에 관해 애정 어린 관심과 말씀에 감명을 받았다. 사야도께서 온전하게 수행을 하게 해 주시려는 배려가 감사했으며, 계율이 수행에 미치는 직접적인 영향에 대해서도 알게 되었다. 그래서 계율과 수행에 대해 다시 한 번 생각할 기회를 가졌으며, 실제로 계율이 수행에 지대한 영향을 미친다는 것을 체험하기도 했다.

한번은 미얀마에서 수행을 시작하며 사소한 선업을 행한 일이 있었다. 그런데 이 일로 인해 수행 중에 호흡이 사라지는 현상이 즉시 나타났다. 이것을 보고 선업과 불선업의 중요성에 대해 절감한 일이 있었다.

계율은 청정한 마음을 갖게 하여 집중력을 만들게 하고 이렇게 생긴 집중력에서 지혜가 나기 때문에 도과를 얻게 되는 것이다. 계율을 지키면 편안한 마음이 생기고 자신 있는 태도를 갖게 되며 신념에 찬 확신을 갖게 된다. 그래서 고요한 마음의 상태가 되고 안정이 유지되어 집중력이 생기는 것이다. 그래서 수행의 시작도 계율이고, 수행을 끝까지 지켜주는 것도 계율이다. 계율은 막아서 보호하는 것으로 계율 안에 있을 때가 가장 안전하고 평화롭다.

계율은 선업의 선택이고 선업은 관용, 자애, 지혜인데, 계율을 지키지 않는 악업은 탐심, 진심, 치심이므로 마지막까지 필요한 것이 계율이다. 그래서 사람이 죽으면 계율만 남는다고 한다. 결국 계율이 다음 생을 결정하기 때문이다. 살아 있는 사람의 재산은 바로 계율이라는 의미가 여기 있다. 왜냐하면 죽어서 가지고 가는 재산이 진정한 재산이기 때문이다. 계율을 지켜 지혜가 구족한 수행자는 위빠사나 수행을 위해 노력하게 되며 수행 안에서 즐거움을 느끼게 된다. 또한 성내지 않는 사람은 자비롭기 때문에 다른 사람을 해치지 않아서 계율을 지키는 것이다. 위빠사나 수행을 한다는 사실은 이미 지혜가 있기 때문이며 지혜가 있어서 수행을 계속하기도 한다.

수행을 하면서 자신에 대해서나 남에 대해서 화를 내는 것은 수행자의 자세가 아니고 계율을 어기는 것이라고 알아야 한다. 수행이라는 이름으로 어떤 면죄부도 있을 수 없다. 화는 낸 사람에게 과보가 돌아온다. 불선업은 반드시 불선업의 과보를 받기 마련이다.

그래서 화를 내면 수행이 발전할 수 없다. 또한 화는 자신에 대한 피해뿐 아니라 남에게도 피해를 주는 것이다. 화는 탐욕이 많아서 내는 것이며 자신이나 남을 받아들이지 못하는 인색한 마음으로 내는 것이다. 그래서 지도자이건 수행자이건 가까이에 화를 내는 사람이 있다면 멀리해야 한다. 영향을 받기 때문이다. 아직 완성이 안된 수행자는 외부로부터 오는 화를 피하기가 어렵다. 그러나 궁극적으로는 자신이건 남이 화를 내건 그것을 알아차림으로써 해결할 수 있어야 한다.

"전생에 지혜로웠던 사람은 위빠사나 수행으로 즐거움을 발견하고, 전생에 탐욕이 없는 근기를 가진 사람은 보시 속에서 즐거움을 발견하고, 전생에 성내지 않은 근기를 가진 사람은 계율 속에서 즐거움을 발견한다."

문_ 앎을 알아차리는 중에 특별히 나타나는 고통이나 망상 같은 것은 알아차립니다. 그러나 별로 중요하게 여겨지지 않는 것이 나타날 때는 대수롭지 않게 여기고 그냥 앎을 알아차립니다. 그러나 모양이 너무 복잡하게 어우러져 있다거나 지저분하게 느껴지는 것은 알아차려서 사라지게 합니다. 그러고 나서 다시 앎을 알아차립니다.

또한 몸을 최대한으로 이완시키려는 생각으로 몸에 힘을 완전히 뺀 상태를 만들어서 알아차리기도 합니다. 때로는 이것이 내 몸이 아니므로 혐오감을 느껴 이 몸을 던져버리고 싶은 마음이 생깁니다.

답_ 앎을 알아차릴 때 적당히 알아차리지 말고 강력하게 집중을 하여 알아차려라. 밀착해서 알아차리지 않으면 떠서 그 사이에 망상이 들어온다. 특별히 중요한 것이 아니면 앎을 집중적으로 밀착해서 알아차려야 한다. 명상 시작 전에 45분간 앎이 사라진 상태가 계속되기를 서원을 세우고 열심히 밀착해서 알아차려라.

＊ ＊ ＊

주해_ 몸에 혐오감을 느껴 던져버리고 싶은 마음은 부정관을 할 때 몸의 더러움을 대상으로 아는 수행이다. 이런 과정은 자기 몸이라는 집착을 끊는 데 좋은 효과가 있다. 그러나 그런 마음이 일어날 때마다 그 마음을 알아차려야 한다. 간헐적으로 그런 생각이 나거나 지속적으로 그런 생각이 나거나 모두 그 마음을 알아차려서 평등심을 유지하도록 한다.

몸에 대한 혐오감으로 집착이 끊어지는 것은 좋으나 이 혐오감으로 인해 자학적이거나 비관적인 견해를 가져서는 안 된다. 이때 이 몸이 나의 몸인가를 알아차린다. 이렇게 알아차림으로써 혐오감으로부터도 자유로워져야 한다.

혐오감을 느끼는 것도 일종의 대상을 알아차리는 지혜의 성숙이지만, 지금은 이런 마음의 상태에 오래 머물지 말고 이런 사실을 알아차리고 앎에 대한 것을 주력하는 것이 좋다.

문_ 어떻게 강력하게 집중을 해야 하는지요?

답_ 어린아이가 심부름을 하러 가다가 친구들이 있으면 어울려서 놀거나 이것저것 볼거리가 있으면 구경하다가 심부름을 잊어버린다. 이렇게 하지 말고 계속 하나의 대상을 향해 나가야 한다.

* * *

주해_ 수행자가 지나치게 강력히 집중을 하면 머리에 상기가 온다. 그래서 강력하게 집중하는 데도 알맞은 노력이 필요하다. 또한 강력하게 주시를 하려고 할 때는 없애려는 마음과 바라는 마음이 따르기 마련이다. 또한 자세히 알아차리려고 하면 눈으로 보려 하는 경향이 생긴다. 그래서 상기의 위험이 있다. 강력하다는 것은 알아차림과 집중과 노력의 조화를 말하는 것이다. 애써 힘을 쓰라는 말이 아니다.

집중은 강력하게 할 것이 아니라 대상에 정확히 겨냥하고 자연스럽게 지속시켜야 한다. 자연스런 지속을 위해서는 오히려 가볍게 알아차리는 것이 효과적이다. 이때 적정한 힘의 안배가 필요하다.

초기에 명상을 하다 보면 이것저것 나타나는 대로 알아차리기 마련이다. 그러나 몸이 사라지고 마음을 대상으로 하는 앎을 할 때는 각별한 각오로 오직 하나의 대상을 향해 모든 것을 맞춰야 한다. 다만 정확하되 가볍고 부드러움이 있어야 한다.

수행과 병

문_ 감기로 인해 5일 동안 명상 홀에 나오지 못했습니다. 그간 계속해서 땀이 나고 한기를 느꼈습니다. 이제 조금씩 활동을 시작하면서 어제부터 명상을 시작했는데 호흡이 매우 부드럽고 깨끗하게 계속됩니다. 그러나 호흡이 사라지지는 않습니다. 또한 알아차리는 힘이 많이 약해졌습니다.

답_ 경행을 많이 해라. 오른발, 왼발을 하고 명상을 할 때는 일어남, 꺼짐을 하라.

* * *

주해_ 기후와 환경이 다른 곳에서 수행을 하려면 가장 중요한 것이 음식과 병(病)이다. 미얀마의 음식은 대체로 기름에 튀긴 것이 많다. 더운 지방이라서 그런지 무조건 음식을 기름에 튀기는 경향이 있다. 기름은 야자수기름을 식용으로 사용하고 있지만 한국인들에게는 소화가 잘 안 될 수도 있다.

수행도 먹으면서 해야 한다. 먹는 것은 누구에게나 중요한 일이다. 잘못 먹어서 병이 나고, 잘 먹지 못하면 수행을 할 수 있는 힘을 얻지 못한다. 수행센터에서는 아침을 5시 지나서 먹고 점심을 10시 30분에 먹으면 끝이다. 오후에는 아무것도 먹지 않는다. 이것은 부처님 이래로 지켜져 온 계율이다. 선원에서는 기본적인 계율 다섯 가지에 세 가지가 포함되어 8계를 지켜야 하는데, 여기에 오후 불식이 포함되어 있다.

처음에는 오후 불식이 다소 고통스러울 수 있으나 수행을 하다 보니 먹을 것 가지고 괴로워할 여유가 없다. 아침에 눈을 떴다 하면 벌써 저녁인데 먹는 것 때문에 고통스럽지 않고 견딜 만하다. 안 먹는다는 생각이 두려움을 줄 수 있지만 정작 당하고 보면 크게 문제되지 않는다. 다 할 만해서 하는 것이고 남들이 하면 나도 할 수 있는 것이다. 또한 수행자들은 노동을 하지 않고 특별한 움직임도 없기 때문에 먹지 않는다고 해서 허기가 지거나 견디지 못할 정도로 배가 고프지는 않다. 대신 점심공양은 항상 고기를 곁들여서 먹는다.

오후에는 먹을 수 없지만 속이 냉한 사람은 꿀물을 먹을 수는 있다. 그러나 이것도 비구의 경우는 시자가 올려주어야 먹도록 되어 있다. 오후에 주스, 차 정도는 마실 수 있는데, 우유는 절대 안 되고 카페인이 든 커피도 안 된다. 먹는 계율은 센터에 따라 외국인에게 약간의 탄력적인 운용이 있을 수 있지만 바른 수행자라면 예외 없이 그대로 따르는 것이 중요하다. 과일이나 두고 먹을 수 있는 것들도 신도가 올려주면 일주일을 보관할 수 있는데 그 이후에는 다시 올려주는 의식을 행해야 한다.

수행 중에 소화불량이 생길 수도 있다. 그 원인이 많이 있겠지만 주로 배가 아픈 것은 기름진 음식과 음료수와 과식 때문이다. 그래서 설사약이나 정장제를 준비해야 한다. 미얀마의 물은 석회질이 많이 함유되어 있기 때문에 조심해야 한다. 설사를 하면 기운이 빠져 수행을 하기가 어려우며, 감기가 걸리면 열흘이나 보름 정도 고생하며 상당기간 수행을 못하게 되므로 항상 조심해야 한다.

공양을 할 때는 알아차리고 먹는 것이 수행에도 도움이 되고 건강에도 좋다. 결국 수행을 한다는 것은 탐진치의 제거가 목표인데, 탐심이 제일 많이 작용하는 때가 먹을 때이다. 그래서 불교에서는 공양을 할 때 각별한 예절과 계율이 많다. 모두 탐심에 관계된 것이기 때문이다.

미얀마의 기후는 열대성 몬순기후이다. 한마디로 매우 덥다. 연 평균 27℃ 이상이다. 일년이 3계절로 나뉘는데 건기(혹서기), 우기, 청량기(겨울)가 있다. 어느 때건 더운 것은 비슷하지만 혹서기에는 견디기 힘들 정도로 무덥다. 우기에는 남부 양곤지방은 항상 구름이 하늘을 가리고 비가 올 때는 양동이로 쏟아붓는 것처럼 내린다. 그러나 북부 만달레이 부근은 비가 많이 내리지 않는다. 청량기를 겨울이라고 하지만 낮에는 매우 덥고 저녁에만 약간 쌀쌀하다.

혹서기는 2월 하순부터 5월 중순까지인데 비 한 방울 오지 않을 정도로 작열하는 태양이 내리쪼이는데 평균 30℃이지만 더울 때는 35℃를 상회하지 않을까 한다.

미얀마는 기후 때문에 모든 것이 안전할 수 없고 물건들도 제 수명을 보존할 수가 없다. 그래서 자연적으로 무상을 느끼지 않을 수 없다. 최근에는 사람들의 수명도 단축되었다고 한다.

혹서기는 너무 더워서 병이 난다. 온갖 피부병이 생기고 배탈이 나며 여름감기가 기승을 부린다. 외국인 수행자가 가장 주의해야 할 것은 목욕이다. 더워서 목욕을 안 하면 땀띠가 나고 목욕을 자주 하면 감기가 끊이지 않는다. 이곳의 여름감기가 대단하다. 목욕 때문에 심지어 생명을 잃는 경우도 있다고 한다. 시골에서 속상한 일로 화가 나서 한낮에 찬물을 뒤집어쓰고는 심장마비에 걸린 일도 있다고 한다. 낮에 뜨거워서 몸에서는 열을 밖으로 발산하려고 하는데 곁에서는 자꾸 찬물을 뒤집어쓰니 열이 발산하지 못해 감기나 몸살이 난다. 이것이 지수화풍에서 화대의 균형이 깨진 상태이다. 그래서 미얀마 사람은 절대 혹서기의 한낮에는 목욕을 안 한다는 점을 꼭 유념해야 한다.

한때 베트남 스님과 가깝게 지냈었는데 탁발 후에 바로 몸을 씻지 않고 항상 나에게 먼저 씻도록 해서 처음에는 양보를 하는 줄로만 알았다. 그러나 뒤에 알았는데 자기는 땀이 식은 후에 씻겠다는 것이다. 더운 지방에서 사는 사람들의 지혜였다.

탁발을 나갈 때 보면 아침에 우물에서 목욕을 하는 것들이 보인다. 그리고 해가 질 무렵 목욕을 한다고 한다. 그러나 외국인 수행자들은 하루에도 몇 번씩 목욕을 해서 병에 걸린다는 것을 알아야 한다. 목욕도 더울 때마다 자주 하는 것이 탐심이라는 것을 알아야 한다. 더위가 싫어서 못 견디기 때문에 하루에 몇 번씩 목욕을 하면 결국은 병이 난다. 탐욕과 성냄에 지고 병까지 얻는 것이다.

우기는 5월 하순부터 10월 중순까지이다. 참으로 억척스럽게 쏟아질 때도 있고 시름시름 계속해서 비가 내릴 때도 있다. 이때는 우기라도 해가 비치면 뜨겁다. 평균 기온이 29℃여서 비가 내릴 때를 제외하고는 계속 무덥다. 비가 오지 않아도 하늘에는 늘 구름이 가득 덮여 있다. 부처님께서나 제자들이 왜 우기에 활동을 멈추고 우안거를 했을까 이해가 되었다. 풀이 무성하게 자라고 길에는 독충이 있고 비가 오면 길도 없어져 버렸을 것이다. 참으로 열대지방의 우기는 많은 비를 몰고 온다. 일진광풍이 휘몰아치면 하늘이 시꺼멓고 쏟아붓는 물은 양동이로 들이붓는 것 같다. 미얀마의 토질이 사질토라서 그렇게 많은 비가 와도 물 사태가 나지 않았다. 그 많은 비가 모두 땅으로 흡수되므로 사람이 다 살 수 있는 것이구나 생각하게 한다.

이 우기에 몸이나 물건이나 모든 것들이 부지를 못한다. 시계며 전자제품도 습도에 온전하지 못하다. 이때는 전화기가 고장이 잦은지 비닐에 씌워서 사용하는 것을 보았다. 우기가 지나면 전자제품이 고장이 나는 것으로 보아 습도의 영향인 것 같다. 특히 가죽제품은 여지없이 곰팡이가 슬어 처치가 곤란해진다. 돈도 비닐에 넣어서 보관하지 않고 오랫동안 그냥 지갑에 넣어두면 파랗게 곰팡이가 슬어 나중에 사용할 수가 없을 정도가 된다.

우기에도 각종 병이 생긴다. 특히 감기와 설사를 조심해야 한다. 음식물을 각별히 조심하고 과일도 조심해야 한다. 미얀마 비구들도 이때는 음식을 조심하는 것을 보았다. 과일도 약간 오래된 것은 먹지 않았다. 또한 우기에는 후식으로 올라오는 아이스크림도 잘 안 먹는 것 같았다. 비를 맞으면 꼭 씻어야 되고 따뜻한 홍차나 커피를 마시는 것이 좋다. 탁발을 나갈 때 비가 오면 미리 손으로 머리에 물을 적시는 것이 좋다. 사전에 차가운 것에 대한 적응력을 갖게 해야 한다. 왜냐하면 비구의 머리는 맨 머리라서 차가움에 약하기 때문이다. 머리의 뜨거움과 비의 차가움이 부딪치면 바로 감기가 걸린다.

우안거가 끝날 무렵이 되면 대기가 차가워지면서 새벽이면 안개가 끼기 시작한다. 그러면서 청량기가 찾아온다. 이곳에서는 이때를 겨울이라고 하는데, 마치 한국에 봄과 같다. 청량기는 10월 하순부터 2월 중순까지인데 평균기온은 25℃이다. 그러나 한낮에 밖에 나가면 여전히 뜨거운 햇볕이 내리쬐여 땀이 흐른다. 다만 저녁이면 서늘해진다. 그래서 저녁이면 담요를 덮고 잠을 자야 한다.

미얀마에서는 따뜻한 물이 없기 때문에 저녁이면 차가운 물로 목욕해야 하기 때문에 외국인들은 이때 감기가 잘 걸린다. 그래서 어떤 때는 물통에 물을 담아 몇 시간만 햇볕에 내놓으면 손이 뜨거울 정도로 데워져 저녁이 오기 전에 목욕을 할 수도 있다.

이 환절기에 감기가 많이 찾아온다. 저녁이면 약간 쌀쌀한데 처음에 찬물로 샤워를 했다가 감기에 잘 걸렸다. 나중에 알고 보니 목 부근에 차가운 물이 닿아 감기가 걸린다는 것을 알았다. 그러니 항상 감기 기운으로 고생할 수도 있다. 몸살감기가 오기 전에 어떤 예시가 있는데 수행을 하느라 이런 것을 무시하기 마련이다. 그러면 반드시 며칠 뒤에 아프게 된다. 그때 알아차리면 이미 늦다.

더운 지방에서 목욕은 필수인데 안 하면 땀띠가 나고 잠을 잘 수가 없다. 그래서 청량기에 생긴 목욕 요령이 있다. 목욕을 할 때 처음에는 빨래를 한다. 그래서 몸을 약간 덥게 한 뒤에 수건에 비누를 칠해서 발부터 문지른다. 그리고 차츰 위로 올라가며 문지른 뒤에 물을 발부터 차츰 위로 끼얹어야 한다. 머리부터 끼얹으면 오싹해진다.

더운물에 익숙해진 한국인이라서 궁여지책으로 불가피 찬물로 하는 요령을 습득해야 한다. 처음부터 머리에 찬물을 끼얹는 것은 병을 불러들이는 것이다. 그래서 겨울철이나 우기에는 샤워기를 사용하면 안 된다. 샤워기는 머리부터 물을 뿌리기 때문이다. 병이 났을 때도 알아차려야 하지만 병이 나지 않도록 하는 것도 알아차림으로 할 수만 있다면 해야 한다.

미얀마는 어느 것 하나 좋은 조건이 없다. 다만 법이 있고 스승이 있고, 수행을 위해 허용된 공간이 있어서 가는 것이다. 어느해에는 열대야 때문에 보름 이상을 잠을 잘 수가 없어서 괴롭기가 그지없었다. 밖으로 나오면 떼로 몰려온 모기가 기다리고, 방 안에서는 더워서 잘 수가 없고, 전기불이 꺼져서 선풍기를 틀 수가 없고, 혹여 전기가 들어와도 더운 바람만 불어와 오히려 숨이 막혔다. 땀띠가 양쪽 겨드랑이에 벌겋게 꽃을 피워서 화끈거리고 아려서 도저히 잠을 이룰 수가 없었다. 이런 때는 마음속으로 하루에 몇 번이나 귀국길에 오르곤 한다. 그러나 아픈 상태로 갈 수는 없고 몸이 좀 나으면 가자고 했다가도 회복이 되면 다시 주저앉는다. 이런 마음의 변덕을 통해서 무상과 무아를 알게 된다.

이렇게 매일 매일을 지내다가 아는 미얀마 스님께 요즈음 사는 것이 괴로움이라고 했더니 왜 그러냐는 것이다. 더워 잠을 못 자서 죽겠다고 했더니 이해가 안 간다는 듯이 자기는 전혀 안 그렇다는 것이다. 이 더위가 이곳 사람에게는 외국인처럼 혹독하지가 않다는 것을 알았다. 어려서부터 몸에 밴 기후이기 때문이다. 이곳 사람들은 모기에 대해서도 우리와 다르게 고통을 덜 느낀다.

미얀마의 모든 것이 아무리 열악해도 수행을 하는 즐거움 앞에서는 그냥 알아차릴 대상일 뿐이다. 불편하다고 느껴서 불편하지 알아차릴 대상으로 보면 현상일 뿐이다. 양곤 공항에 내리면 제일 먼저 훅 다가오는 열기가 반긴다. 어떤 때는 그 열기가 그립다. 스승이 숨쉬는 열기이기 때문이다. 그 열기 속에서 법이 익어간다.

　　　더울 때는 더위를 마음으로 느끼면 짜증이 난다. 이때 더위를 느끼는 감각기관은 마음이 아니고 피부여야 한다. 피부로 더위를 느끼고, 피부로 추위를 느끼면 맨 느낌의 상태가 되어 좋거나 싫거나 하는 반응이 일어나지 않는다.

문_ 명상을 하면서 땀이 계속해서 흐릅니다. 몸이 아직 회복되지 않은 것 같습니다. 그래도 좌선을 할 때는 약 50분에서 1시간을 하고 있습니다. 다시 호흡이 사라지고 20분에서 30분 정도 앎을 알아차리고 있습니다. 그러나 몸의 상태가 나쁠 때는 호흡의 사라짐이 없으며 1시간 내내 계속해서 호흡만 알아차리고 있습니다.

답_ 정해진 장소와 시간에 구애받지 말고 편리한 대로 명상을 하라. 지금 계절이 바뀌고 있는 때라서 몸이 그럴 수 있다.

* * *

주해_ 아플 때는 오히려 평소보다 알아차릴 대상이 많다. 몸과 마음에 나타난 여러 가지 현상은 손님이 찾아온 것과 같다. 아플 때 나타난 손님을 제대로 맞이하게 되면 괴로울 틈이 없다. 그래서 아파서 나타난 현상은 모두 알아차릴 대상이 되므로 법에 해당된다.

　　　병이 나면 스승에 따라서 수행을 쉬라고 하는 경우가 있고, 또는 오히려 더 알아차림을 강화하라고 말하는 스승도 있다. 사실 아프면 알아차릴 것이 더 많고, 또한 알아차리는 것이 쾌유의 치료 효과가 있기 때문에 수행을 더 권유하는 것이 바른 지도방법이다.

전신이 쑤실 때는 온몸의 느낌이 강렬해진다. 이곳저곳이 쑤시고 가려운 것, 온몸에서 화끈거리는 열기를 알아차리는 것이 모두 훌륭한 수행의 대상이 된다. 이런 때는 몸에서 온갖 느낌이 피어나므로 느낌을 위주로 알아차리는 수념처 수행을 하기에 안성맞춤이다.

이처럼 위빠사나 수행은 몸에서 일어나는 느낌을 알아차리는 것인데, 처음에는 이것이 별것 아닌 것으로 생각될 수도 있다. 그러나 그렇지 않다. 바로 이런 현상이 궁극적 진리에 해당하는 훌륭한 수행의 대상이다. 몸과 마음에서 나타나는 실재하는 현상은 얼굴의 가려움까지 어느 것이나 알아차릴 대상으로 모두 소중한 것들이다. 수행을 할 때 이런 시시한 것들이 과연 알아차릴 대상이 될까 하는 의심이 들 때는 바로 '지금 내 마음이 의심하고 있구나' 하고 알아차려야 한다.

이런 현상을 모두 대상으로 알아차리면 어떤 아픔도 견딜 만한 것이 되며, 아프다는 정신적인 괴로움으로부터 벗어날 수 있다. 아플 때 상황이 더 악화되는 것은 몸뿐이 아니고 마음까지 아팠기 때문이다. 그래서 이때는 먼저 몸이 아픈 것에 반응한 마음을 알아차려야 한다.

처음 수행을 시작하고 마음을 알아차릴 때는 짧게 알아차려야 한다. 마음을 알아차리면 그 순간의 마음이 바로 사라지기 때문이다. 그런 뒤에 즉시 다른 대상을 잡아야 한다. 그러나 통증이 계속될 때만은 계속해서 마음을 알아차려도 된다. 아플 때는 아픈 것이 계속되므로 싫어하는 마음도 계속 남아 있기 때문에 마음을 알아차리는 것도 계속되어야 한다. 이렇게 계속해서 알아차리면 집중력이 생기고 이러한 집중력은 정신적 치유의 효과를 크게 증대시킬 수 있다.

괴로움은 항상 그냥 사라지지 않고 보상을 하고 간다. 죽지 않고 살아만 있다면 괴로움은 괴로웠던 만큼의 적절한 보상을 해 준다. 병이 나거나 가족관계의 어려움이나, 사업이나 생계의 어려움이나, 사랑에 대한 것이나 모든 것이 불만족스럽고 괴로움이 아닌 것이 없다. 그러나 이것들은 쓰지만 알아차림만 있다면 언젠가 그 열매를 달게 느낄 수 있다. 모든 것은 무엇이나 과정이라고 생각해야 한다. 즐거움도 잠깐이고 괴로움도 잠깐이다. 그러므로 인내하면서 주시해야 한다.

괴롭다는 것이 대상으로 인식될 때 우리는 세상의 다른 한 측면을 발견하게 된다. 이것이 수행을 한다는 것이다. 언제나 나타난 현상에 함몰되지 않고 그것을 지켜보는 것이 위빠사나 수행이다. 이렇게 조금만 제대로 보아도 바른 길이 있지만, 이 길은 아무에게나 쉽게 모습을 드러내지 않는다. 다만 이렇게 보기를 원하는 자에게만 그 길이 허락된다. 여기에는 믿음과 확신이 수반되어야 한다. 이것은 언제나 바른 것을 선택하려는 의지가 선행되는 것을 말한다. 그래서 선택이 필요하다. 자신의 선택이 없으면 그 무엇도 얻을 수 없다.

굳은 땅에 물이 고인다. 시련을 견디면 누구나 성숙해지기 마련이다. 인간은 이런 크고 작은 시련을 통해 비로소 지혜가 성장한다. 자신의 무모함에 대해서 알게 되며, 자신의 무력함에 대해서 알게 되며, 자신의 아만심이 얼마나 독이 되는지를 알게 된다. 그러므로 괴로움은 괴로움만으로 그치지 않는다.

그래서 아프고 나면 겸손해진다. 세상일이 자기 뜻대로 될 수 없다는 것을 알게 된다. 괴로움이 무엇인지를 알아 더욱 성숙해진 모습으로 바뀌기 마련이다. 그러나 이런 마음이 과연 몇 시간, 며칠이나 가는가 하는 것을 알아야 한다. 누구나 조금만 시간이 지나면 이내 본래의 마음으로 돌아가게 되며 다시 거친 욕망의 지배를 받게 된다. 그래서 언제나 쉬지 말고 지속적으로 알아차려야 한다.

기침이 나면 기침이 나는 순간을 그대로 알아차린다. 이때 목구멍에서 갈갈거리는 느낌을 주시하면 기침도 하나의 알아차릴 대상에 불과하다. 기침을 할 때는 목구멍에서 깃발이 나부끼다 끝이 헤어진 천 조각처럼 여러 가지 현상이 일어나며 매운맛, 쓴맛, 신맛 등이 모두 느껴진다. 그런 느낌의 변화를 아는 것이 알아차림을 하는 것이다. 이것은 병을 낫게 하려고 알아차리는 것이 아니라 그런 느낌이 현재 존재하므로 알아차리는 것이다.

그래서 아플 때는 그냥 알아차림으로 만족해야지 병이 나으려고 하거나 다른 무엇을 기대해서는 안 된다. 아플 때는 대상이 많기도 하지만 다른 이유로 수행이 잘될 수도 있다. 왜냐하면 아플 때는 아픈 것을 제외한 모든 욕망이 사라지기 때문이다. 아프면 오직 아프다는 것 외에는 다른 생각이 일어나지 않기 때문에 마음이 단순해진다. 그래서 알아차릴 대상이 오직 아픈 것 하나로 순일하게 모아진다. 그러므로 아플 때가 오히려 수행을 하기에 가장 최적의 상태이다.

아플 때는 당장 죽을 것 같고 괴롭지만 이것도 흘러가는 시간의 한 과정이라고 알아야 한다. 우리는 어려움에 처하면 앞뒤가 꽉 막혀서 고통을 겪는다. 이는 모든 것이 순간의 연속이라는 것을 모르기 때문이다. 또한 이것이 나의 고통이라고 생각하고 두려운 것이며 손해를 보지 않으려는 마음이 있기 때문이다. 그래서 무조건 벗어나려고만 하면서 절규하게 된다. 그러나 그럴수록 대상에 더 함몰되어 고통만 가중된다. 이것은 작용에 대한 반작용의 원리가 있기 때문이다. 무엇이나 그대로 받아들이는 것만이 문제를 해결하는 유일한 방법이다. 이것이 바로 알아차림이라는 것이다.

모든 것은 과정이다. 아플 때나 어려울 때 가장 주의해야 할 것이 그 순간을 영원한 것으로 생각하는 잘못된 견해이다. 또 그 대상으로 인해 두려움을 갖는다는 것이다. 그리고 내가 아프거나 내가 괴롭다고 여기는 것이다. 그때의 '나'가 없다는 것을 모른다. 두려울 '나'도 없다. 무엇도 영원하지도 않다. 그리고 있지도 않은 자신이 조금도 손해를 보지 않으려고 하는 이기적인 마음 때문에 괴로운 것이다. 손해를 자청하여 수용하면 조금은 넉넉해진다.

모든 일에 우선 두려움만 사라져도 한결 마음이 가볍고 무엇이나 알아차릴 만한 대상이 된다. 어떤 고통이나 실재하는 것들은 그렇게 괴로운 것만은 아니다. 오히려 괴로움의 실상을 있는 그대로 보면 의외로 담담한 것들이다. 세상에 못 견딜 괴로움이란 없다. 다만 두려움이 괴로움을 가중시켜서 불안한 것이 괴로운 것이다.

아플 때는 아픈 것 때문에 싫어하는 마음을 먼저 알아야 한다. 몸이 아플 때 몸만 아파야지 마음까지 아프면 안 된다. 아프면 무조건 싫어하는 마음이 생기고 짜증이 난다. 이것은 몸이 아픈데 마음까지 아픈 것이다. 사실 몸이 아픈 것이지 마음이 아픈 것은 아니다. 몸이 아플 때 마음으로 넘어가서 공연히 덩달아 아파하는 것이다.

우리는 습관적으로 이런 이중고를 겪는다는 것을 모른다. 어리석기 때문에 고통의 멍에를 스스로 만들어서 지고 있는 것이다. 탐욕이라는 것은 좋은 것만을 바라는 것이 아니고 고통까지도 욕심을 부리는 어리석음이다. 사실 욕심이 많은 사람이 병도 많다. 욕심 때문에 병이 나는 것이며, 욕심이 공연히 병을 끌어들이는 것이다.

병이 났을 때 욕심이 있는 사람은 욕심만큼 화를 낸다. 욕심이 있는 사람이 화도 그만큼 더 내는 것이다. 자기가 처한 어려움을 재수가 없어서 생긴 것이라고 화를 내며 실재하는 상황을 받아들이지 않는다. 그러나 위빠사나 수행은 어떤 경우에서나 알아차려서 받아들이는 것이다. 그것이 잘된 것이거나, 아니면 잘못된 것이거나 상관하지 않는다. 다만 현존하는 대상이므로 알아차리는 것이다.

욕심이 적고 겸허한 사람은 병이 나면 자기 잘못을 시인하고 겸손하게 병을 받아들인다. 이것이 바로 위빠사나 수행을 하는 것이다. 이렇게 알아차리는 사람은 병의 회복도 현저하게 빨라진다. 몸이 아플 때 이것을 마음이 알아차리는 것이 위빠사나 수행에서 제일 처음에 생기는 1단계의 지혜이다. 몸과 마음은 붙어 있지만 서로 다른 것들이 조건에 의해 결합된 것이므로 마음이 몸을 알아차릴 수 있어야 한다. 그래야 바른 지혜가 성숙한다. 몸이 아플 때 바르게 알아차리면 다만 아픔일 뿐이며 그것들은 순간적인 것들이며 나의 아픔이 아니라는 것을 알게 된다. 몸이 아플 때 마음까지 아프지 말아야 한다.

위빠사나 수행자가 죽을 때는 다음과 같은 이익이 있다.

1. 죽을 때 알아차리고 정신을 잃지 않는다.
2. 몸이 굳지 않는다.
3. 몸에서 냄새가 안 나고 색깔이 변하지 않는다.

4. 죽을 때 고통이 없고 신음하지 않는다.

5. 죽음이 가까워 온 것을 죽기 전에 느낀다.

6. 눈을 부릅뜨거나 헛손질을 하지 않는다.

수행을 할 때의 방편

문_ 앎을 알아차리는 도중에 몸이 한없이 풀려서 계속 이완되는 현상이 생겼습니다. 이때도 앎을 알아차려야 할지, 몸에서 나타나는 현상을 알아차려야 할지 알 수가 없습니다. 그러나 이제는 병이 회복되고 몸의 상태가 좋아져서 1시간씩 명상을 하고 있습니다. 또한 호흡과 몸의 느낌이 사라져서 앎을 알아차리고 있습니다. 그런데 앎을 알아차리는 도중에 몸의 느낌이 나타나는데 그때 대상을 바꾸어서 알아차려야 하는지 궁금합니다.

답_ 그런 현상이 왜 생겼는가를 생각하지 말고 나타나는 현상을 아는 앎을 알아차려라. 몸이 풀려나가는 그 현상을 아는 앎을 알아차려라. 열심히 정진하여 전에 도달했던 위치까지 도달하도록 하라. 그리고 앎이 사라진 뒤에 몸과 마음이 사라지는 상태가 자주 자주 생기기를 서원하라.

* * *

앎을 알아차리는 도중에 몸이 풀리는 현상이 생긴 것은 다시 몸을 알아차려야 하는 상태가 된 것이다. 이때는 알아차릴 대상이 마음에서 몸으로 바뀌는 것이다. 여기서 말하는 앎을 알아차린다는 것은 몸과 호흡이 사라져서 알아차릴 것이 없으므로 마음을 대상으로 알아차리는 것을 말한다. 그러므로 앎을 알아차리다가 몸의 느낌이 나타나면 당연히 몸을 알아차리는 과정으로 되돌아와야 한다.

호흡과 몸이 사라진 상태에서 앎을 할 때 집중력이 좋으면 몸의 느낌이 나타나지 않는다. 그러나 집중력이 약해지면 이내 몸의 감각이 나타난다. 이와 같이 앎을 하는 중에 몸에 느낌이 나타날 때는 그 느낌을 알아차려야 한다.

위빠사나 수행은 새로 나타난 대상이 있다면 새로 그것을 알아차려야 하기 때문에 이때는 몸이 풀리는 것을 알아차리는 것이 순서다. 앎을 하는 것이 중요하다 해도 몸의 느낌이 있는 상태에서는 좋은 집중의 상태로 가기 어렵다. 앎을 하다가 다시 몸을 알아차리면 대부분의 경우 몸의 느낌이 사라지게 된다. 그러면 그때 다시 앎을 알아차린다.

앎을 알아차리다가 중간에 몸의 느낌이 나타나면 못마땅하게 생각할 수가 있다. 그러나 몸의 느낌이 다시 나타나더라도 못마땅해 하거나 알아차리지 않으려고 피하지 말아야 한다. 수행은 무엇을 얻으려는 것이 아니고 있는 것을 알아차리는 것이기 때문에 어느 때나 나타나는 것이 있다면 그대로 알아차려야 한다. 이런 사소한 문제들이 수행의 길목에서 장애로 나타나므로 주의해야 한다.

사야도께서 말씀하신 몸이 풀리는 것을 아는 앎을 알아차리라는 말은 수행자들이 잘 이해하기가 어려운 말이다. 이 말의 뜻은 몸이 풀리는 것을 알아차리는 마음을 다시 알라는 것이다. 몸이 풀리는 것을 아는 앎을 알라는 것은 몸이 풀리는 것을 알아차리는 것과는 다르다. 몸이 풀리는 것을 아는 것은 알아차림이다. 그러나 여기서 말하는 '앎'은 단순한 알아차림이 아니고 대상을 알아차리는 마음을 다시 알라는 말이다. 이는 기존의 앎을 하는 두 가지 방법에 하나가 더 추가된 앎을 하는 것이 된다.

기존의 앎을 하는 방법이란 첫째, 대상을 잘 알기가 어려울 때 그것을 아는 앎을 하는 방법이다. 둘째, 몸과 호흡이 사라지고 알아차릴 대상이 없을 때 앎을 하는 방법이다. 셋째, 대상을 알아차릴 때 알아차리는 그 마음을 다시 아는 것을 말한다. 이것을 아는 마음을 아는 것이라고 말할 수 있다. 세 번째의 앎은 주시하는 상태를 다시 지켜보는 것을 말한다. 이것을 노팅(noting)하는 것을 워칭(watching)한다고 한다.

이처럼 사야도께서 지도하는 방편이 제시되었다고 해서 누구나 쉽게 이 방편을 활용할 수가 없다. 그러나 계속해서 정진하면 언젠가는 이런 상태를 체험할 수가 있게 된다. 이렇게 앎을 하기 위해서는 평상시에도 마음을 알아차리는 것이 필요하다.

거듭해서 여러 차례 앎에 대해서 강조를 하는 이유는 이것이 수행의 과정에서 꼭 겪어야 하는 단계이고 그만큼 중요하기 때문이다. 수행을 계속하다 보면 언젠가 몸이 사라지고 호흡도 사라지고 앎을 알아차려야 할 때가 분명히 오는데, 사전에 준비가 되어 있지 않으면 어려움을 겪게 된다.

몸이 나타나면 몸을 알아차린다

문_ 호흡이 사라지고 나서 앉음, 닿음을 했는데 그것도 사라졌습니다. 그래서 앎을 알아차리는 중에 어느 순간 알아차리고 있는 저의 모습이 보였습니다. 이런 경우가 일어날 때는 보통 몸의 한 부분이 느껴지기도 했는데 이제는 몸 전체가 다 느껴지기도 합니다. 이때는 매우 밝은 빛이 나타나거나 매우 고요한 상태가 계속됩니다. 그래서 30분 이상 앎의 알아차림을 놓치지 않고 알아차리고 있습니다. 어제부터 이런 현상이 있어서 그대로 알아차리고 있습니다.

답_ 앎을 알아차리는 중에는 몸이 느껴지거나 몸이 보이는 단계가 아니다. 몸이 나타나거나 느껴질 때는 앎을 알아차리지 말고 앉음, 닿음을 할 때이다. 빛이 나타나거나 고요함이 느껴지면 빛과 고요함을 알아차려야 한다. 앎은 몸이 아니고 마음이기 때문에 밀착해서 알아차리지 않으면 도과를 얻기가 어렵다. 마음은 매우 미세하기 때문에 밀착해서 알아차리지 않으면 안 된다.

263

주해_ 수행 중에 알아차리고 있는 자신을 보는 또 하나의 자신이 있다는 것은 집중력이 생겼을 때 나타나는 현상이다. 이것이 아는 마음을 아는 상태를 의미한다. 이때 두 개의 마음이 동시에 있는 것이 아니다. 마음은 한순간에 하나밖에 알아차리지 못하지만 워낙 빠르게 연속되므로 동시에 두 개의 마음이 있는 것처럼 보인다. 이런 현상은 알아차리는 힘이 생겨서 나중에 일어난 마음이 먼저 있는 마음을 볼 수 있을 때 나타난다.

몸과 호흡이 사라진 뒤에 다시 몸이 나타난 것은 아직 충분한 집중력이 성숙되지 않았기 때문이다. 깨달음의 요인 중에 기쁨, 평안함, 집중, 평등심이란 여러 가지 단계가 있는데 집중의 단계는 높은 상위의 단계이다. 그래서 집중력을 얻기 위해 더욱 노력해야 한다.

집중에는 두 가지가 있다. 누구나 최초에 기본적인 집중을 하지 않으면 대상을 파악할 수가 없다. 이것이 기본적인 집중이다. 이런 기본적인 집중은 수행과는 무관한 것이다. 정상적인 인간이 갖는 집중을 의미한다. 그래서 기본적인 집중력이 없으면 정상적인 사람이라고 말할 수가 없다. 마음은 순간적인 집중에 의하여 판단하고 기억을 하게 된다. 그러나 수행의 단계에서 말하는 집중은 다르다. 수행을 통하여 의식이 고양되었을 때 깨달음의 요인으로 생기는 집중이 있다. 여기서 말하는 집중은 깨달음의 요인이 성숙된 집중을 말한다. 이때의 집중은 알아차림이 충분하며 적절한 노력이 계속되는 것을 말한다. 그리고 대상을 보는 지혜가 함께 작용한다.

앎이 사라지기 전에 있는 집중에도 두 가지가 있다. 하나는 지금까지 위빠사나 수행의 찰나삼매를 하다가 사마타 수행의 근본삼매를 사용하는 경우가 있다. 이때는 오직 마음이 마음을 대상으로 알아차림을 집중하는 상태이다. 이것은 대상과 아는 마음이 밀착되어 있는 강력한 집중의 상태를 말한다. 그리고 다른 하나는 위빠사나 수행에서 사용하는 찰나삼매를 계속해서 사용하여 집중하는 것이다. 이때는 알아차리고 있는 것을 다시 알아차리면서 집중을 유지한다.

지금 여기서는 몸과 마음이 사라졌다 하더라도 아직 충분한 과정이 성숙되지 못한 것이다. 수행 중에 빛이나 고요함이나 이런 과정이 한데 섞여서 나타나기도 하고 하나씩 과정으로 나타나기도 한다. 무엇이나 수행과정에서 나타나는 것들이니만큼 좋거나 싫거나에 상관없이 알아차려야 한다. 그러나 자칫 좋은 것에 빠져 즐기게 되면 그 단계에서 머물게 되며 수행 상태가 오히려 더 떨어질 수도 있다.

앎을 알아차리다 빛이 나타나면 몸이 나타난 것이므로 먼저 빛을 알아차려야 한다. 빛을 충분하게 알아차리고 나면 그것들이 사라진다. 그러나 사라지지 않으면 계속 알아차린다. 그리고 나서 빛이나 몸이 느껴지지 않으면 다시 앎을 아는 것으로 간다.

몸에서 최초에 느껴지는 느낌은 여섯 가지 감각기관을 통해서 들어오는 것으로 다양한 종류의 느낌이 있다. 실제로 알아차리기 시작하면 할수록 미세한 느낌의 종류가 다양하다. 그러나 이것이 꼭 무슨 느낌이라는 명칭을 붙여서 알아야 하는 것은 아니다. 표현하기가 어려운 느낌은 그냥 그 자체의 느낌으로 알아차리면 된다. 그래서 꼭 무슨 느낌이라는 명칭을 붙이려고 하지 말아야 한다. '이것을 무슨 느낌이라고 말하지?'라고 생각하게 되면 알아차림을 놓치게 되어 그 순간 사유에 빠지게 된다. 그래서 이때는 그냥 그 자체의 느낌을 느끼면 된다.

최초에 느껴지는 느낌은 맨 느낌으로 단순한 것들이지만 이 느낌으로 인해 반응한 느낌이 좋거나 싫거나 덤덤하거나 하는 육체적인 느낌이다. 육체적인 느낌에서 다시 정신적인 느낌으로 발전하게 된다. 그래서 느낌이 어떻게 반응했는지를 아는 것이 느낌을 알아차리는 수행이다. 그러므로 느낌은 맨 느낌과 반응한 느낌으로 나누어진다.

느낌을 알아차릴 때 여러 가지 느낌 중에서 처음에는 하나의 느낌을 대상으로 잡아서 알아차린다. 그리고 차츰 느낌의 변화를 알아차린다. 느낌은 계속 무수히 변화한다. 느낌과 변화를 알아차리는 것은 대상의 성품을 아는 것이다. 알아야 할 것은 모양이 아니고 성품이다. 성품의 귀결은 일어나고 사라진다는 것이다. 또한 이렇게 느낌의 변화를 알아야 오래 지속해서 알아차릴 수 있게 된다.

처음에 느낌을 알아차릴 때 두드러진 느낌이 아니면 느낌이라고 알기가 어렵다. 그러나 알고 있는 모든 것이 느낌으로 아는 것이라고 이해해야 한다. 느낌을 느낄 때 특별한 느낌을 찾으면 안 된다. 그냥 알고 있는 것이 느낌이다. 이것을 육체적으로 반응하지 않은 맨 느낌이라고 한다. 수행자는 언제나 맨 느낌의 상태에서 대상을 마주해야 한다. 그러나 맨 느낌에서 반응한 느낌이 있을 때는 다시 이것을 알아차려야 한다.

느낌을 느낄 때는 '느낌'이라고 알아차려야 한다. 그래야 느낌이 감각적 쾌락이나 슬픔, 비탄으로 반응하지 않는다. 이렇게 알아차릴 때 느낌을 느끼는 존재가 사라진다. 그래서 나의 느낌이라고 생각하지 않고, 느낌은 단지 감각기관이 느끼는 것일 뿐이라고 알게 된다.

느낌을 느낌으로 알아차리면 이처럼 존재가 사라져서 탐욕과 성냄이 일어나지 않는다. 그리고 느낌이 항상 하는 것이 아니라는 것을 알아 무상을 알게 된다. 이것이 바른 법을 보는 것이 된다.

마지막 인터뷰

문_ 오늘이 마지막 인터뷰인데, 그간 여러 가지로 훌륭한 가르침을 잘 받았습니다. 묵언실에 가서 수행을 계속하겠습니다. 새로운 곳으로 가도록 허락해 주셔서 감사합니다.

그간 수행을 하던 중에 앎의 사라짐이 30분 정도 된 것을 끝으로 몸이 아픈 뒤에는 더 이상 앎의 사라짐이 없었습니다. 다음 수행을 하는 곳에 가서 다시 정진을 시작하겠습니다.

답_ 묵언실에 가서 명상을 하기 전에 45분 이상 몸과 마음이 사라지는 상태가 계속되기를 서원을 하라. 하루에 3번 서원을 세우고 하라. 명상을 하다가 졸리면 일어남, 꺼짐, 앉음, 닿음을 하지 말고 일어남, 꺼짐만 하라. 경행은 명상과 같은 비율대로 하고 소홀히 하지 말고 열심히 하라.

* * *

주해_ 3개월간의 우안거가 끝날 무렵이면 귀국하는 외국인 수행자가 늘어간다. 그리고 다른 선원으로 수행 장소를 옮겨서 수행을 하는 수행자도 생긴다. 세계 각처에서 온 수행자 중에 유럽의 수행자들도 상당수 있다. 유럽의 수행자들은 대체로 한곳에 오래 머물지 않는다.

미얀마의 수행센터는 연중무휴지만 우안거를 중심으로 가장 많이 집중수행을 한다. 그래서 우안거가 끝나면 선원의 긴장감이 약간 떨어진다. 수행자들이 바뀌기 때문이다. 외국인 수행자도 그렇지만 미얀마 비구들도 대체로 바뀐다. 마하시 수행센터나 다른 수행처에서도 우안거가 끝나면 마찬가지다. 그러나 비구, 띨라신(8계녀), 남녀 재가 수행자들이 계속해서 수행을 하기도 한다. 그러므로 미얀마의 어느 선원이나 방학이 없다.

문_ 오늘부터 몸의 상태가 좋아지기 시작했습니다. 많이 흐르던 땀이 이제는 상당히 줄어들었습니다.

마하시 선원에 와서 명상을 한 지 3개월이 지났는데, 그간에 허리가 아파서 매우 고생을 했었습니다. 그런데 이제 허리 아픈 증상이 사라졌습니다. 한국에서 허리가 아파 병원에 다녔었는데 요즈음에는 전혀 통증이 없습니다.

또한 명상을 처음 시작할 때는 허리를 똑바로 펴면 오히려 호흡을 하기가 힘들었는데 이제는 허리를 펴는 것이 편안하게 느껴집니다. 명상 중에 호흡이 사라지지 않아도 당황하는 마음이나 짜증을 내는 마음이 없이 그냥 그 상태를 알아차리고 있습니다. 또한 호흡을 보기 시작하면 굳었던 근육이 한 올 한 올씩 풀리기 시작하는 것을 느낄 수 있습니다. 그리고 몸이 서서히 따뜻해지고 새로운 충천

한 기운이 일어나는 것을 느낄 수 있습니다. 전에 비하여 호흡이 매우 깊어진 것을 알아차리게 됩니다.

답_ 아픈 것이 명상 때문이 아니고 계절의 변화 때문이다. 알아차림을 하는 것은 사라지는 것을 바라는 것이 아니고 원래의 성품을 알기 위해서 하는 것이다. 허리가 다시 아플 때는 다시 알아차림을 하라. 건강이 회복되었으면 다시 서원을 세우고 명상을 시작하라. 이제는 몸과 마음이 사라지는 것이 자주 생겨지기를 바라는 서원을 세우고 하라.

문_ 위빠사나 수행의 집중과 사마타 수행의 집중이 어떻게 다릅니까?

답_ 위빠사나 수행에서는 찰나삼매를 하며 사마타 수행에서는 근본삼매를 한다. 위빠사나 수행의 집중은 매순간 일어나고 사라지는 현상을 주시한다.

* * *

주해_ 수행을 할 때 노력과 알아차림과 집중의 세 가지 요소가 기본적으로 조화를 이루어야 된다. 알아차림과 노력은 항상 계속되어야 하는 것이지만 집중의 차이에서 수행방법이 구별된다. 이처럼 수행방법을 구별하는 집중의 종류는 근본삼매, 근접삼매, 찰나삼매가 있다. 이 세 가지 삼매에 따라서 사마타 수행과 위빠사나 수행으로 나누어진다.

좌선 중에 배의 움직임과 알아차림이 정확히 일치하면 순간적으로 집중력이 생긴다. 이것이 찰나삼매에 해당된다. 위빠사나 수행의 집중은 근본삼매가 아니고 찰나삼매이기 때문에 순간순간에 집중의 효과가 나타난다. 알아차리는 대상도 끊임없이 변하고, 대상을 보는 마음도 찰나생, 찰나멸 하기 때문에 찰나삼매라고 한다. 이렇게 알아차릴 수 있기 때문에 대상의 성품인 삼법인의 지혜가 나타나게 된다.

근본삼매는 깊은 집중으로 사마타 수행을 할 때 생기는 선정에 이른 것을 말한다. 이때는 고요함이 대상이 된다. 그러나 위빠사나의 삼매는 찰나삼매로 대상을 객관적으로 주시하면서 생기는 순간적 집중의 연속을 말한다.

위빠사나 수행을 한다고 해서 처음부터 완전한 찰나삼매가 생기는 것은 아니다. 수행 초기에 마음은 한순간도 한 대상에 머물기가 어렵다. 그래서 처음에는 근접삼매로 출발한다. 이러한 근접삼매를 초기삼매라고도 한다. 근접삼매는 초기집중으로 대상에 대한 최초의 집중이다. 근접삼매를 빨리어로 풀이하면 돌을 던지면 닿을 수 있는 가까운 삼매를 말한다. 그래서 초기에 손쉽게 이루는 삼매이다.

이러한 근접삼매에서 선정수행의 근본삼매로 가기도 하고, 지혜수행의 찰나삼매로 가기도 한다. 온전한 찰나삼매는 몸과 마음이 순간순간 끊임없이 변하는 것을 지속적으로 알아차릴 수 있을 때의 상태이다. 이때 무상과 고와 무아를 체득하게 된다. 앎이 사라지기 전에는 반드시 무상, 고, 무아의 삼법인의 지혜가 나게 된다. 그리하여 그 결과로 집착이 끊어지게 되고 다시 집착이 끊어진 결과로 도의 의식이 생기고 열반에 이르게 된다.

수행이 깊어지면 호흡이 몇 번만 완전하게 밀착되어서 알아차리기만 해도 몸의 이완을 확연하게 느낄 정도로 부드러워진다. 그리고 따뜻함이 전신으로 번지는 것을 알 수 있다. 그래서 대상을 알아차릴 때 깊게 들어가면 대상에 빠지기 때문에 대상의 성품을 알아차릴 수가 없다.

대상에 너무 깊게 빠져서 알아차리는 것은 하나의 대상을 선택하게 될 때이다. 이것은 대상의 고유한 특성을 알아차릴 수가 없는 관념적인 수행방법이다. 이것이 사마타 수행이다. 그러나 위빠사나는 대상의 선택이 자유롭고 대상의 고유한 특성을 알아차리는 수행이므로 자연히 몸과 마음이 대상이 될 수밖에 없다. 대상에 하나로 밀착되면 바로 주관적인 대상으로 바뀌는 것이 사마타 수행이다. 그러나 위빠사나 수행은 대상의 성품을 보는 것으로 나의 의지를 개입하지 않고 대상의 변화를 알아차리면서 수행을 한다.

위빠사나의 대상은 몸과 마음의 고유한 특성이 있는 것을 알아차리는 것이다. 이것은 보편적인 특성으로 모든 것이 변한다는 것이다. 이처럼 변화를 알아차려야 무상의 지혜가 난다. 또한 변화를 알아야 재미가 있어 대상에서 마음이 떠나지 않게 된다. 그래서 지속적인 집중을 할 수 있다.

문_ 수행을 하면서 마음이 밖으로 나가 차별을 일으킬 때는 어떻게 해야 합니까?

답_ 위빠사나 수행은 내관적 지혜를 얻는 수행이다. 먼저 자신의 몸과 마음을 알아차려라.

＊ ＊ ＊

주해_ 나가세나 존자는 수행자의 자세에 대해 "보이는 대상에는 마치 눈먼 장님처럼, 들을 때는 마치 귀머거리처럼, 이야기를 할 때는 마치 벙어리처럼, 건강한 사람도 마치 환자처럼 행동하고, 사건이 일어날 때도 마치 시체처럼 행동해야 한다"라고 말씀하셨다.

　　수행자가 눈먼 장님, 귀머거리, 벙어리, 환자, 시체와 같아야 된다는 이 말의 뜻을 정리하면 다음과 같다.

　　1. 수행자는 눈먼 장님처럼 행동해야 한다.
　　어느 것을 보아도 대상에 빠지지 않고 알아차려서 대상에 차별을 일으키지 않아야 한다. 알아차림이 눈의 문지기로 지키고 있어서 대상의 좋고 싫음을 차별하지 않고 그냥 있는 그대로 받아들인다. 이미 그것은 보고도 보지 않은 것이다. 다만 선악, 미추, 빈부, 귀천, 남녀, 노소의 차별을 보지 않은 것이다. 눈에 알아차림의 문지기가 지키지 않으면 도둑이 들어와서 주인 행세를 한다. 실제로 수행을 할 때 대상의 정보를 받아들이는 것은 눈이 아니고 마음이다. 지혜는 눈으로 보여지는 것이 아니고 마음으로 아는 것이다. 평소에 주로 정보를 받아들이는 것은 눈을 통해서 알기 때문에 본다는 것이다. 그러나 수행에서는 마음으로 아는 것이다.

　　2. 수행자는 귀머거리처럼 행동해야 한다.
　　어떠한 말에도 귀가 얇어 대상에 빠져서 좋고 싫은 차별을

273

하지 말아야 한다. 알아차림이 귀의 문지기가 되어 귀를 통해서 들어오는 모든 악업을 지켜야 한다. 그래서 소리를 들어도 불필요한 것을 듣지 말고 오직 내면의 지혜의 소리에 귀를 기울여야 한다. 귀에 알아차림의 문지기가 지키지 않으면 도둑이 들어와서 주인 행세를 한다.

3. 수행자는 말을 할 때 벙어리처럼 행동해야 한다.

어떤 상황이든 대상에 불필요한 말로 참견하여 시비를 일으키지 말아야 한다. 알아차림을 통해 입에 문지기가 지키고 있으므로 함부로 말하고 참견하지 말아야 한다. 누구를 가르치려 하거나 누구에게 지시하지 말고 스스로 알아차리도록 한다. 오직 자신의 내면에서 나오는 말에 귀를 기울여야 한다. 수행자는 자신 스스로 자신과도 말하지 말아야 한다. 자신과 말하는 것은 망상을 하는 상태이며 알아차림이 부족한 탓이다. 자신에게도 훈계하거나 설교하지 말아야 한다. 그것은 자학이지 알아차림이 아니다. 그래서 수행자는 벙어리처럼 가장하여 지적인 표현도 삼가고, 논쟁에 끼어들지 말고, 말을 억제해야 한다. 논쟁에는 답이 없다. 누구나 자기 말이 옳다. 말은 많이 하면 비난을 받고 적게 해도 비난을 받는다. 그리고 말을 안 해도 비난을 받는다. 그러나 말을 안 하면 악업의 과보는 짓지 않는다. 말은 곧 도끼처럼 내리치는데 결국 자기 발등을 내리친다. 말은 악업의 과보를 그대로 받는다. 입에 알아차림의 문지기가 지키지 않으면 도둑이 들어와서 주인 행세를 한다.

4. 수행자는 마치 환자처럼 행동해야 한다.

어떤 일이든 서두르지 말고 알아차리면서 천천히 행동한다.

그렇다고 인위적으로 지나치게 천천히 하는 것도 바람직하지 못하다. 천천히 하되 알맞게 천천히 한다. 무조건 너무 느리게 하는 것도 또 다른 장애가 된다. 천천히 해야 한다는 강박관념이 수행을 꾸며서 하게 하거나 수행이 싫어지게 하는 요인이 될 수도 있다. 알아차림을 통하여 행동을 하나하나 주시하며 움직이면 대상의 성품도 알 수 있고 행동을 통하여 마음도 알아차릴 수가 있다. 모든 행동의 일거수 일투족을 알아차리되 요통 환자가 하듯 주의를 기울여서 하라. 다만 환자처럼 조심을 하되 부드럽고 알맞게 힘을 안배하여 일정한 속도를 유지하는 것이 좋다. 주의해야 할 것은 '천천히'라는 말의 의미를 지나치게 확대하지 말아야 한다. 행동을 알아차림의 문지기가 지키지 못하면 도둑이 들어와서 주인 행세를 한다.

5. 수행자는 무슨 일에도 시체처럼 행동해야 한다.

어떤 일에 직면하더라도 시체처럼 낮게 누워서 개입을 하지 말고, 오직 그 순간에도 자신의 몸과 마음이 어떻게 반응하는가를 알아차려야 한다. 시체는 내부에 대해서나 외부에 대해서나 어떤 반응을 보일 수가 없다. 오직 누워 있다는 사실 하나만 알면 된다. 밖의 일은 밖의 일이고 현재는 자신의 몸과 마음을 알아차리는 것에 모든 역할이 주어져 있다. 시체는 남에게 자기를 잘 보일 일도 없다. 어떤 비난이나 가혹한 행위도 수용할 수밖에 없다. 시체처럼 자신을 낮추어야 한다. 수행자는 인욕을 하면서 순경계와 역경계에 시체처럼 무심히 대해야 한다. 자신을 알아차림의 문지기가 지키지 못하면 도둑이 들어와서 주인 행세를 한다.

수행을 할 때 생기는 장애가 어디 하나 둘이겠는가. 끊임없이 내부적으로 외부적으로 부딪쳐 오는 대상에 미처 알아차림이 따라가지 못하면 탐진치가 생기고 불선업을 만들게 된다. 그럴 때마다 '나는 시체다'라는 생각이 위기를 많이 극복하게 해 준다. 모든 것이 결국 내가 있다는 아상 때문이라서 시체라는 생각에 이르러서야 비로소 자기를 낮추는 겸손함이 생긴다. 수행자는 어떤 경우에나 오직 자신이 알아차려야 할 신수심법(身受心法)의 사념처에 마음을 집중하고 위와 같이 정진해야 한다.

보니, 거기 세상이 있다

우리의 몸과 마음은 끊임없이 어떤 대상을 맞이한다. 그래서 부딪친다. 부딪쳐서 인식을 한다. 부딪치면 느낌이 일어나고 인식하는 것은 모두 느낌으로 안다. 그래서 안다는 것이 느낌이 아닌 것이 없다.

이처럼 최초의 시작은 몸과 마음으로부터 비롯된다. 시작이 몸과 마음이므로 모든 것의 귀결도 자신의 몸과 마음일 수밖에 없다. 내 마음이 세상을 보는 순간 세상은 보이는 대상이 된다. 이때 '밖에 있는' 세상이 있고 보고 있는 '안에 있는' 세상이 있다. 보는 세상은 안과 밖의 어느 세상을 보건 볼 때 알아차리면서 보는 것으로 이것이 수행을 한다고 말하는 것이다. 다시 말해 볼 때 본다는 사실을 자각하고 깨어서 보는 것을 알아차리며 본다는 말이다.

보이는 세상은 안이건 밖이건 거기에 그대로 있지 않다. 세상은 한순간 한순간이 항상 같지 않고 끊임없이 일어났다가 사라진다. 왜냐

하면 세상을 보는 내 마음이 매순간 일어났다가 사라지기 때문이다. 마음이 순간적이므로 사실은 세상도 순간적인 것이다. 또한 보이는 모든 대상도 끊임없이 변하므로 순간적인 것뿐이다. 이것은 영화를 볼 때 연속적으로 보여서 연결된 것 같지만 사실은 필름 한 장면 한 장면이 연결되어서 연속으로 붙어 있는 것처럼 보이는 것과 같다. 모든 것들은 미립자라는 최소의 단위로 구성되어 진동하며 생성과 소멸을 하는 과정에 있는 것이며 영원하거나 지속적인 것이 아니다.

바로 우리의 마음이 영화 필름처럼 한 장면씩 끊어져 있다는 사실에 주목해야 한다. 마음은 미립자로 토막 나 있는 것이지 붙어 있는 것이 아니다. 마음은 한순간에 일어나서 한순간에 사라진다. 마음이란 이와 같이 매순간 생성과 소멸을 끊임없이 반복한다.

이렇게 보이는 밖에 있는 대상은 영화의 장면처럼 그 실체를 정확히 알기가 어렵다. 그래서 대상을 정확히 알려면 안에 있는 또 하나의 세계를 보아야 한다. 이것이 자신의 몸과 마음이다. 자신의 몸과 마음을 알아차릴 때만이 존재하는 것들의 온전한 실체가 드러난다.

마음이 세상을 보니 거기 세상이 있는 것이다. 세상이 있어서 마음이 세상을 보았지만, 먼저 일어난 것은 마음이다. 마음이 있어서 거기 있는 세상을 본 것이다. 마음이 없으면 세상이 없는 것이다. 세상이 있어도 내 마음이 없으면 의미가 없다.

그런 의미에서 실존주의적 입장은 마음이 선행되어 보는 행위가 있고 거기에 세상이 있는 것이다. 수행은 일차적으로 육근을 통하여 밖에 있는 세계를 접하는 것이므로 보는 자의 의도가 중요한 역할을 한다. 그래서 볼 때도 대상에 빠져서 보지 않고 보는 자기를 알아차리며 보아야 된다. 이것이 내관적 지혜로 보는 것이다.

'보니, 거기 세상이 있다'에서 보는 것은 알아차리면서 보는 것인데, 세상이 보여서 보는 것이지 세상을 바꾸려고 보는 것이 아니다. 안이나 밖을 보거나 간에 있는 대상의 변화를 지속적으로 보는 것이지 어떤 의도를 가지고 그 흐름을 바꾸려고 개입해서 보는 것이 아니라는 말이다.

수행자는 출세간을 지향한다. 출세간에서는 자신의 몸과 마음을 우선적으로 알아차리는 것을 대상으로 삼는다. 밖을 볼 때는 유신견을 가지고 보기 때문에 항상 내가 본다는 선입관에서 벗어날 수가 없어 대상의 실체를 바로 보지 못한다. 그래서 보는 대상을 오직 자신의 몸과 마음이 선택하는 것이다. 그래야 비로소 내가 본다는 유신견이 사라진다.

볼 때 알아차리면서 보면 고정관념으로 보지 않고 있는 그대로 보게 된다. 알아차린다는 것은 대상에 빠지지 않고 안에서 본다는 것이다. 그래서 색안경을 쓰고 보지 않게 된다. 색안경을 쓰고 세상을 보면 색안경 색깔로만 보이기 때문이다. 있는 그대로 본다는 것은 탐진치 없이, 고정관념 없이 보는 것을 말한다. 놓여 있는 것을 놓여 있는 그대로 보는 것이다. 볼 때 보는 마음이 선악, 미추, 행복, 불행의 차별 없이 보면 선업이고, 반대로 차별을 내서 보면 불선업이다. 선업과 불선업은 보는 순간 보는 마음에 의해 결정된다. 그래서 우리가 수행을 한다는 것은 최초로 마음이 대상을 알아차릴 때 어떻게 아느냐 하는 것을 말하는 것이다.

알아차리는 것은 항상 현재의 마음이다. 그래서 '지금 여기에서'가 중요하다. 위빠사나 수행은 항상 현재에 있는 실재하는 것을 알아차리는 것이다. 현재에 있는 실재하는 것은 자신의 몸과 마음이다. 그래서 수행을 한다는 것은 자신의 몸과 마음을 보는 것 외에 달리 방법이 없음을 알 수 있다.

붓다께서는 『대념처경』에서 열반으로 가는 유일한 길은 사념처라고 말씀하셨다. 그래서 번뇌를 해결하는 오직 하나의 길은 자신의 몸과 마음을 알아차리는 신수심법 사념처라는 것을 알 수 있다. 그러나 거기에는 현재라는 시제가 꼭 붙어야 한다. 현재의 몸과 마음을 알아차리는 것이다.

붓다께서는 행복의 조건은 항상 마음을 현재에 두고 사는 것이라고 말씀하셨다. 하루는 어떤 천인이 붓다께 질문을 했다.
"숲 속에서 그들의 평온한 안식처를 만드는 자들, 거룩한 삶을 사는 성스러운 자들, 한 끼의 식사로 허기를 메우는 자들, 어떻게 그들의 얼굴색이 평온하게 보이는지 말씀해 주십시오."
붓다께서 대답하셨다.

"그들은 지나간 일을 한탄하지 않는다. 그들은 아직 오지 않은 것을 걱정하지 않는다. 그들은 현재 있는 것으로 자신들을 지탱해 나간다. 그러므로 그들의 얼굴색이 평온하게 보인다."

그래서 숲 속에서 수행을 하는 수행자들은 과거나 미래에 대한 걱정 없이 현재에 있기 때문에 항상 행복하게 사는 것이다. 결국 행복은 현재에 머무는 자의 것인데 현재에 머문다는 것은 자신의 몸과 마음을 지금 알아차린다는 말이다. 현재에 있다는 것은 그냥 있는 것이 아니고 수행을 한다는 것이다.

붓다께서는 또 다음과 같이 말씀하셨다.
"행복은 오로지 스스로 만족하는 자, 진리를 들은 자, 그리고 진리를 본 자에게만 한정한다. 이 세상에서 행복은 집착으로부터 떠나는 것이며, 감각적 욕망을 뛰어넘는 것이다. '나'라는 자만심의 억제는 실로 가장 큰 행복이다."

알아차리는 마음이 대상을 맞이해서 볼 때, 보니 거기 세상이 있는 것이다. 이때 세상은 객관이고 보는 것은 그것을 차별 없이 수용한다. 이렇게 볼 때 비로소 대상을 있는 그대로 보게 된다.

우리가 세상을 볼 때 처음에는 '밖'에 있는 세상을 본다. 그러나 또 다른 '안'에 있는 세상이 있다. 실재하는 가장 중요한 세상은 바로 안에 있는 세상이다.

밖에 있는 세상은 사물들, 사람들, 사건들인데 안에 있는 세상은 우리의 감각기관이다. 자신의 육근(六根)이 육경(六境)에 부딪쳐서 육식(六識)을 하는 세계이다. 이것이 안으로 본 또 하나의 세계이다. 이것이 수행자들이 추구하는 출세간의 새로운 세계이다. 이것은 언제나 있었지만 붓다께서 밝히셔서 수행의 대상으로 알게 된 세상이다.

안, 이, 비, 설, 신, 의[六根]라는 여섯 가지 감각기관이 색, 성, 향, 미, 촉, 법[六境]이란 대상을 만나는 것이 인간이 이 세상에서 나와 처음부터 죽을 때까지 불가피 맞이하게 되는 온전한 대상이다. 이렇게 만나서 안식, 이식, 비식, 설식, 신식, 의식[六識]이 생긴다. 이것이 하나의 작은 완성이다. 볼 때의 완성이고, 들을 때의 완성이고, 냄새를 맡을 때의 완성인 것이다. 이것을 18계라고 하며 일체, 세계, 유정세계, 모든 것이라고 한다. 이것은 인식의 범위 안에 있는 것이다. 인식의 범위를 벗어난 것은 상상이고 실재하는 것이 아니기 때문에 우리의 영역 밖의 일이 된다. 영역 밖에 있는 것은 존재의 의미를 논의할 대상이 아니다. 수행을 한다는 것은 오직 인식의 범위 안에 있는 것을 대상으로 한다는 것을 잊지 말아야 한다.

인식의 한계를 벗어난 것은 없는 것이다. 인간은 현재 스스로가 가지고 있는 업의 형벌 같은 번뇌를 해결하는 것이 가장 당면한 목표이기 때문이다. 수행을 한다는 것은 현재 실존하는 자신의 탐진치라는 번뇌를 해결하는 것 외에는 다른 아무런 이유가 없다. 그래서 오직 자신의 몸과 마음에 초점이 맞춰지는 것이다.

이렇게 안과 밖을 합쳐서 본 세계를 알아차리는 것이 사념처 위빠사나 수행이다. 보니 거기 세상이 있는 것은 밖으로 본 세상과 안으로 본 세상이 있다. 그러나 안과 밖을 볼 때 모두 알아차림의 기준을 안, 이, 비, 설, 신, 의에 두고 알아차린다. 밖을 볼 때나 안을 볼 때나 보는 관점은 육근의 육문에 두고 경계와 마주치는 것이지 절대 밖으로 나가 대상에 빠져서 알아차리지 않는다. 밖으로 나가면 좋고 싫고의 차별이 일어나서 대상에 휩쓸리게 된다. 그래서 육문에 문지기처럼 알아차림을 두는 연습을 하는 것이 위빠사나 수행이다. 그러면 세상에 개입해서 소득 없이 시비를 일으키지 않아 계율을 지키고, 그래서 편안하고, 그래서 사물의 이치를 꿰뚫어 보는 힘을 얻는 것이다. 이런 과정이 우리가 소망하는 가장 이상적인 형태의 삶의 방법인 것이다.

'보니, 거기 세상이 있다'의 '보니'는 보려고 하는 원인이다. 보려고 한 원인이 있어서 보게 된 세상이라는 결과가 있다. 모든 것에는 반드시 원인과 결과가 있다. 원인이 없는 결과는 없고, 결과는 또 새로운 원인이 되어 이 세상이 끊이지 않고 계속된다.

우리가 볼 때, 들을 때, 냄새를 맡을 때, 맛을 알 때, 촉감을 느낄 때, 생각을 알 때 모두 내가 있어서 아는 것이 아니다. 내가 보고, 듣고, 알고, 느끼는 것은 막연하게 나라고 하는 어떤 주인이 있어서 아는 것이 아니다. 이것은 어떤 조건하에서만 가능하다. 그것을 나라고 하는 주인이 아는 것이 아니고 조건에 의해 아는 것이므로 주인이 있다면 조건이 진실한 주인이다.

이 조건은 원인과 결과에 의해 생겨나고 사라진다. 그렇다면 원인과 결과가 주인이다. 또한 그 순간의 마음이 주인이다. 그러나 순간은 이미 사라져 버린 것이다. 그러므로 주인이란 개념, 나라는 개념은 어떤 주체가 있는 것이 아니고 순간적인 현상일 뿐이다.

현재는 존재하지만 현재라고 하는 순간에 현재는 사라지고 만다. 그러므로 삶은 연속선상에 있는 흐르는 물과 같다. 산다는 것은 현재라는 순간들의 다발이다. 이 현재라는 묶음의 다발을 인식하려면 바퀴가 바닥에 닿는 점은 하나이기 때문에 항상 그 닿는 부분을 주시해야 한다. 현재라는 실체에 머물기 위해 일차적으로 선택한 것이 호흡이다. 이것이 바퀴가 바닥에 닿는 접점과 같은 것이다.

존재에 대한 분석은 원인과 결과로 모두 증명이 되었는데, 그것이 12연기이다. 무엇이나 저 스스로의 힘으로 되는 것이 아니고 항상 원인이 있어서 결과가 있으므로 우리가 사물을 보거나 이해하려고 할 때 보이는 것만 보면 오류에 빠지기 십상이다. 거기에는 항상 보이지 않는 원인과 결과가 있다. 볼 때는 먼저 눈이 있어야 되고, 빛이 있어야 되고, 볼 수 있는 대상이 있어야 되고, 또 그것을 아는 마음이 있어야 된다. 이렇게 네 가지 것이 하나로 조건지어져야 비로소 본다는 것이 하나 성립한다. 이처럼 우리가 보고, 알고, 느끼고 한다는 것은 사실은 내가 보는 것이 아니고 여러 가지 조건들이 결합되어서 일어나는 것이다. 여기서 알 수 있는 것은 조건과 원인과 결과이다. 세상일은 조건이고 원인과 결과이므로 이런 관점에서 알아차림을 하면 번뇌의 소멸이 쉽다.

1. 보는 것은 어떻게 이루어지는가?

(1) 눈[眼, 시력]

(2) 대상[色, 물질]

(3) 빛

(4) 식(識, 아는 마음)

이상과 같이 눈과 빛과 알아차릴 대상과 그것을 인지하는 마음이란 네 가지가 있어서 본다는 것이 하나 성립된다. 그냥 보이는 것이 아니다. 여기서 하나라도 결여가 되면 보는 것이 성립될 수 없다. 그래서 조건에 의해 보는 것이 성립되는 것이다. 이것들은 모두 원인으로서의 역할과 결과로서의 역할을 한다. 이렇게 본다는 사실 앞에 어떤 다른 외부적인 힘이 개입이 될 수가 없다. 남의 힘이라거나 창조자의 힘이 개입될 여지가 없다. 오직 조건만 있을 뿐이다.

여기서 (1), (2), (3), (4)의 눈과 대상과 빛과 식이 원인이 되어 비로소 본다는 것의 결과가 생긴다. 그런데 본다는 것은 보통의 우리의 기본적인 의식이지만 수행자는 볼 때 그냥 보는 것이 아니고 알아차림(sati)을 하고 본다. 그래서 그냥 본다는 의식이 원인이 되어 알아차림이라는 결과가 생긴다. 알아차림은 마음이 일으킨 원인이 되어 행이라는 마음의 작용이 결과로 나타나게 되는 것이다.

2. 듣는 것은 어떻게 이루어지는가?

(1) 귀[耳, 청력]

(2) 소리[聲]

(3) 장애물(귀와 소리 사이에 장애물이 없어야 함)

(4) 식(識, 아는 마음)

이상과 같이 귀, 소리, 장애물, 식이라는 네 가지가 합쳐져 조건지어져야 비로소 들음이 성립된다. 여기서 (1), (2), (3), (4)가 원인이 되고 들음은 결과이다. 다시 듣는 것을 알아차리고 들을 때는 들음이 원인이고 듣는 것을 알아차리는 것이 결과가 된다.

3. 냄새는 어떻게 맡는가?

(1) 코[鼻, 비력]

(2) 냄새[香]

(3) 바람의 방향

(4) 식(識, 아는 마음)

이상과 같이 코, 냄새, 바람의 방향, 식이라는 네 가지가 합쳐져 조건지어졌을 때 비로소 냄새를 맡는다는 것이 성립된다. 여기서 (1), (2), (3), (4)가 원인이 되고 냄새를 맡는 것은 결과이다. 다시 냄새 맡는 것을 알아차리고 맡을 때는 냄새를 맡는 것이 원인이고 알아차리는 것이 결과가 된다.

4. 맛을 어떻게 아는가?

(1) 혀[舌, 설력]

(2) 맛[味]

(3) 분비액

(4) 식(識, 아는 마음)

이상과 같이 혀, 맛, 분비액, 식이라는 네 가지가 합쳐져 조건 지어져야 비로소 맛을 아는 것이 성립된다. 여기서 (1), (2), (3), (4)가 원인이 되고 맛을 아는 것이 결과가 된다. 다시 맛을 알 때는 맛이 원인이고 알아차리는 것이 결과가 된다.

5. 감각은 어떻게 느끼는가?
(1) 몸의 감각[受, 느낌]
(2) 대상[觸]
(3) 실제 닿음
(4) 식(識, 아는 마음)

이상과 같이 감각, 대상, 닿음, 식이라는 네 가지가 합쳐져 조건 지어져야 비로소 감각이 느껴지는 것이 성립된다. 여기서 (1), (2), (3), (4)가 원인이 되고 촉감을 느끼는 것이 결과가 된다. 다시 닿을 때는 촉감이 원인이 되고 알아차리는 것이 결과가 된다.

감각기관의 여섯 번째인 식(識)은 마음이므로 식이 식을 만나 식을 하는 것이다. 마음이 망상을 하고 망상하는 것을 마음이 아는 것이다.

이상과 같이 원인과 결과에 의해 우리의 육근이 육경을 만나 육식을 하는 과정을 살펴보았다. 마하시 사야도께서는 다음과 같이

287

말씀하셨다.

"봄, 들음, 냄새, 먹음, 닿음이 모두가 원인들이고 그것들을 알아차리는 것은 결과들이다. 그 결과는 원인이 없이는 일어나지 않는다는 것과, 만일 원인이 없으면 결과도 없는 것이다. 감각을 가진 모든 것들은 나타남도 원인과 함께이다. 감각을 가진 모든 것들에 의해서 욕망과 더불어 행해진 모든 행동들은 업의 결과로 바뀐다. 이것들이 원인이 되고 윤회가 결과이다. 이런 원인과 결과들은 그것들 자신에 의해서 아라한 도과를 마치는 과정까지 반복될 것이다. 업의 원인들이 존재할 때 결과는 물질과 정신으로 변하는 것이다. 그래서 이런 요인들이 태어남의 원인이 된다. 위에서 언급한 대로 감각을 가진 모든 것들은 결과이다. 다시 태어남의 업이 원인이다. 거기에는 영원한 나, 영혼, 개체의 존재, 사람, 혹은 동물 등으로 불리는 것은 없다. 거기에는 창조자도 없다. 업을 통한 업의 과정으로서의 정신과 물질이 일어날 뿐이다."

나라다 마하테라께서는 업의 원인에 대해 다음과 같이 말씀하셨다.

"업의 원인은 무엇인가? 사물을 있는 그대로 알지 못하는 무지가 업의 중요한 원인이다. 부처님께서는 연기의 법칙에서 어리석음에 의해서 업이 생긴다고 말씀하셨다. 어리석음과 연관된 것은 그것의 동반자인 갈애인데, 이것은 업의 또 다른 뿌리이다. 이 두 개의 원인에 의해서 그릇된 행동들이 조건지어진다. 세속적인 모든 선한 행위들은 비록 선의, 관용, 지혜라는 세 개의 건전한 뿌리가 연관되어 있지만 그럼에도 불구하고 업으로 간주된다. 왜냐하면 그에게 어리석음과 갈애라는 두 개의 뿌리가 잠재해 있기 때문이다. 반면에 초세속적인 도에서 의식의 도덕적 형태는 업으로 간주되지 않는다. 왜냐하면 그것들은 두 개의 뿌리를 근절시키기 때문이다.

업의 행위자는 누구인가? 누가 업을 짓는가? 누가 업의 열매를 거두는가. 이것은 영혼에 대한 부착물인가? 이런 난해한 문제에 답하면서 붓다고사는 '청정도론'에서 '행위를 하는 자는 없다. 그 과보를 받는 자도 없다. 구성하는 부분들만이 혼자 굴러간다. 이것이야말로 올바른 분별이다'라고 적혀 있다."

수행을 한다는 것은 이런 정신적인 것에 관해서 조금씩 그 베일을 벗겨가는 과정이다. 존재에 대한 정확한 인식이야말로 가장 중요한 지혜가 아닐 수 없다. 데카르트는 "나는 생각한다. 고로 나는 존재한다"라고 말했다. 그러나 불교적인 입장에서 보면 "생각 그 자체가 생각하는 자다"라고 말한다.

인간은 물질과 마음으로 구성되어 있을 뿐이지 거기에 나라고 하는 절대적 주체는 없다. 그러므로 생각하는 자는 없다. 다만 그 순간의 마음이 생각을 할 뿐이다. 또한 '나는 생각한다'에서 나는 없다. 그 순간의 마음이 생각을 할 뿐이다. 식(識)은 내가 아니다. 마음은 순간적으로 일어나서 사라지는 현상일 뿐이다. 그러나 그 현상에 업의 원인이 존재한다.

위빠사나 수행에서는 생각을 하지 않는다. 생각은 사유로서 통찰하는 힘이 약하다. 그래서 생각을 접고 오직 대상을 알아차린다. 서구적 관점에서 본 생각은 학문이지만 불교적 관점에서 본 알아차림은 지혜이고 깨달음이다. 이것이 바로 우리 시대에 가장 위대하신 붓다의 가르침이다.

괴로울 나도 없고, 즐거울 나도 없다. 모든 것은 그 순간의 현상이다. 그러나 이것을 몰라서 괴로움 속에 있다. 이것을 알았다 해도 생각으로 설 알아서 괴로움 속에서 산다. 수행은 완전히 알기 위해 노력하는 과정이며 지혜로 알아 통찰하는 것이다. 열반을 제외하고 과정이 아닌 것이 없다. 그러므로 우리가 부딪치는 모든 괴로움이나 즐거움 역시 모두 물거품 같은 순간적인 현상일 뿐이다.

부록

마하시 위빠사나 수행방법

위빠사나(Vipassanā) 혹은 통찰수행은 수행자가 자신의 몸에서 일어나는 정신적·신체적인 현상의 성격을 정확하게 이해하려는 노력으로 이루어지는 것이다.

여기에서 신체적 현상이란 마음을 통해서 분명하게 알게 된 몸이며 그 대상을 말한다. 우리가 알게 된 몸 전체란 한 덩어리의 물질로 이루어져 있다. 그리고 정신적인 현상이란 마음이나 마음의 작용을 말한다.

이러한 물질과 정신은 보고, 듣고, 냄새 맡고, 맛보고, 만지고, 생각할 때마다 일어나게 되어 분명하게 알게 된다. 그러므로 우리는 이들을 알아차리려서 매번 듣고, 냄새 맡고, 맛보고, 닿고, 생각할 때마다 이러한 사실을 '봄, 봄' '들음, 들음' '냄새, 냄새' '맛, 맛' '닿음, 닿음' '생각, 생각'이라고 알아차려야만 한다.

알아차린다는 것은 말하지 않고 마음속으로 명칭을 붙여서 알아차리는 것을 말한다. 그러나 수행 초기에는 일어나는 모든 사실을 다 알아차릴 수는 없다. 그러므로 처음에는 분명하고 쉽게 인식할 수 있는 것을 알아차리는 것부터 시작해야 한다. 호흡을 할 때마다 배가 일어나고 꺼지는 이러한 운동이 분명하게 일어난다.

이것은 풍대(風大, 진동, 바람의 요소)로 알려진 물질의 특성이다. 누구나 이 움직임을 알아차리는 것부터 시작해야 한다. 이것은 배를 유심히 알아차리는 것으로부터 이루어진다. 숨을 들이쉬면 배가 불룩해지고, 숨을 내쉬면 배가 꺼진다. 이때 배가 불룩해지면 '일어남'이라고 마음속으로 알아차려야 하고, 배가 꺼질 때는 '꺼짐'이라고 마음속으로 알아차려야 한다. 만약 움직임이 분명하지 않아서 마음으로 알아차리기가 어려우면 손바닥을 배에 가져다 대고 알아차리면 된다. 이런 방법 외에 몸이 앉아 있는 것을 알아차리고, 다시 발이 바닥에 닿아 있는 것을 알아차리는 '앉음, 닿음'을 할 수도 있다.

숨을 쉴 때는 숨쉬는 방법을 바꾸지 말아야 한다. 천천히 혹은 빨리 하지 말아야 한다. 또는 너무 깊게 하려고 애써서도 안 된다. 숨쉬는 방법을 인위적으로 만들어서 바꾸게 되면 쉽게 지친다. 꾸준히 평상시대로 호흡을 하면서 있는 그대로 배가 일어나고 꺼지는 현상만 알아차리면 된다. 알아차릴 때는 소리를 내서 말하지 않고 마음속으로 한다.

위빠사나 수행에서는 수행자가 뭐라고 명칭을 붙이고 말하든 상관없다. 정말로 중요한 것은 알고 느끼는 것이다. 배의 일어남을 알아차릴 때에도 움직임이 시작될 때부터 끝날 때까지 마치 눈으로 그것을 보는 것처럼 알아차려야 한다. 움직임이 일어나는 것과 알아차리는 것이 동시에 이루어져야 하며 이렇게 모든 움직임이 일어나는 것을 알아차려야 한다.

움직임과 움직임에 대한 마음의 알아차림은 마치 표적을 맞추려는 돌처럼 동시에 일어나야 한다. 배가 꺼질 때에도 이와 같이 알아차린다.

일어나고 꺼질 때의 움직임과 그것을 아는 마음이 정확히 일치하여 알아차린다.

배의 움직임을 알아차리는 동안 마음이 다른 곳을 방황하게 되는 수가 많다. 이럴 때 또한 '방황, 방황'이라고 마음속으로 말해야 한다. 한 번 혹은 두 번 알아차리게 되면 방황하는 마음이 멈추게 된다. 이렇게 되면 다시 배가 일어나고 꺼지는 모습을 알아차리는 것으로 되돌아가야 한다.

만약 마음이 어느 곳으로든지 갈 때는 '감, 감'이라고 알아차린다. 머리 속으로 누군가를 만나면 '만남, 만남'이라고 알아차려야 한다. 만약 누군가를 만나서 이야기하는 상상을 하게 되면 '말함, 말함'이라고 알아차린다.

다시 말하면 어떤 생각이나 회상이 일어나면 꼭 알아차려야 한다는 것이다. 상상을 하고 있으면 '상상'이라고 알아차리고, 생각을 하고 있으면 '생각'이라고, 계획을 하고 있으면 '계획함'이라고, 자극을 느끼면 '느낌'이라고, 회상을 하고 있으면 '회상'이라고 알아차린다. 행복하다고 느끼면 '행복'이라고, 싫증이 나면 '싫증'이라고, 기쁘면 '기쁨'이라고, 낙담을 하고 있으면 '낙담'이라고 마음속으로 알아차려야 한다. 이렇게 마음에 의해 일어나는 모든 행동을 알아차리는 것을 '마음 알아차리기'라고 한다.

이렇게 마음에 의해 일어나는 행동을 알아차리지 못하기 때문에 우리는 이러한 마음의 작용에 의한 행동들을 한 사람, 혹은 개인이 하는 행동으로 동일시하는 경향이 있다. 우리가 상상하고, 생각하고, 계획하고, 안다는 것을 바로 '나'라고, '내가 하는 것'이라고 생각하는 경향이 있다. 우리는 어릴 때부터 한 개인이 있어서 살아왔다고 생각해 왔다.

그러나 실제로 그런 개인은 전혀 존재하지 않는다. 대신에 단지 계속적이고 연속적인 마음에 의해 일어나는 행동들만이 있을 뿐이다. 바로 그렇기 때문에 우리는 이러한 의식행동을 알아차려야 하고, 그것이 무엇인지 대해서도 알아야 한다. 그러므로 우리는 마음에 의해 일어나는 모든 행동이 매순간 일어날 때마다 알아차려야 한다. 이렇게 알아차리게 되면 사라지는 경향이 있다. 그러고 나서 다시 배의 일어남, 꺼짐을 알아차리는 것으로 되돌아가야 한다.

오랫동안 좌선을 하고 앉아 있으면 뻣뻣한 느낌과 열기가 몸에서 일어날 것이다. 이것들 역시 신중하게 알아차려야 한다. 아픔이나 지루함 역시 이와 같이 알아차려야 한다. 이러한 모든 느낌들이 바로 '괴로운 느낌'이며, 이것들을 알아차리는 것이 '느낌 알아차리기'이다.

이러한 느낌을 알아차리지 못하고 놓치는 경우에 "나는 굳어 있고, 열이 나고, 아프다. 조금 전에는 모든 것이 잘되었는데 지금은 불쾌한 느낌들 때문에 괴롭다"라고 하는 경향이 있다. 그러나 이러한 '느낌'과 '나'를 동일시하는 것은 잘못이다. 실제로 여기에 개입되어 있는 '나'는 없다. 다만 불쾌한 느낌이 계속해서 꼬리를 물고 연속되고 있을 뿐이다. 괴로운 느낌은 나의 느낌이 아니고 조건에 의해 일어나는 현상으로서의 느낌일 뿐이다.

이것은 마치 계속적이고 연속적으로 전류의 흐름이 이어짐으로써 전등을 켜는 것과 같다. 매순간 몸에서 불쾌한 접촉을 하게 되면 불쾌감이 계속해서 일어나게 된다. 이러한 느낌은 이것들이 뻣뻣하거나 덥거나 아픔이 되었건 간에 진지하게 알아차려야 한다. 실제 수행의 초기에 이러한 느낌이 강해져서 자세를 바꾸고 싶어질 수도 있다. 이러한 욕구를 알아차려야 한다. 알아차린 뒤에 수행자는 다시 뻣뻣함, 더움 등의 느낌을 알아차리는 것으로 되돌아가야 한다.

"인내심이 열반으로 인도한다"는 말이 있다. 이 말은 수행을 할 때 가장 적절한 말이다. 수행 중에는 인내심이 있어야 한다. 몸이 뻣뻣해지거나 열이 난다고 자주 움직이거나 자세를 너무 자주 바꾸면 집중력을 계발하기가 어렵다. 수행 중에 집중력을 계발하지 못하면 통찰력을 얻기가 어렵고, 이와 더불어서 도과(道果)와 열반에 이를 수가 없다. 그러므로 수행에 있어서 인내심은 필수적이다.

몸이 경직되고, 열이 나고, 아프고, 참기 어려운 것과 같은 어떠한 느낌도 잘 참아야 한다. 수행 중에 그러한 느낌이 일어나자마자 수행을 포기하거나 자세를 바꾸어서는 안 된다. 참고 계속해서 '뻣뻣함, 뻣뻣함' '더움, 더움' 등으로 즉시 그것을 알아차려야 한다.

인내심을 가지고 계속해서 알아차리고 있으면 이런 종류의 보편적인 느낌들은 사라지게 된다. 집중이 잘되고 섬세하게 알아차리면 강한 느낌들조차도 사라지는 경향이 있다. 그러고 나서 바로 배의 일어남, 꺼짐으로 돌아와야 한다.

이러한 느낌을 오랫동안 알아차렸음에도 불구하고 느낌이 사라지지 않고 참을 수 없게 되면 그때는 자세를 바꾸어야 한다. 이때는 먼저 '자세를 바꾸려 함, 자세를 바꾸려 함'을 알아차리는 것으로부터 시작해야 한다. 만약 올라가면 '올라감, 올라감'이라고 알아차려야 한다. 이런 변화는 매우 천천히 신중하게 이루어져야 한다. 그리고 '올라감, 올라감' '움직임, 움직임' '닿음, 닿음' 등으로 계속 알아차려야 한다. 만약 몸이 흔들리면 '흔들림, 흔들림'이라고 알아차려야 한다. 또 발을 들면 '듬, 듬'이라고, 움직이면 '움직임, 움직임'이라고, 발을 놓으면 '놓음, 놓음'이라고 알아차려야 한다. 만약에 변화가 없으면 잠깐 쉬는 동안에라도 다시 배의 일어남, 꺼짐을 알아차리는 것으로 돌아가야 한다. 이 사이에 잠깐이라도 틈이 생기면 안 된다. 앞서서 알아차린 행위와 앞으로 할 행위 사이에는 틈이 없이 계속 연결되어야 한다.

앞선 집중상태와 다음 집중상태는 틈이 없이 정확하게 연계되어야 하고, 앞서서 알아차린 행위와 다음에 나타날 것을 알아차리는 행위가 빈틈 없이 계속 이어져야 한다. 오로지 그렇게 할 때만이 비로소 지적으로 성숙한 단계로 올라가게 될 것이다. 도과는 이런 순간이 계속 모아질 때에 이루어지는 것이다.

명상의 과정이란 것은 두 개의 나무토막을 불꽃이 일어날 때까지 힘을 다해 계속 비벼대는 것이다. 그래서 필요한 열을 얻어서 불을 피우는 것과 같다. 이와 같은 방법으로 위빠사나 수행에서 알아차림은 어떤 현상이 일어나든지 간에 각각 알아차려야 할 행동 사이에 잠시도 쉴 틈이 없이 끈질기게 계속되어야만 한다. 알아차림이 끊어지지 않도록 계속해서 노력해야 하며, 여기서 나무는 몸이고 비벼대려는 의도는 마음이다.

예를 들어 가려움증이 생기면 참기가 어렵기 때문에 수행자는 곧 긁고 싶어한다. 이때는 가려움이란 느낌과 이 느낌을 없애려고 하는 욕망을 알아차려야 한다. 그리고 동시에 긁으면 가려움증이 없어지는 것도 알아차려야 한다. 만약 가려운 곳을 긁지 않고 꾸준히 계속해서 알아차리면 가려움증은 일반적으로 사라진다. 이렇게 되면 다시 배의 일어남, 꺼짐을 알아차려야 한다. 만약 알아차림을 해도 사라지지 않으면 물론 긁어서 가려움증이 없어지도록 해야 할 것이다. 그러나 우선 긁고자 하는 욕망을 먼저 알아차려야 한다. 이때도 이런 느낌을 없애려고 하는 과정에서 생긴 모든 움직임을 자세하게 알아차려야 한다. 특히 닿고, 잡아당기고, 밀고, 긁는 움직임을 알아차려야 하며 나중에는 배의 일어남, 꺼짐의 현상을 알아차리는 것으로 돌아와야 한다. 알아차리며 긁으면 매우 시원하고, 적당히 긁고, 상처가 나지 않으며, 조금만 긁게 된다. 하지만 화가 나서 욕망으로 긁으면 오래 힘주어 긁고 상처가 나기 쉽다.

　매순간 자세를 바꿀 때에도 우선 하고자 하는 의도나 욕망을 알아차린 뒤에 앉은 자세에서 일어나거나 팔을 들거나 움직이고 펴는 등 모든 움직임을 자세하게 알아차려야 한다. 그리고 움직이는 것을 알아차리는 것과 동시에 자세를 바꿔 나가야 한다. 몸이 앞으로 움직이면 그것을 알아차린다. 일어날 때는 몸이 가벼워지면서 일어나게 된다는 것도 알아차려야 한다. 이러한 것에 마음을 집중시킬 때는 '일어섬, 일어섬'이라고 신중하게 알아차린다.

　수행자는 마치 중병환자처럼 행동해야 한다. 건강한 사람은 빨리 갑작스럽게 일어난다. 그러나 중병환자는 매우 천천히 신중하게 행동한다. 또한 허리가 아픈 환자도 허리 아픈 것을 피하려고 매우 신중하게 일어난다. 그러므로 위빠사나 수행자도 그들처럼 행동해야 한다. 아주 점진적이고 신중하게 자세를 바꾸어야 한다. 이렇게 될 때 집중이 잘되고 꿰뚫어 보는 힘도 좋아진다. 그래서 아주 느리게 움직이는 것부터 시작한다.

　일어날 때는 환자처럼 행동하고, 동시에 '일어남, 일어남'이라고 알아차려야 한다. 또한 무엇이 보여도 아무것도 보지 않은 것처럼 행동해야 한다. 무슨 소리가 들려도 이와 같이 해야 한다. 수행 중에 수행자의 관심은 오로지 알아차리는 것에만 집중되어야 한다. 보고 듣는 것은 수행자의 관심사가 아니다. 그러므로 괴상하고 충격적인 어떠한 것을 보고 들어도 못 보거나 못 들은 척하고 오로지 신중하게 알아차리는 것만 해야 한다.

　몸을 움직일 때도 중병환자처럼 아주 천천히 움직여야 한다. 신중하게 팔과 다리를 움직이고, 구부리고, 펴며, 고개를 숙이고, 들어올린다.

이런 모든 움직임은 천천히 진행되어야 한다. 앉았다가 일어설 때도 매우 천천히 해야 하며, 동시에 '일어섬, 일어섬'이라고 마음속으로 알아차려야 한다. 그리고 반듯이 서게 되면 '섬, 섬'이라고 알아차린다.

여기저기를 쳐다볼 때에도 '봄, 봄'이라고 알아차린다. 걸을 때는 발걸음을 알아차리며 오른발을 들었는지 왼발을 들었는지 알아차려야 한다. 발을 들어서 놓을 때까지 연속적인 움직임을 모두 알아차려야만 한다. 빨리 걸을 때는 오른발로 걸었는지 왼발로 걸었는지 각각 나가는 발자국을 알아차려야 한다. 빨리 걷거나 약간 먼 거리를 걸을 때 이와 같은 방법으로 알아차리면 충분할 것이다.

그리고 천천히 걷거나 경행을 할 때는 각 걸음을 세 단계로 알아차려야 한다. 먼저 발을 들어서, 앞으로 내밀고, 놓음을 한다. 우선은 발을 들고 놓는 것부터 알아차린다. 발을 드는 것을 정확하게 알아차려야만 한다. 이와 같이 발을 놓을 때는 발이 무겁게 내려가는 것을 정확히 알아차려야 한다. 각 걸음마다 '들어서, 놓음'을 알아차리며 걸어야 한다.

이틀쯤 되면 '들어서, 놓음'을 알아차리기가 훨씬 쉬워질 것이다. 그리고 나면 그때부터 비로소 위에서 말한 '들어서, 앞으로, 놓음'이란 세 가지 알아차림을 한다. 처음에는 오로지 하나 혹은 두 가지 움직임만을 알아차리기가 쉽다. 그러므로 빨리 걸을 때는 '오른발, 왼발'을 하고, 천천히 걸을 때는 '들어서, 놓음'을 하며 알아차린다.

좌선이 끝나고 바로 경행을 시작할 때 처음에는 약간 빠르게 발 하나를 '오른발'을 하고 다시 '왼발'을 한다. 조금 지나서는 발 하나를 '들어서, 놓음'을 한다. 어느 정도 지나서 집중을 하고자 할 때는 발 하나를 '들어서, 앞으로, 놓음'을 하며 알아차린다.

이렇게 걷다가 앉고 싶을 때는 우선 '앉고 싶어함, 앉고 싶어함' 하며 알아차린다. 그리고 실제로 앉을 때는 몸이 무겁게 내려가는 무게를 주의 깊게 알아차린다. 일단 앉으면 다리와 손을 가지런히 하는 움직임을 알아차린다. 만약에 이런 움직임이 없을 때는 몸이 움직이지 않고 정지된 것을 알아차린다. 그러고 나서 배의 '일어남, 꺼짐'을 알아차리도록 한다.

배의 '일어남, 꺼짐'을 알아차리는 도중에 무릎이 뻣뻣해지고 몸의 어디에서 열이 난다고 느껴지면 계속해서 이것을 알아차려야 한다. 그런 뒤에 이것들이 사라지면 다시 배의 '일어남, 꺼짐'으로 돌아온다. 몸을 움직이지 않으면 열이 나며 통증이 생긴다. 이때 열과 통증을 모두 알아차린다.

이렇게 알아차리는 도중에 만약 눕고 싶어지면 이것을 알아차린 뒤에 누울 때 팔과 다리의 움직임을 알아차린다. 팔을 들어올리고, 움직이고, 팔꿈치를 바닥에 대고, 몸을 움직이고, 다리를 펴고 눕기 위해 천천히 몸을 기울이는 등의 모든 움직임을 알아차려야 한다.

이렇게 누울 때를 알아차리는 것이 매우 중요하다. 이 눕는 움직임 도중에도 도과의 지혜를 얻을 수 있다. 집중과 지혜가 강하면 확실한 지혜가 어느 순간이든 나타날 수가 있다. 단순하게 팔을 구부리거나 펴는 도중에도 나타날 수 있다. 바로 이렇게 해서 아난다 존자가 아라한이 되었다.

아난다 존자는 제1차 경전결집대회 바로 전날 밤에 아라한과를 얻기 위해 열심히 수행을 하였다. 몸에 대한 알아차림이란 걷는 위빠사나 수행인 경행을 하고 있었다. 발걸음을 알아차리고, 오른발, 왼발, 들어서, 앞으로, 놓는 움직임과, 걷고자 하는 생각과 걷는 데 따르는 모든 움직임을 일어나는 순간순간마다 자세하게 알아차리고 있었다. 거의 새벽이 다 되도록 경행을 하였지만 그는 아라한과를 얻지 못하였다. 그는 걷는 수행을 너무 많이 했다는 것을 알고 집중과 노력의 균형을 맞추기 위해서 잠깐 동안 누워서 명상을 해야겠다고 생각하고는 침상에 앉아 몸을 눕혔다. 이렇게 하는 동안에도 그는 계속해서 '누움, 누움'을 알아차렸으며 누우려는 그 순간에 아라한과를 성취하였다.

아난다 존자는 침상에 눕기 전에는 단지 수다원이었다. 수다원에서 수행을 계속함으로써 사다함, 아나함, 아라한에 이르렀다. 잠깐 동안에 이렇게 연속적으로 보다 높은 세 단계에 이르렀다. 아라한 도과에 이른 아난다 존자를 생각하면서 이런 성과는 어떤 순간에도 찾아올 수 있으며 긴 시간이 필요한 것이 아니라는 것을 알아야 한다.

그러므로 수행자는 매순간을 성실하게 알아차려야 한다. 알아차림을 늦추지 말고 '이 짧은 순간이 매우 중요하다'고 생각해야 한다. 눕는 데 관련된 모든 움직임과 팔다리를 가지런히 하는 데 따르는 모든 움직임을 신중하고 자세하게 알아차려야 한다.

움직임이 없고 가만히 있을 때는 다시 배의 일어남, 꺼짐을 알아차리는 것으로 되돌아간다. 시간이 늦어서 잠을 잘 때가 되어도 금방 잠들지 말고 계속 알아차림을 놓치지 말아야 한다. 매우 진지하고 열성적인 수행자는 잠을 전혀 안 자듯이 알아차림을 해야 하며 잠에 떨어질 때까지 계속 알아차려야 한다. 만약 알아차림이 잘되면 잠에 떨어지지 않는다. 그러나 한편 졸음이 우세하면 잠에 떨어지게 된다.

졸음이 오면 '졸음, 졸음'이라고 알아차려야 하고, 만약 눈꺼풀이 내려오면 '내려옴'을 한다. 무겁거나 둔해지면 '무거움'을, 만약 눈이 쿡쿡 쑤시면 '쑤심'을 알아차린다. 이렇게 알아차리면 졸음은 가시고 눈은 다시 맑아질 것이다.

수행자는 그때 '맑음, 맑음'이라고 알아차린 후에 계속해서 배의 일어남, 꺼짐을 알아차린다. 어쨌든 수행자가 끈기 있게 수행을 계속하지 않으면 졸음이 올 때 잠에 떨어지게 된다. 잠에 떨어지는 것은 어렵지 않다. 사실 매우 쉽다. 누워서 와선을 하다 보면 점점 졸리고 잠에 떨어지게 된다. 그렇기 때문에 초보자는 누워서 하는 수행을 많이 해서는 안 된다. 되도록 앉거나 걷는 수행을 많이 해야 한다. 그러나 늦은 시간이 되어 잠잘 때가 되면 누운 자세로 배의 일어남, 꺼짐을 알아차린다. 그러면 자연스럽게 잠이 들 것이다.

수행자에게 잠자는 시간은 휴식시간이다. 그러나 아주 열심히 하는 수행자는 잠자는 시간이 하루에 네 시간밖에 되지 않는다. 이것은 한밤중에 잠자는 시간으로 부처님께서 허용하신 시간이다. 수행자는 네 시간만 자면 충분하다. 초보자가 만약 네 시간을 자는 것이 건강을 위해 충분하지 못하다고 생각한다면 다섯 시간 내지 여섯 시간으로 늘릴 수 있다. 여섯 시간 정도의 잠은 건강을 유지하는 데 분명히 충분할 것이다.

수행자가 잠에서 깨어나면 곧바로 알아차림을 다시 시작해야 한다. 진정으로 도과의 지혜에 이르고자 하는 수행자는 잠잘 때만 쉬어야 한다. 그 외의 모든 깨어 있는 시간에는 계속해서 한순간도 쉬지 않고 알아차려야 한다. 그래서 잠에서 깨자마자 마음속으로 '깸, 깸'이라고 알아차려야 한다. 만약 이러한 상태를 알아차릴 수 없었다면 배의 일어남, 꺼짐을 알아차리는 것부터 시작한다.

잠자리에서 일어나려고 할 때는 '일어나려고 함, 일어나려고 함'을 알아차린다. 그 다음에는 팔과 다리를 움직이기 위해서 일어나는 모든 변화를 알아차려야 한다. 머리를 들고 일어날 때는 '일어남, 일어남'이라고 알아차리고, 앉을 때는 '앉음, 앉음'이라고 알아차린다. 팔과 다리의 움직임을 바꿀 때 움직임이 변화하면 이 모든 움직임을 알아차려야 한다. 만약 이러한 움직임 없이 조용히 앉아 있게 될 때는 다시 배의 일어남, 꺼짐으로 되돌아온다.

세수나 목욕을 할 때도 이와 같이 알아차린다. 이러한 행위 중에 일어나는 모든 움직임들이 빠르게 진행되더라도 될 수 있는 한 많은 움직임들을 알아차리도록 해야 한다. 옷을 입거나 잠자리를 치우거나 문을 열고 닫거나 하는 행위들을 모두 가능한 한 매우 자세하게 알아차려야 한다.

식사를 할 때 밥상을 쳐다보면서도 '바라봄, 바라봄'이라고 알아차려야 한다. 음식을 향해 팔을 뻗치고, 음식을 숟가락이나 젓가락으로 모아서 집고, 들어서 입에 가져오며 고개를 숙이고 음식물을 입에 넣고, 팔을 내리고 고개를 다시 드는 이런 모든 움직임들을 그때마다 알아차려야 한다. 음식을 씹을 때는 '씹음, 씹음'이라고 알아차리고, 음식 맛을 알게 되면 '앎, 앎'이라고 알아차린다. 음식의 맛을 느끼고 삼켜서 음식이 식도를 따라 내려가는 이 모든 과정을 알아차려야 한다. 수행자는 이러한 방법으로 음식을 한 숟가락 한 숟가락 뜨고, 들어 입에 넣는 매순간을 모두 알아차린다.

국을 먹을 때도 마찬가지로 팔을 뻗쳐서 숟가락을 잡고, 뜨고, 입에 넣는 등의 모든 움직임들을 알아차려야 한다. 식사시간에는 알아차려야 할 것이 너무 많기 때문에 식사시간에 알아차림을 하기가 훨씬 어렵다. 초보수행자는 알아차려야 할 것을 몇 가지씩 놓치기 쉽지만 처음부터 모두 알아차리려고 노력해야 한다. 그러나 집중력이 강해지면 일어나는 모든 것들을 자세하게 알아차릴 수 있게 될 것이다.

지금까지 수행자가 알아차려야 할 것들에 대해 말했다. 이것을 요약하면 알아차려야 할 것들은 몇 개 되지 않는다.

1. 좌선이 끝나고 약간 빨리 걸을 때는 '오른발, 왼발'을 하고, 천천히 걸을 때는 '들어서, 놓음'을 하고, 좀더 집중을 하려고 할 때는 '들어서, 앞으로, 놓음'을 알아차리면서 한다.

2. 조용히 앉아 있을 때는 단지 배의 일어남, 꺼짐을 알아차리고, 누워 있을 때도 이와 같은 방법으로 알아차린다. 이렇게 알아차릴 때 마음이 방황을 하면 방황하는 마음을 알아차린다. 그리고 다시 배의 일어남, 꺼짐으로 되돌아온다.

3. 몸의 뻣뻣함이나 고통, 아픔, 간지러움 등도 일어날 때마다 이와 같이 알아차린다. 그리고 다시 배의 일어남, 꺼짐으로 되돌아온다. 다리를 뻗고, 움직이며 머리를 숙이고, 들고, 몸을 흔들고 펴는 행위도 나타나는 대로 알아차려야 한다. 그리고 배의 일어남, 꺼짐으로 되돌아온다.

이렇게 수행자가 알아차림을 계속해 나가면 점점 더 많은 것들을 알아차릴 수 있게 된다. 처음에는 마음이 이리저리 떠다녀서 많은 것을 알아차리지 못한 채 놓치기 쉽다. 그렇다고 실망해서는 안 된다. 모든 초보자들이 그런 어려움을 경험한다.

수행을 할수록 차츰 마음이 떠다니는 것을 알아차리게 된다. 이렇게 알아차리면 마음은 더 이상 방황하지 않게 된다. 마음이 알아차림의 대상으로 꽉 차 있으면 마음을 알아차리는 것은 배의 일어남, 꺼짐을 알아차리는 것과 같이 알아차림의 대상이 된다. 마음이 달아나서 망상을 할 때 그런 마음을 알아차리면 이내 마음이 현재로 되돌아온다. 마음이 호흡을 알아차리는 것이나 마음이 마음을 알아차리는 것이나 같다.

집중하려는 대상과 알아차림이란 정신적인 행위는 동시에 일어난

304

다. 배의 움직임이 일어날 때 그것을 알아차리는 것이 동시에 일어난다. 이때는 어떤 사람도 개인도 개입되지 않는다. 단지 알아차릴 신체라는 대상과 알아차리는 정신적 행위만이 있을 뿐이다.

이때 수행자는 실제로 개인적인 체험을 하게 된다. 배의 일어남, 꺼짐을 알아차리는 동안에 수행자는 배가 일어나는 것은 물질적 현상이며, 그것을 알아차리는 것은 정신적 행위, 곧 정신현상이라는 것을 알게 된다. 즉, 물질적 현상과 정신적 현상이 있는 것을 알게 된다. 이것이 정신과 물질을 바로 아는 지혜로 위빠사나 수행에서 제일 처음 알게 되는 1단계의 지혜이다.

배가 꺼질 때도 마찬가지다. 그러므로 수행자는 이러한 정신적·신체적 현상이 완전히 동시에 일어난다는 것을 분명히 깨닫게 될 것이다.

그래서 수행자는 항상 알아차림을 할 때마다 집중을 하려는 대상인 물질적인 특성과 그것을 알아차리려는 정신적인 특성만 있을 뿐이라는 것을 분명하게 알게 된다. 물질적 특성은 알아차릴 대상의 성품인 지수화풍을 아는 것이고, 정신적인 특성은 마음과 마음의 작용에 대한 것을 말한다. 이것은 서로 분리되어 있지만 서로의 조건으로 상호 역할을 한다.

이런 식별력은 '마음과 물질의 현상을 아는 지혜'로 불리며 위빠사나 지혜의 시작이다. 이러한 지혜를 정확히 아는 것은 매우 중요하다. 수행자가 이렇게 알아차리는 것을 계속한다면 이어서 '원인과 결과를 아는 지혜'라고 불리는 것을 알게 된다.

수행자가 알아차리는 것을 계속해 나가면 일어나는 모든 것이 순간적으로 사라진다는 것을 스스로 알게 된다. 그러나 보통 사람들은 물질적·

정신적으로 나타나는 현상이 어릴 때부터 성인이 될 때까지 일생 동안 계속될 것이라고 단정을 짓는다. 그러나 사실은 그렇지 않다.

영원히 계속되는 현상은 하나도 없다. 모든 현상은 일어났다가 눈 깜짝할 순간보다 더 빠르게 사라진다. 수행자는 이런 사실을 알아차림을 통해서 스스로 알게 된다. 그렇게 되면 이런 모든 현상이 덧없고 무상하다는 것을 알게 될 것이다. 이러한 확신을 '무상을 아는 지혜'라고 한다.

이러한 경험은 '고통을 아는 지혜'로 이어진다. 그리하여 모든 것이 덧없다는 무상함을 알아 바로 이것이 고통이라는 것을 알게 된다. 이때 수행자는 몸의 고통을 경험하며, 몸이 곧 고통의 집합체라는 것을 알게 된다. 이것도 '고통을 아는 지혜'이다.

다음으로 수행자는 이러한 모든 정신적·신체적 현상은 저절로 일어나며 누군가의 뜻을 따르거나 누군가의 통제를 받는 대상이 아니라는 것을 분명히 알게 된다. 이러한 정신적·신체적 현상에는 어떤 개인도 자아도 없다. 이러한 깨달음을 '무아를 아는 지혜'라고 한다.

수행을 계속하다 보면 이러한 모든 현상이 무상(無常)과 고(苦)와 무아(無我)라는 것을 확고하게 깨닫게 되며 이런 과정을 거쳐 열반에 이르게 된다.

이전의 모든 붓다나 아라한 및 성자들은 이러한 길을 통해서 열반을 실현했다. 모든 수행자들 자신이 바로 지금 이러한 알아차림의 길에 들어섰다는 것을 깨닫고 도과의 지혜와 열반의 진리를 성취하도록 해야 할 것이며, 이것이 자신의 바라밀을 쌓고 있다는 것을 알아야 할 것이다. 그러면 이러한 사실에 기쁨을 느끼게 될 것이다. 알아차림을 한다는 것은 계율을 지키는 것이고 바라밀 공덕을 쌓는 것이다.

이렇게 함으로써 그들이 전에는 경험해 보지 못했지만 오직 붓다, 아라한, 성자들만이 경험한 '고요한 마음의 집중'이라는 숭고한 체험과 지혜를 얻게 된다는 기대감으로 기쁠 것이다.

오래지 않아 그들 수행자들은 붓다, 아라한, 성자(아나함·사다함·수다원)들이 경험한 도의 지혜와 과의 지혜와 열반의 진리를 스스로 체험하게 될 것이다. 사실상 이러한 체험은 수행을 시작한 지 한 달, 혹은 20일, 혹은 15일 만에도 이루어질 수 있다. 특별히 바라밀을 닦은 출중한 수행자들은 이 법(法)들을 7일 이내에 체험할 수도 있다. 이는 붓다께서 『대념처경』에서 직접 하신 말씀이다.

그러므로 수행자는 위에서 말한 기간 안에 모든 법들을 이룰 수 있도록 전심전력을 다한다. 또한 바라밀을 쌓을 수 있다는 확신을 갖게 되어 내가 있다는 유신견과 의심으로부터 벗어나게 될 것이다. 그래서 다음 생에 사악도에서 벗어나고 다시 태어날 위험으로부터 구조될 것이다. 이러한 확신을 가지고 수행을 계속해 나가야 한다. 모든 수행자들이 수행을 잘해서 붓다, 아라한, 성자들이 체험한 열반을 하루빨리 성취하기를 바란다.

* * *

명칭을 붙이는 것은 마하시 수행방법이다. 다른 수행센터에서는 명칭을 붙이지 않는 곳도 있다. 그러나 명칭을 붙이는 스승의 지도를 받을 때는 명칭을 붙여서 해야 한다. 이 글은 대상에 명칭을 붙이는 마하시 수행방법으로 씌어졌다. 만약 명칭을 붙이지 않는 수행을 할 때는 본문의 내용대로 수행을 하되 명칭 대신 나타난 현상을 있는 그대로 알아차려야 한다.

명칭에 대하여

이 책에 소개된 위빠사나 수행방법은 여러 가지 수행방법 중의 하나인 마하시 명상센터의 전통적인 수행방법이다. 마하시 수행방법은 처음에 사마타 수행을 하고 나서 위빠사나 수행을 하는 방법이 아니라 처음부터 바로 위빠사나로 시작하는 수행방법이다. 그래서 이런 수행을 주석서에서는 순수 위빠사나라고 한다.

마하시 방법은 대상을 알아차릴 때 명칭을 붙여서 알아차리는 특징이 있다. 그래서 여기에 밝혀진 위빠사나 수행 내용이 모두 명칭을 붙여서 수행을 하는 것 위주로 되어 있다. 명칭은 사마타 수행에서 사용하는 수행방법이다. 명칭을 빨리어로 빤냐띠(paññatti)라고 하는데 관념적인 것, 개념, 모양 등을 말한다.

그러나 순수 위빠사나에서 명칭을 사용한다는 것은 사마타 수행방법을 혼용한다는 의미가 있는데 이는 초기에 순수 위빠사나로는 대상에 집중이 어려운 점을 감안하여 마하시 사야도께서 명칭을 사용하신 것으로 생각된다. 그러므로 위빠사나 수행을 시작할 때는 순수 위빠사나로 출발은 하면서도 대상에 효과적으로 집중하기 위해서 명칭을 사용하고 있는 것으로 보는 견해가 옳을 것이다.

이처럼 수행 중에 알아차릴 대상을 명칭화하기 때문에 호흡에 의해 일어나는 배의 풍대 작용도 '일어남, 꺼짐'이란 단어를 고수하고 있다. 그리고 다른 많은 경우에도 '봄' '들음' '냄새' '맛' '움직임' '오른발' '왼발' 등 모든 용어가 명칭을 붙이는 것을 전제로 말해지고 있다는 것을 알아야 한다. 그래서 마하시 수행방법을 말할 때 이런 점에서 다른 수행방법과는 그 표현이 다르다.

또한 예를 들어 '봄, 봄'이라거나 '들음, 들음'을 하라고 하는 경우도 명칭을 붙일 때 이렇게 반복해서 대상을 알아차리라는 의미로 제시된 것이다. 사실 명칭을 붙이다 보면 몇 번이나 해야 하는지, 또 얼마나 계속해서 해야 하는지를 스스로 판단하기 어려울 때가 있다. 대상에 따라서는 계속되어야 할 것이 있고, 한두 번으로 그쳐야 할 것이 있기 때문이다.

배의 호흡이나 경행을 하며 발의 움직임을 알아차릴 때, 또는 계속해서 지속되는 현상이 있을 때는 연속적으로 명칭을 붙여야 되지만 그렇지 않은 경우는 1~2회 내지 3~4회로 그쳐야 한다.

여기 제시된 수행방법은 명칭을 붙이는 것을 전제로 이런 용어를 두드러지게 말하고 있다. 그러나 이와 반대로 명칭을 사용하지 않고 수행하는 방법을 알고자 한다면 여기 씌어진 내용에 명칭을 붙이는 것만 빼버리면 된다. 명칭 없이 대상을 알아차릴 때는 그냥 있는 것을 있는 그대로 알아차리면 된다. 명칭을 붙일 때와 붙이지 않을 때의 수행방법이 하등에 다를 것이 없다.

마하시에서는 배의 호흡을 알아차리기 때문에 '일어남, 꺼짐'이지만, 다른 센터에서 수행을 하는 방법으로 코의 호흡을 알아차려야 할 경우에는 '들숨, 날숨'이 적합하다. 그리고 배의 호흡도 '밀고, 당김'이라거나 또는 '팽창, 수축'이나 '부품, 꺼짐'이라고 다양하게 명칭을 붙일 수도 있다.

배의 움직임도 호흡에 의해 일어나고 꺼지는 것이기 때문에 어차피 호흡의 범주에서 벗어날 수가 없는 풍대이다. 또한 앞에서 말한 것처럼 다양한 용어가 사용될 수 있다. 그래서 배의 움직임이란 '호흡에 의한 풍대의 작용'이므로 크게 보아서 호흡이라고 말할 수도 있다.

호흡은 풍대로 분류되는 현상이기 때문에 배에서 일어나고 꺼지는 것이 과연 호흡이냐 아니냐 하는 문제는 소모적인 논쟁이 될 수 있다. 이런 논쟁의 배경에는 『대념처경』에 호흡을 알아차릴 때 코의 호흡을 말하고 있기 때문에 배의 움직임이 과연 합당한 대상인가에 대한 논란이 있었다. 그러나 풍대라는 관점에서 본다면 호흡의 위치는 그렇게 중요한 것이 아니다. 몸과 마음이라는 오온을 대상으로 하는 수행이라면 어느 곳이나 무엇이나 대상이 아닌 것이 없기 때문이다.

'일어남, 꺼짐'이란 용어의 사용은 앞서 밝힌 것처럼 오직 명칭을 전제로 한 표현이기 때문에 큰 의미를 둘 필요는 없다. 기록에 '일어남, 꺼짐'이라고 했다고 해서 꼭 그렇게 명명해야 할 이유도 없다. 모두 필요한 대로 사용하면 된다. 그러나 명칭을 붙이지 않는 경우는 그냥 배의 움직임이라고 하거나, 또는 배의 호흡이라고 해도 무방할 것이다. 더 정확히는 배의 일어남, 꺼짐을 '호흡에 의한 풍대의 작용'이라고 해야 하겠지만, 이런 말은 경제적이지 못하다. 언어는 노력경제의 원칙이 있어서 자꾸 쉽고 간결하게 변해 가고 있다. 이것은 대중의 요구이고 이런 것은 지극히 자연스러운 현상이다.

그래서 명칭의 용어 선택은 큰 의미가 없으므로 알맞게 사용하면 된다. 마하시 사야도께서도 "이름이나 명칭이 일어날 때 실재는 그 이면에 놓인다. 실재가 그 자체를 드러낼 때 이름 또는 명칭은 사라진다"라고 명칭이 큰 의미가 없다는 뜻을 이미 밝히신 바 있다. 이것은 빤냣띠(모양, 명칭, 관념)와 빠라마타(실재, 성품)를 말하는 것이다.

중요한 것은 장미를 진달래라고 해도 장미 향기는 그대로 난다는 것이다. 수행자가 필요한 것은 이름을 아는 것이 아니고 성품을 아는 것이다. 명칭은 수행 초기에 대상을 명확히 하여 자세히 알아차리기 위한 편의상의 방법일 뿐이다. 여기서 장미는 이름이고 향기는 성품이다. 그러므로 어떤 경우에나 명칭의 의미와 한계를 알아 명칭에 걸려 넘어지는 일이 없도록 주의한다.

그러나 배의 움직임을 알아차릴 때 보통 '일어남, 사라짐'을 많이 사용하고 있는데, 수행을 하다 보면 면담 때나 다른 경우에도 용어상의 혼란이 오기도 한다. 원래 '일어남, 사라짐'은 배의 움직임을 말하는 표현으로 쓰기도 하지만 무상(無常)이나 생멸(生滅)을 말할 때도 흔히 사용하는 말이다.

그래서 이런 혼란을 피하기 위해 배의 움직임은 '일어남, 사라짐'이 아니고 '일어남, 꺼짐'이나 또는 다른 용어를 사용하는 것이 바람직하지 않을까 생각된다. 사야도와 대화할 때 수행자는 호흡의 '일어남, 사라짐' 말하고 있는데, 사야도께서는 무상의 '일어남, 사라짐'을 말하고 있는 것으로 착각하는 수가 흔히 있었다. 그래서 면담 중에 지금 호흡과 생멸 중에 어느 일어남, 사라짐을 말하는가 하고 지적을 받곤 했다.

여기서는 배의 호흡을 말할 때 일어남, 사라짐이란 용어가 틀렸다기보다 혼란이 오기 때문에 사용을 하지 않는다. 더 정확한 표현은 '사라짐'보다는 '꺼짐'이 실재적이고 적절한 표현이라고 본다. 그래서 사라짐의 의미가 전혀 없지는 않지만, 이 책에서는 '사라짐'이라고 하기보다는 '꺼짐' 이란 용어를 선택하여 사용하고 있다.

명칭 자체가 개념의 의미를 가지고 있지만 집중의 이익이 있어서 사용하는 것이기 때문에 이런 용어를 선택하고 있는 것이다. 그러나 명칭을 붙여서 수행을 할 때는 자칫 관념을 알거나 모양을 아는 것에 그칠 수도 있다. 수행을 할 때 실재로 알아야 할 것은 명칭 안에 있는 성품인 실재하는 것을 알아야 한다. 몸은 모양이고, 몸의 성품은 인식할 수 있는 실재하는 것으로 이것은 지, 수, 화, 풍의 4대를 말한다. 사마타 수행은 관념을 대상으로 하고 위빠사나 수행은 실재하는 것을 대상으로 한다는 것을 알아야 한다.

수행자에게 알아차림을 분명하게 하고 집중력을 갖게 하기 위해서 명칭을 사용하는데 그렇지만 명칭을 붙이면서도 대상의 느낌을 분명하게 알아야 하고 대상의 성품을 자세하게 알아야 한다.

예를 들어 몸을 알아차릴 때도 명칭 속에 있는 지, 수, 화, 풍의 4대 요소를 알아차리도록 노력해야 한다. 수행 중에 나타나는 장애를 명칭을 통해 극복할 수도 있지만 여기에 만족하지 말고 대상의 성품을 알아차리도록 해야 한다. 대상의 성품을 알아차리지 못하면 대상의 변화를 알 수가 없다. 위빠사나 수행은 변화를 알아야 한다. 그래야 삼법인의 지혜가 난다.

수행이 차츰 발전되거나, 아니면 명칭 없이 수행을 하고자 할 때는 여기에 기록된 내용 그대로 수행을 하되 명칭에 쓰이는 단어들을 마음속으로 알아차릴 때 이제는 그것들의 느낌을 아는 것으로 이해하면 된다. 다만 명칭 대신 느낌을 알면 된다.

하나의 대상에 모양과 성품이 붙어 있다. 그래서 개념과 실재가 붙어 있는 것이다. 수행자가 같은 것을 두고 무엇을 알 것인가를 선택해야 한다. 모양이라고 하는 개념이 무조건 나쁜 것은 아니다. 모양 없는 대상이 없기 때문에 모양도 중요하다. 다만 모양을 알아차릴 때와 성품을 알아차릴 때가 있다는 것을 알고 필요에 따라서 활용해야 한다.

처음부터 성품을 알아차릴 수 있으면 좋겠지만 실제 수행을 할 때는 그렇지 못하다. 수행자가 무엇이나 능력에 알맞은 선택을 해야 하기 때문에 필요하면 처음에는 모양을 알아차리는 것도 중요하다. 그렇지만 결국은 모양 안에 있는 성품을 알아차리는 것이 위빠사나 수행이다. 그래야 법을 바로 알게 된다.

대상을 알아차릴 때 집중을 위해 개념도 필요하기도 하지만 지혜의 눈이 열리면 자연스럽게 실재하는 성품을 대상으로 알아차리게 된다. 위빠사나 수행은 일차적으로 알아차릴 대상이 없으면 안 된다. 알아차릴 대상이 없다는 것은 잠을 자거나 망상에 빠지거나 알아차림을 놓친 상태이다.

그런데 대상을 알아차릴 때 반드시 주의해야 할 것이 있다. 대상은 변화가 있거나 움직임이 있거나 대상 그 자체의 모습이 있거나, 하여튼 아는 모든 것이 알아차릴 대상이다. 그래서 수행을 할 때 반드시 있어야 되는 것이 첫째로 대상이고, 둘째로 알아차림이다. 그런데 여기에 손님으로 나타난 것이 셋째, 명칭이다. 두 가지 것이 합쳐져서 알아차리던 것이 명칭이 붙으면 세 가지 모임이 되는 것이다.

그래서 대상과 알아차림과 명칭이란 세 가지 것을 하나로 모아서 알아차려야 한다. 조금이라도 알아차림이 소홀하면 실재를 알지 못하고 관념을 알아차리는 결과가 생긴다. 그래서 대상에 정확히 조준하여 알아차리고, 특히 대상이 움직일 때는 움직임에 따라 명칭도 정확하게 붙여야 한다.

그렇지 않으면 대상을 알아차리는 것이 아니고 명칭을 알아차리는 것이 되고 만다. 그러므로 명칭을 붙이는 수행을 할 때는 반드시 대상, 명칭, 알아차림 이렇게 세 가지가 삼위일체가 되어야 비로소 완전한 알아차림을 할 수 있고 좋은 집중상태에 이를 수 있다.

그렇지 않으면 배가 일어났을 때 명칭을 붙여 '꺼짐'을 하거나 꺼졌을 때 명칭으로는 '일어남'을 할 수도 있다. 그리고 오른발이 움직일 때 '왼발'을 할 수도 있으며, 왼발이 움직일 때 '오른발'이라고 명칭을 붙일 수도 있다. 또 다른 경우에도 움직임은 이미 끝났는데 그때서야 명칭을 붙일 수가 있으므로 주의해야 한다. 이런 경우는 알아차림이 부족해서이다.

또한 명칭을 붙일 때 대상에 대한 마땅한 명칭이 생각나지 않아서 순간적으로 곤혹스러움을 겪을 수 있다. 미묘한 느낌이거나 형용할 수 없는 감정일 경우에도 곤란을 겪는다. 그래서 잠시 명칭을 생각하느라고 알아차림을 놓치는 수가 있다. 이때는 명칭을 붙이지 말아야 한다. 그러나 이런 때도 습관적으로 붙여야 된다면 명칭 중독인지도 알아야 된다. 명칭 없이 대상을 알아차리지 못한다면 그것은 더 큰 문제이다. 그래서 이런 때는 명칭을 붙이지 않는 것이 좋지만 꼭 명칭이 필요한 경우에는 그냥 그런 대상을 알고 있는 '앎'이라고 붙여도 좋다.

명칭을 붙이다 보면 항상 자동적으로 붙게 된다. 그러나 자동은 없다. 모두 마음이 시켜서 하는 것이다. 자기가 좋아해서 하는 것임을 알아야 한다. 그래서 꼭 붙여야 한다면 이럴 때는 그냥 대상을 아는 '앎'을 붙이면 된다. '앎, 앎' 하면 무엇이라고 표현은 못하지만 그냥 알고 있는 그 상태를 아는 앎을 하는 것이므로 어느 때나 합당한 명칭이 된다. 그래서 미묘한 것을 표현해야 할 때는 '앎'이란 표현이 적합하다. 미묘하기 때문에 그냥 그것을 아는 마음이란 뜻으로 앎을 사용하면 된다.

그리고 특별히 명칭을 붙이기 곤란하면 다소는 포괄적이거나 개괄적인 어떤 명칭도 좋을 것이다. 명칭의 내용은 그렇게 중요하지 않다. 그러나 대상과 너무 동떨어진 명칭도 바람직하지는 않다. 예를 들면 아주 건설적이고 훌륭한 계획을 세우다가 '망상, 망상'을 할 경우에는 괴리가 생긴다. 훌륭한 계획 자체를 부정하는 것이 되므로 그런 때는 '계획함, 계획함'이라고 붙이는 것이 더 합리적일 것이다.

어쨌거나 명칭은 대상에 집중하기 위한 좋은 방편이므로 적절하고 효과적으로 사용해야 할 것이다. 그리고 적당한 시기에는 명칭 없이 알아차리는 수행도 해봐야 한다.

명칭을 사용하는 것은 우선은 처음에 가르치는 지도자의 지시를 따르는 것이 현명하다. 서로 교감해야 수행을 할 수 있기 때문이다. 그리고 차츰 수행이 발전된 뒤에는 사용 유무를 스스로 선택하면 된다.

명칭을 사용하는 것은 좋은 장점도 있고 때로는 장애의 요인이 될 수도 있다. 그러므로 장단점이 무엇인가를 알아야 할 필요가 있다. 그래서 좋은 점만을 선택하여 활용한다면 수행의 발전을 꾀할 수 있을 것이다.

명칭의 장점은 우선 개념화가 되어 대상을 분명하게 인식하여 받아들이기가 좋다. 실제로 우리가 사는 세상은 명칭의 세상이다. 그래서 자연스럽게 대상의 실체를 인식하여 분명하게 받아들이게 한다. 대상에 대한 인식이 분명하므로 확실하고 뚜렷하게 대상을 알아차리게 한다. 또한 마음이 대상의 알아차림에서 일탈하지 않도록 붙잡아 두는 효과가 있다. 그래서 대상에 대한 집중력을 갖게 하고, 망상이나 졸음 같은 것으로부터 장애를 받지 않고 알아차림을 할 수 있게 한다.

순수 위빠사나는 사마타 수행과 달리 여러 가지 대상을 자유롭게 알아차려야 하기 때문에 자칫 산란한 상태에서 수행을 하기 쉽다. 이때 달아나는 마음을 붙잡아 대상에 머물게 하는 효과가 있다. 그래서 명칭은 상징성, 지속성, 집중성이 있고 장애로부터도 알아차림을 보호해 주기도 한다. 또한 정신이 몽롱할 때에도 선명하게 알아차리게 한다.

그러나 명칭은 다른 면도 갖고 있다. 우선 관념에 빠지기 쉽다. 대상의 성품을 알지 않고 명칭을 알기가 쉽다. 모양에 집착하게 되는 것이다. 그리고 일치성에서 문제가 있다. 대상과 명칭과 아는 마음이란 세 가지가 하나로 모여야 하는 것은 장애일 수도 있고 장점일 수도 있다. 모아지면 집중력이 생기고 모아지지 않으면 산란하거나 성품을 알지 못하거나 해서 세 가지의 일치가 이루어져야 하는 복잡함이 있다.

명칭을 붙이면 대상의 느낌과 마음을 알아차리기가 어렵다. 명칭은 거친 것이기 때문에 미세한 느낌이나 마음을 알아차릴 때는 장애로 작용한다. 비록 마음속으로 명칭을 붙여서 직접 말하는 것은 아니라고 하지만 말은 말이다. 그래서 깨어서 알아차림을 하는 데는 좋으나 고요함에는 장애가 된다.

마음을 알아차리는 수행을 할 때는 처음부터 명칭을 못 붙이게 한다. 명칭을 붙이는 그 순간에 미세하게 일어났다가 사라지는 마음을 보기 위해서이다. 마음이 아무리 빠르다고 해도 한순간에 하나밖에 대상을 접수하지 못한다. 명칭을 붙일 때 마음이 얼른 명칭 하나를 접수하고 빠르게 다음 것으로 넘어가면 되겠지만 그렇게 될 수가 없다. 중요한 것은 이미 대상도 빠르게 바뀌므로 명칭을 붙일 때는 명칭 외에는 다른 것을 아는 것이 쉽지가 않다는 것이다. 대상이 알아차리는 마음을 기다려 주지 않으므로 명칭을 붙일 때는 마음을 알아차릴 수가 없다.

그래서 초기에는 명칭이 매우 뛰어난 효과가 있음을 인정하지만 수행이 차츰 발전된 뒤에는 적절한 시기에 명칭 없이도 수행을 할 수 있다면 새로운 경험을 하게 될 것이다.

명칭에 대한 장단점의 문제가 있다면 사용하는 수행자가 이런 현상을 알고 적절히 사용하면 된다. 명칭도 필요해서 만든 것인 만큼 써야 할 때는 사용해야 한다. 무엇이든 작용을 할 때는 항상 그에 따른 반작용이 상존하는 것이다. 명칭의 사용은 스승의 지침에 따라서 하면 된다. 사용을 할 때에도 허와 실을 알아 조화를 이루면 발전이 있을 것이다.

수행이 진전되면 차츰 지혜가 성숙해지고 이런 단계에서 명칭이 자연스럽게 떨어지는 경우도 있다. 그러나 오랫동안 붙여 온 명칭이 떨어지지 않는 경우가 훨씬 많다. 만약 명칭을 붙이고 싶지 않다면 이때는 명칭을 붙이는 마음을 알아차려야 한다. 그러면 자신이 명칭을 좋아해서 집착하고 있는 마음을 알 수 있게 된다. 이렇게 마음을 알아차릴 수 있을 때라야 비로소 명칭이 사라지게 된다. 마음을 알아차려야 뿌리가 무엇인지를 알아 근원적으로 대처할 수 있다. 그러나 명칭의 필요성을 느끼는 수행자는 계속 주의해서 사용해야 될 것이다.

면담은 어떻게 할 것인가

훌륭한 수행을 할 수 있는 몇 가지 조건이 있다. 누구나 수행을 잘하고 싶다고 해서 좋은 수행이 그냥 되는 것이 아니다. 여러 가지 조건이 맞아야 된다. 첫째는 좋은 수행방법을 만나는 것이다. 둘째는 좋은 스승을 만나는 것이다. 셋째는 좋은 도우(道友)를 만나는 것이다. 넷째는 좋은 환경을 만나는 것이다. 이상의 조건이 충족되었을 때 비로소 온전한 수행을 할 수가 있다.

여기서 좋은 스승을 만난다는 것은 바른 수행방법을 알려주는 것과 바르게 수행지도를 해 주는 것을 말한다. 스승에게 좋은 법문을 듣는 것도 있겠지만 그것보다 중요한 것은 어떻게 수행을 지도해 주느냐 하는 것이다. 이것이 바로 면담(Interview)이다.

어느 날 제자가 붓다께 "좋은 도우를 만나서 수행의 절반을 성공한 것 같습니다"라고 했다. 그때 붓다께서 "좋은 도우를 만난 것은 절반을 얻은 것이 아니라 전부를 얻은 것이다"라고 말씀하셨다. 당시에는 수행자들이 붓다로부터 수행지침을 받아 일정한 숲에 모여 함께 수행을 했었다. 그렇기 때문에 붓다를 뵈올 수는 없고 동료 수행자의 도움이 있었을 것이다.

하물며 좋은 동료 수행자를 만난 것이 수행의 전부를 얻은 것과 같다고 할진데 좋은 스승을 만난 것을 도움에 비교할 수 있겠는가. 그래서 어떤 스승이 되었건 그것은 자신의 공덕으로 만나는 것이므로 내버려두고, 스승을 만났다는 것 자체가 매우 소중한 것이다. 누구나 스승을 만나기조차도 어렵다. 우리 시대에 위대한 스승이 바로 붓다이시다.

스승을 만나서 법문을 듣는 것도 지혜를 얻는 데 없어서는 안 될 기회이다. 그러나 듣고 읽고 사유하는 것은 문혜(聞慧)와 사혜(思慧)인데, 이것이 필요한 것이기는 하나 수혜(修慧)를 위한 관념일 뿐이다. 위빠사나의 지혜를 얻는 데는 직접 수행을 해서 얻어지는 수혜가 필요하다.

수행에 대한 것을 책이나 경전에서도 읽을 수 있다. 그것은 수행을 보조하는 도움에 불과한 것이지 실재하는 수행을 하는 것은 아니다. 중요한 것은 반드시 직접 수행을 해야 하고 수행에 관한 면담을 하는 것이다. 그러나 많은 수행자들이 수행은 해도 면담에 대한 것을 그다지 중요하지 않게 여긴다.

수행자는 면담이라는 자양분을 먹고 의식이 고양되어 간다. 앞으로 나아가는 데 백 가지 길 중에 스스로 찾아갈 수 있는 한 가지 길을 찾기도 어렵다. 스스로 찾을 수 있는 분은 오직 붓다 한 분이시다. 그러므로 면담의 중요성을 간과해서는 안 된다. 스승의 면담지도는 듣는 즉시 바로 지혜를 열어주기도 하나 하루, 이틀, 일주일 그리고 한 달 뒤에도 문득 떠올라 지혜를 준다. 면담의 중요성은 실제로 수행을 해나가면서 절실하게 알게 된다.

최초의 수행자는 마치 어린아이와 같다고 보면 된다. 그러나 천진한 어린이가 아니고 비뚤어지고 때묻은 어린아이이다. 이런 어린아이가 바른 길을 찾아갈 수 있겠는가. 이때 스승은 물을 건널 때는 디딤돌을 놓아주고, 어두운 동굴에서는 등불로 앞을 밝혀 준다. 가시밭길에서는 가시덤불을 헤쳐 준다.

그런데도 어린아이는 좋다 싫다 하고 투정을 부린다. 나쁘다고 비판까지 한다. 처음부터 좋은 것은 보지 않고 비판부터 배운다. 이것이 달을 안 보고 손가락을 보는 것이다. 스승이 말한 내용을 알아차리지 않고 스승이라는 모양에 빠진 것이다. '나'라는 이상에 빠져서 조금만 불쾌해도 비판을 한다. 오히려 자기의 이상을 벗겨 주려는 노력을 거꾸로 본다. 이런 행위가 모두 악업인 것을 모른다.

수행을 할 때 스승이 적절한 지적을 해 주어도 쉽게 받아들이지 않는다. 특히 자기의 치부를 지적 받으면 오히려 더 고마워해야 하는데 그러지 않는다. 스승은 자기 이익을 추구하기 위해서 말하지 않는다. 그러나 수행자들은 철저히 자기 중심 속에서 이익이 될 만한 것만 일부 받아들이고 조금만 비위가 거슬려도 반발한다. 이것은 탐진치를 가지고 살아온 모든 사람에게 해당하는 말이다. 스승은 알아차릴 대상일 뿐인 것을 모른다. 얻을 것은 스승이란 모양이 아니고 가르침의 내용인데 초점이 스승이란 인격에 모아졌기 때문이다. 그래서 모처럼 찾아온 기회를 놓치고 만다.

사실은 이런 악습을 가지고 있어서 괴롭기 때문에 수행을 하는 것이다. 그래서 비판적인 성향이 강한 사람이나 인내가 부족한 사람은 스스로의 무게에 눌려 좋은 기회가 왔음에도 자기 것으로 만들지를 못한다. 면담을 할 때는 이런 자기의 갈등이나 성향까지도 알아차리고 보고해야 한다. 무슨 말이나 수행에 관계된 것은 나쁜 것일수록 보고하는 것이 유익하다. 그렇지 않으면 스스로 나쁜 쪽으로 결정을 내리고 끝내 버리고 만다.

법의 특성은 원하는 자에게 주는 것이므로 스스로를 두꺼운 호두

껍질 속으로 집어넣어 버리거나 성난 소처럼 치받으면 어떤 스승도 달리 방법이 없다. 붓다라 해도 마찬가지다. 붓다께서는 사촌이 지옥으로 떨어지는 악업을 짓는 것을 보고도 어쩌지 못하셨다.

스승이 듣고자 하는 것은 남의 비밀이나 허물을 보려고 하는 것이 아님을 알아야 한다. 수행자는 솔직하게, 정직하게, 수행 중에 경험한 것만을 정확히 말할수록 되돌아오는 이익이 크다. 그에 따른 알맞은 처방이 내려질 수 있기 때문이다. 수행자가 수행을 통한 경험이 아니고 생각한 것을 말하는 것은 스승을 괴롭히는 것이고 서로 아무런 소득이 없다. 스승은 남의 말에는 온갖 독이 묻어 있음에도 법을 주려는 자애로운 마음으로 받아들인다는 것을 알아야 한다. 사람들은 자기가 하는 말이 독인지를 모른다.

위빠사나 수행을 어떻게 할 것인가가 중요한 것처럼 어떻게 면담할 것인가도 중요하다. 면담은 수행을 한 내용을 보고하는 것이다. 그래서 면담을 한다는 것은 어떻게 수행을 했다는 것이 결과로 나타난다. 그래서 스스로도 정리가 되는 것이다.

처음에 면담을 할 때 무슨 말을 해야 할지 알기가 쉽지 않다. 특히 초보자의 경우는 수행 자체가 낯설어서 우선 무엇을 알아차려야 하는지에 대한 이해가 부족하기 때문에 면담을 할 때 더욱 어려움을 겪기도 한다.

그래서 면담을 간과하기 쉬운데 이것은 잘못이다. 그럴수록 더 면담을 해야 한다. 모르는 것이 있으면 자꾸 물어야 한다. 바른 지도자라면 모르는 것을 묻는 것을 오히려 더 반길 것이다. 위빠사나 수행과 면담은 필수적으로 병행되어야 한다. 면담이 없는 수행은 결코 발전이 있을 수 없다. 혼자서 수행을 할 때도 수행을 한다고 하지만 바르게 알고 하는 것이 아닐 경우가 많다. 이 말은 누구에게나 해당되는 말이다.

면담이 어렵게 느껴지는 것은 역시 위빠사나 수행에 대한 이해가 부족하기 때문이다. 누구나 수행이 특별한 것이라고 생각해서 그렇다. 위빠사나 수행은 사실 우리의 일상에서 일어나는 몸과 마음의 시시콜콜한 것을 알아차리는 결코 특별하지 않은 수행이다. 그래서 할 말이 시시해서 말하기를 꺼려하는 경우도 있다. 또한 별것 아닌 것 같아 창피하고 자존심이 상해서 말하기를 꺼린다. 수행을 할 때 어떤 경우도 판단은 지도자의 몫이다. 경험이 없는 수행자가 스스로 옳고 그르고 하는 것을 판단하지 말아야 한다. 이것이 수행자의 나쁜 선입견이다.

그러나 위빠사나 수행은 알아차려야 할 것이 많아서 처음부터 뚜렷하게 무엇을 알았다고 하기에는 약간 어려움이 있다. 또한 알아차려야 할 주대상이 호흡인데 호흡을 알아차리려 해도 뜻대로 알아차릴 수가 없어 말하기를 꺼려하는 경향이 있다.

그리고 이렇다 할 보고거리가 없어서 그렇기도 하다. 특별하게 하나만을 대상으로 알아차리는 것이 아니라 이것저것을 알아차리다 보니 내용을 간추리기가 어려운 점도 있다. 이런 현실에도 불구하고 면담은 계속되어야 한다.

면담은 잘되는 것만을 알기 위한 것이 아니고 잘 안 되는 것도 밝혀서 개선해 나가는 것이다. 이것이 바로 면담의 사명이다. 수행은 잘 안 되는 것이 지극히 정상이므로 보고 내용에 크게 신경 쓸 것이 없다. 어떤 지도자거나 똑같이 많은 시행착오를 거쳤기 때문에 수행에 관한 내용은 어떤 말을 해도 상관없다.

위빠사나 수행은 매우 쉬운 것 같지만 특별한 수행방법이므로 기존의 다른 수행과는 전혀 다른 면이 많다. 그래서 지도자 없이는 불가능하다고 봐도 좋다. 책을 보고 하는 수행도 위험하다. 책은 다만 참고자료일 뿐이다. 책을 보고 앞질러 나가거나 자기 식으로 받아들여서 잘못된 고정관념을 갖기가 쉽다. 수행은 자기가 하는 것이고 책은 앞서가는 것이다. 다만 책을 통해서 불확실한 부분을 보완하는 것에 도움을 받아야 한다. 그래서 명상센터에서는 책을 보지 못하게 한다. 왜 그렇게 하는지 이 점을 유념해야 한다. 수행은 이론이 아니고 언어의 장벽을 뛰어넘어 대상의 실체를 파악하는 것이다.

이 수행이 결코 특별하지 않다고 했지만 어려운 것은 있다. 우선 바라는 것 없이 해야 하고, 없애려고 하지도 말고 있는 그대로 알아야 하는 것이다. 이것은 결코 생각처럼 쉽지가 않다.

특별하다면 이것이 바로 특별한 것이다. 바라지 않고, 없애려 하지 않는 것은 우리가 전혀 경험해 보지 못한 사고방식이다. 그런 과정을 통해 알아차릴 대상의 성품을 꿰뚫어 보는 것이어서 바로 가면 매우 신속한데 잘 모르면 더디고 흥미를 잃게 된다. 중요한 것은 없는 습관을 새로 만들어야 하는데 혼자서는 안 되기 때문이다. 같은 얘기를 귀에 못이 박히도록 들어야 하기에 일정한 면담이 필요한 것이다.

면담에는 해야 할 것과 하지 말아야 할 것이 있다. 해야 할 것은 어떻게 해야 하는가와, 하지 말 것은 무엇인가를 하나하나 알아차려 본다. 면담에 관한 것이 단순한 것 같아도 의외로 이해해야 할 부분이 있고, 또 알아두면 도움이 될 것도 많다.

먼저 면담은 지도자와의 교감이므로 지도자에 따라 대상과 방법이 약간씩 차이가 있을 수 있다. 그래서 지도자가 요구하는 것을 우선 받아들여서 거기에 따라 대화를 한다. 지도자마다 약간씩의 방법상의 차이가 있으므로 이것을 존중하는 것으로부터 출발해야 한다. 이 말은 면담 중에 자꾸 다른 수행방법과 비교하여 말하지 말라는 것이다. 수행은 일정한 틀 안에서 여러 가지 길이 있다.

지도자에 따라 알아차릴 주된 대상도 다르고 알아차리는 방법도 다르다. 또 스승이 어떻게 말했다 해도 각자 자기 식으로 받아들이게 마련이다. 그러나 지엽적인 차이가 있을 수 있지만 큰 틀 안에서 받아들이는 관점은 모두 동일하다. 그래서 철저하게 경전에 입각해서 수행을 지도하고 있다는 것을 알아야 한다.

큰 스승들께서도 자칫 경전을 벗어날 수 있으므로 항상 조심하시는 것을 볼 수 있었다. 우리의 지혜는 한계가 있게 마련이므로 수행방법도 오직 경전에 입각해서 하시고, 말씀도 오직 경전에 입각한 말씀만 하시는 것을 보았다. 그래서 수행을 할 때 어느 스승에게 배웠는지를 밝혀서 바른 정통성을 찾는다. 정통성은 이미 많은 사람들을 통해 오랜 시간 동안에 검증된 것이기 때문이다. 수행방법이 삿된 것인지 아닌지 우리는 알 수가 없기 때문이다.

앞서 수행을 어떻게 해야 할 것인가에서 밝힌 것처럼 위빠사나 수행은 하나의 수행방법을 가지고 한다고 해도 알아차릴 대상이 너무 많다. 이 말은 알아차리지 말아야 할 것이 없다는 것이다. 살아가면서 느껴지는 모든 것들이 알아차릴 수행의 대상이다. 수행 따로 있고 생활이 따로 있는 것이 아니라 생활이 수행이고 수행이 생활이다. 그래서 수행을 구속하는 방법으로 해서는 안 된다. 생활 속에서 자연스럽게 받아들여야 한다.

좌선을 하는 것만 중요하다고 아는 것은 극히 일부만 아는 것이다. 생활이 모두 수행이다. 그래서 우리가 알아차린다는 것은 눈, 귀, 코, 혀,

신체, 의식이 다른 대상을 만나는데 물질, 소리, 냄새, 맛, 접촉, 생각을 느낄 때마다 모두 알아차릴 대상이고 이것이 바로 수행을 하는 것이다.

수행은 마주하는 모든 대상을 그때마다 알아차려야 하는데, 이것이 육근이 육경에 접촉하여 느껴지는 것이다. 이것이 육식이다. 면담은 이런 전 과정에서 중요한 것을 요약하여 말하는 것이다.

어떻게 보고를 해야 하는가를 아는 것은 어떻게 수행을 해야 하는가를 아는 것과 같다. 그래서 보고 내용을 통해서 어떻게 수행을 해야 할 것인가를 역으로 알 수도 있다. 실제 보고를 할 때는 육하원칙에 의거하여 보고를 하기란 어렵다. 다만 이런 보고의 개요가 정리되었을 때 면담의 효과가 있다.

이렇게 정리가 되면 수행을 어떻게 할지도 접근이 용이하게 된다. 보고 내용을 요약하는 것도 수행을 발전시키는 것이며, 차츰 수행이 무엇인지를 알게 하기도 한다. 그러므로 초기 수행자는 자기 수준에 맞는 보고를 하면 된다. 아는 만큼만 보고하면 되고, 여기 제시되는 것을 꼭 지켜야 할 필요는 없다. 수행은 언제나 능력만큼 하는 것이 가장 잘하는 것이다.

보고를 하다 보면 얻어지는 다른 수확도 많다. 보고를 하기 위해서 열심히 노력을 하게 되고, 하나를 알더라도 더 자세하게 알아차리게 된다. 항상 같은 것을 보고하기가 민망하여 일상의 알아차림에서 집중력이 강화되기도 한다.

보고를 하고 나면 보고한 효과가 매우 크다. 항상 알아차리라는 같은 말을 들어도 듣지 않았을 때와 들었을 때가 완연하게 다르다. 면담을 하고 나면 안정이 되고 알아차림과 집중력이 향상되는 것을 느낀다. 막연하게 불안한 마음이 사라지고 수행을 하겠다는 의지가 생긴다. 수행자들 사이에 면담의 효과가 얼마 정도 간다고 말을 하기도 한다.

면담의 기본적 요건을 차례대로 분류하면 다음과 같다.

1. 무엇을 할 때 알았는가?
2. 무엇을 대상으로 알았는가?
3. 무엇을 어떻게 알아차렸는가?
4. 그래서 무엇을 알았는가?

1. 무엇을 할 때 알았는가?

수행을 할 때 몇 가지 경우로 구분하면 좀더 상세하게 말할 수 있게 된다. 수행은 움직일 때, 멈추었을 때, 앉았을 때, 누웠을 때의 모든 상황에서 알아차림을 한다. 이것을 행, 주, 좌, 와 라고 한다. 이 말의 의미는 하루 일과의 모든 시간과 모든 일에 대하여 알아차림을 지속하라는 뜻으로 말한 것이다. 사실 네 가지 행동을 빼고는 다른 것이 없다.

수행은 크게 세 가지로 나누어서 보고를 한다. 좌선을 할 때, 경행을 할 때, 그리고 일상생활을 할 때로 나눈다. 이것은 수행방법의 측면이다. 그리고 수행양식의 측면으로도 볼 수 있다.

좌선은 명상센터에서 하는 경우를 제외하고는 우리 일상에서 차지하는 부분이 매우 적다. 시간도 적을 뿐더러 꼭 좌선을 하는 것만이 수행이라고 생각하면 크게 잘못된 생각이다. 다만 일정한 시간을 좌선에 할애하는 것은 필요하다. 좌선이 갖는 의미를 간과해서는 안 된다. 그러나 그것이 현실적으로 여의치 못하면 어쩔 수 없는 것이다. 좌선시간은 상황에 맞게 하되 처음부터 많은 시간을 계획하고 앉으면 더 오래가지 못한다. 그래서 혼자 할 때는 적당한 시간을 선택했다가 차츰 늘리는 것도 요령이다.

행선을 할 때는 일정한 공간에서 왕복으로 오고 가기를 했을 때와 일상생활을 할 때 몸의 움직임을 알아차리는 경우가 있다. 한정된 공간에서 발의 움직임을 알아차리는 수행은 특별히 수행을 위해 하는 것이며, 그 외에 일상적으로 움직일 때의 알아차림이 있다. 행선은 두 가지 모두를 포함한 것이다.

와선의 경우는 대체로 누워서 수행을 하지는 않는다. 잠이 들기 때문이다. 그러므로 특별하게 와선을 하는 경우를 제외하고는 잠들기 전이나 잠자리에서 일어나기 전에 누워 있을 때 알아차리는 것을 말한다.

잠자기 전에 누워서 호흡을 알아차리는 수행은 잠을 어떻게 자느냐 하는 문제와 수행을 하는 문제까지를 포함한 것이다. 잠들기 전에 알아차리고 자면 숙면을 취할 수 있다. 그리고 깨어나서 알아차릴 때 잠들기 전에 알았던 것부터 나타난다. 가령 호흡을 알아차리다가 잘 때는 깨어서 바로 호흡부터 알게 된다. 이런 효과에서 보는 것처럼 잠들기 전에 알아차리는 수행은 하룻밤의 잠의 성격을 결정한다. 자기 전에 알아차리고 자면 숙면을 취하게 된다. 이것도 보고의 대상이다.

죽는 것이 잠을 잘 때와 같고, 아침에 깨어나는 것은 다음 생을 받는 것과 같다. 그래서 잠자리에서 호흡을 알아차리는 것은 죽음을 대비한 연습도 된다. 죽기 전의 상태가 그대로 다음 생을 결정하므로 잠들기 전의 알아차림은 꼭 해야 한다. 죽을 때 고통스럽더라도 알아차림만 놓치지 않으면 괴롭지 않다. 평소에 통증을 알아차리다 보면 통증이 사라지는 것처럼 매일 잠잘 때도, 죽을 때도 알아차림을 계속해야 한다.

쉐우민 사야도께서는 잘 때 무슨 마음으로 잤는가, 일어날 때 무슨 마음으로 일어났는가를 알아차리라고 하셨다. 이렇게 자기 전에 마음을 알아차리고 나서 호흡을 알고, 깨어나서 무슨 마음인가를 알아차리고 나서 호흡을 알아차리다 잠자리에서 일어난다. 이렇게 자면 숙면이고, 이렇게 일어나면 하루가 상쾌하다.

흔히 책에서 행주좌와(行住坐臥) 어묵동정(語默動靜)을 모두 알아차린다는 말은 읽거나 듣고 잠잘 때도 알아차린다고 하는데 이것은 비약한 말이다. 잠을 잘 때는 알 수가 없다. 다만 잠자기 전이나 일어났을 때를 알아차린다. 꿈속에서 꿈을 꾼 것은 알아차린 것이 아니다. 다만 꿈을 꾸었을 뿐이다.

일상생활을 하면서 알아차릴 때가 많다. 직장에서 일할 때, 말할 때, 들을 때, 가정에서 음식, 청소, 설거지, 빨래, 독서, TV 시청, 음악 감상 등 모두 알아차릴 대상이다. 대소변을 볼 때도 매우 중요한 알아차림이고, 음식을 먹을 때는 일상의 알아차림 중에서 빼면 안 되는 대상이다. 또는 운전을 할 때, 운동을 할 때 등도 모두 알아차릴 대상이다.

2. 무엇을 대상으로 알았는가?

먼저 몸을 대상으로 알아차렸을 때와 마음을 대상으로 알아차렸을 때를 구분한다. 몸을 알아차렸을 때는 호흡을 알아차렸는가, 아니면 몸의 각 부분을 알아차렸는가. 마음을 알아차렸을 때는 마음이 알아차릴 대상이다. 이 경우가 사념처 수행인 신수심법(身受心法)을 대상으로 한 것이다. 그래서 실제로는 육근과 육경과 육식의 18계가 모두 알아차릴 대상이다.

수행은 알아차릴 대상이 있어야 한다. 대상이 없는 수행은 없다.

그래서 어떤 대상이 설정되었는가를 분명하게 알아야 하고, 이것을 보고의 기준으로 삼아야 한다. 몸을 대상으로 한 것은 마음이 몸을 알아차린 것이고, 마음을 대상으로 했을 때는 마음이 마음을 대상으로 한 것이다. 분명한 대상이 있으면 먼저 대상에 겨냥하게 된다. 그러고 나서 다음 단계를 주시하게 되는 것이다.

위빠사나 수행을 할 때 가장 기본적인 대상으로 선택하는 것이 호흡이다. 그러나 호흡을 대상으로 했을 때는 코의 호흡을 대상으로 했는가, 아니면 배의 움직임을 대상으로 했는가, 또는 가슴, 몸의 일부, 전면에서 마음으로 알아차리는 호흡을 대상으로 했는가를 보고한다. 몸을 알아차릴 때 몸의 어느 부분에 있는 통증을 대상으로 알았는가, 몸의 움직임과 흔들림을 대상으로 알았는가, 몸의 가려움을 대상으로 알았는가를 말한다.

느낌을 대상으로 알 때는 몸과 마음이라는 대상 안에서 어떤 느낌을 느낀 것이다. 이때는 몸의 어떤 느낌, 마음의 어떤 느낌을 말한다. 안다는 것은 모두 느낌으로 아는 것이기 때문에 몸과 마음에서 일어나는 모든 것을 말할 때 느낌을 말하는 것이다. 그러므로 대상이 몸이 될 수도 있고, 몸과 마음의 느낌이 될 수도 있다.

법념처에서 말하는 장애, 오온, 십이처, 칠각지, 사성제가 모두 대상이 된다. 몸과 마음에서 알게 된 모든 것이 법념처에 해당된다. 알아차릴 대상으로 법념처에 속하지 않는 것이 없다. 그러므로 법념처는 총체적인 것을 말하므로 다른 것과 중복될 수가 있다.

세상이 법으로 가득 찼다는 말은 모두 알아차릴 대상으로 가득 찼다는 말이다. 이 말은 세상이 결코 신비롭거나 어떤 절대자의 힘이 개입된 것을 말하는 것이 아니다. 세상의 모든 것은 단지 알아차릴 대상이어서 그것이 법이며, 그것이 상상이 아니라 실재하는 것이므로 진리이다.

3. 무엇을 어떻게 알아차렸는가?

수행을 할 때 몸과 마음을 대상으로 알아차림을 했는데, 무엇을 어떻게 알아차렸는가가 있어야 된다. 대상이 결정되면 먼저 대상의 모양을 알아차린다. 그리고 대상의 성품을 알아차린다.

이때 몸에서 나타나는 모든 것은 절대 사소한 것이 없다. 사소하다고 생각하는 것들이 모두 알아야 할 성품이다. 사실 수행이 특별한 것이 아니라는 것을 알려면 시간이 걸린다. 많은 시간이 지난 뒤에야 아무것도 아니라고 생각한 것이 바로 가장 훌륭한 대상이고, 그것이 법이라는 것을 알게 된다. 모든 느낌은 어떤 시시한 것이나 사소한 것도 모두 알아차려야 할 법이다.

배의 호흡을 알아차릴 때 먼저 배의 움직임을 알아차린다. 이것은 동적인 요소이다. 호흡이 길다, 짧다, 크다, 작다고 하는 모양을 알 수 있다. 차츰 이 움직임을 알아차리다 보면 움직임이 가지고 있는 특성인 성품을 알게 된다. 단단하다, 부드럽다, 가볍다, 무겁다, 팽창한다, 수축한다 하는 것을 알게 된다.

몸의 느낌을 알아차릴 때는 몸의 부분을 모양으로 알았는가, 아니면 온몸의 무수한 느낌을 알았는가를 보고해야 한다. 몸에는 맨 느낌이 있는데 이것이 지수화풍이고, 이 느낌으로 인해 발생한 즐겁고 괴롭고 덤덤한 느낌을 모두 알아차리고 보고해야 한다.

이것이 모양과 성품을 알아차리는 것이다. 그래서 모양을 알았다거나, 아니면 성품을 알았다거나 하는 알아차린 내용을 보고해야 한다. 행주좌와에서 모양과 형태의 측면을 알아차리는 것은 대상을 붙잡는 데 필요하다. 이런 모양을 충분히 알아차리게 되면 다음으로 성품의 측면을 알아차리게 된다. 모양은 있지만 실재하는 것은 바로 이 성품이다.

모양은 형태로 있는 것이라서 관념적 진리라고 하고, 이 성품을 궁극적 진리라고 한다. 몸에 있어서의 성품은 바로 지수화풍의 4대이고, 더 세분하면 4대에서 파생된 28가지가 있다. 이것은 더 다양한 것을 대상으로 한다. 이것들이 모두 알아차려서 보고해야 할 내용이다.

걸을 때도 발의 움직임을 알아차리는 것은 모양을 알아차린 것이고, 발을 들 때는 가볍고, 발을 놓을 때는 무거운 것을 아는 것이 성품을 알아차리는 것이다. 또한 발을 놓았을 때 바닥이 단단하다, 부드럽다, 뜨겁다, 차갑다 하는 것을 아는 것도 성품을 알아차리는 것이다. 보고를 할 때는 이런 것들을 말해야 한다. 음식을 먹을 때도 음식은 대상이고 씹는 것은 움직임이고, 씹었는데 맛이 어떠했다 하는 것은 성품을 아는 것이다. 청소를 할 때는 팔의 움직임과 가벼움, 무거움을 알아차린다. 차갑고 더운 바람이 불어오면 피부에 닿았을 때의 감촉을 느끼고 그것 때문에 좋고, 싫고 느낌을 알아차린다. 설거지를 할 때도 물이 손에 닿는 것의 감촉을 알아차린다.

수행자가 알아차릴 대상에서 모양을 알았는가, 아니면 모양 안에 있는 성품을 알았는가를 정확히 보고해야 한다. 이때 몸의 성품을 알아차렸을 때는 철저하게 지수화풍의 4대를 말한다. 몸에는 무수히 많은 성품들이 있다. 이것이 모두 느낌으로 느껴지는 것들이다.

마음을 알아차릴 때는 마음의 성품을 알아차린다. 마음의 성품은 크게 나누어서 불선심의 탐, 진, 치와 선심의 관용, 자애를 알아차린 대로 보고한다. 이것은 모양, 성품이 실재하는 것이라 근본법(根本法, Paramattha Dhamma)이라고 한다.

4. 그래서 무엇을 알았는가?

알아차린 대상의 알아차림이 얼마나 유지될 수 있었는지를 보고한다. 알아차림이 지속될 수 없었다거나 알아차림이 얼마나 유지될 수 있었다는 것을 말할 수 있어야 한다. 가령 호흡을 알아차렸는데 얼마나 알아차릴 수 있었다고 보고한다.

그리고 대상의 변화를 알아차릴 수 있었는지 보고한다. 알아차릴 대상은 모두 변하는데 일정한 과정을 통해서 변해 간다. 어떤 대상이든 변화할 때는 반드시 처음에 일어남이 있고 다음으로 진행이 있다. 그리고 소멸이 있는 것을 알게 된다. 이 소멸이 있은 뒤에 다시 전혀 다른 일어남이 있는 것을 알게 된다. 소멸이 있어서 일어나고 일어나면 진행되어서 다시 소멸의 과정을 거치는 것이다.

이것은 모든 것의 시작과 중간과 끝이 있음을 알아차리게 되는 것을 말한다. 그리고 원인과 결과가 있음을 아는 것이다. 결과는 원인이 되어 다시 새로 일어나는 연결을 해 주고 스스로는 영원히 사라지는 과정을 겪는다. 한번 일어난 마음, 행동, 느낌들은 모두 다시 볼 수 없는 곳으로 간다. 이것은 어디서 온 것도 아니고 어디로 가는 것도 아니다. 이런 변화를 알아차릴 때 여기에 나의 의지가 전혀 반영될 수 없음을 알아차린다. 대상의 변화를 통해서 이런 것을 알아차렸으면 자세한 상황을 보고한다.

시작과 중간과 끝이 보이고 원인과 결과를 알아차릴 수 있을 때는 알아차리는 힘이 생겼고, 집중력이 생겼으며, 노력이 뒤따라서 지혜가 열려서 알게 되는 것이다. 그러므로 초보 수행자가 힘이 없는데도 시작과 중간과 끝을 알려고 무리하지 말아야 한다. 알아차림은 어느 경우에나 자연스러

위야 한다. 알아질 때 알아야지 미리 앞서가면 되지도 않고 힘들어서 수행을 제대로 못하게 된다. 책에 시작과 중간과 끝을 알라고 씌어 있지만 이것은 아는 힘이 있어서 알아차릴 때의 말이다.

특히 초보 수행자가 호흡이나 발의 움직임을 알아차릴 때 시작과 중간과 끝을 인위적으로 알아차리려고 하면 다소 무리가 따를 것이다. 그래서 이때는 자연스럽게 일어나는 모든 것을 지속적으로 알아차리려는 마음으로 해야 한다.

이렇게 대상의 변화를 알아차리다 보면 어느 땐가는 삼법인을 알게 된다. 그래서 무상을 알 수 있었다거나 괴로움을 알았다거나 무아를 알았다거나 하는 것이 있으면 구체적으로 자세하게 말한다. 어떤 경우에 무엇을 어떻게 알아차리니 무상을 느꼈다는 정확한 기록에 의한 보고가 있어야 한다. 그래야 생각으로 알아차린 것인지 실제로 알아차린 것인지 검증을 받을 수가 있다. 때로는 수행자 자신이 생각으로 안 것을 알아차림을 통해서 안 것으로 착각할 수도 있다. 이와 같은 단계에 이르게 되면 지혜의 성숙단계에 접어든 것이다.

이와 같은 것들을 알아차렸으면 반드시 보고를 한다. 물론 몰랐을 때에는 보고할 필요가 없다. 이렇게 보고를 하는 과정에서 수행은 차츰 발전하게 되어 집중력이 생긴다. 이런 집중력에 의해 존재하는 모든 것들의 속성인 무상과 고와 무아를 느끼게 된다. 이 세 가지 중에 어느 것 하나가 더 특별하게 느껴질 수가 있다. 그리고 그런 것이 느껴졌을 때 좋아했는지, 아니면 싫어했는지를 알아차려야 한다. 그리고 알아차린 모든 것을 자세히 보고해야 한다.

이런 과정이 지속되면 평등심의 상태가 오고 집착으로부터 자유로워지게 된다. 집착이 끊어지고 몸이 사라지는 상태가 오고 다음에는 오직 마음이 마음만을 대상으로 알아차리는 상태가 오기도 한다.

무엇을 알았는가 하는 부분을 다시 요약하면 다음과 같다.

첫째, 몸의 모양을 알아차린다. 몸에는 머리부터 발까지 각기의 위치에서 대상을 알아차린다. 그리고 몸의 움직임을 알아차린다. 호흡의 움직임, 팔과 다리의 움직임을 알아차린다. 먼저 알아차릴 대상을 분명히 하여 마음이 달아나지 않도록 몸에 고정시킨다. 이것은 '관념적 진리'에 속하며 모양, 형태의 측면을 알아차리는 것이다. 마음도 몸을 알아차리는 마음을 아는 것과 마음이 마음을 알아차리는 것을 한다. 이렇게 몸을 알아차리는 것을 몸의 '모양의 특성'을 알아차리는 것이라고 한다.

알아차린 대상을 얼마나 계속해서 알아차릴 수 있었는가를 보고한다. 가령 호흡을 조금밖에 알아차릴 수 없었다거나 어느 정도까지 알아차릴 수 있었는지를 말한다. 이런 확인은 이 항목에서만 필요한 것이 아니고 어느 때나 확인해야 하고 알아차린 것은 보고해야 한다. 대상에 대한 집중력이 있어야 다음 단계의 특성이 드러나서 알게 된다. 경우에 따라서는 너무 잘하려고 해도 마음이 산란해져서 대상에 밀착되지 않는다. 이럴 때는 지금 내 마음이 들떠 있는지를 알아차린다.

둘째, 몸의 지수화풍이란 성품을 알아차린다. 실재하는 성품을 알아차린다. 단단하고, 부드럽고, 물의 유동성과 응고성의 요소, 뜨겁고, 차가운 것, 호흡이나 움직임의 바람의 요소를 알아차린다. 이것은 몸의 느낌을 알아차리는 것으로 이것을 '궁극적 진리'라고 하며 실재하는 것이고 몸의 성품을 알아차리는 것이다.

모양을 알아차리고 나면 성품이란 대상이 일어난다. 그러므로 모양과 성품은 함께 있지만 모양이 사라지면 성품이 일어나고 성품이 사라지면 모양이 일어난다. 이때 모양 속에 있는 이 성품을 알아차린다.

몸의 맨 느낌이 일어나고 그것에 이어 일어나는 즐겁고, 괴롭고, 덤덤한 육체적인 느낌을 느낀다. 다시 이 느낌으로 인해 발생한 정신적인 즐거움, 정신적인 괴로움을 알아차린다. 모양이 사라지면 몸과 마음의 실재하는 특성이 나타난다. 이것을 '실재하는 특성'을 알아차리는 것이라고 한다.

셋째, 대상의 성품을 알아차리게 되면 자연스럽게 일어나고 진행되고 사라지는 변화를 알아차릴 수 있게 된다. 이것은 모든 대상의 일관된 현상으로 무엇이나 이런 세 가지 과정을 거쳐서 생성과 진행과 소멸의 단계를 거치는 것을 알게 된다. 그리고 원인과 결과를 알게 된다. 이처럼 '실재하는 특성'이 사라지면 다시 '조건지어진 특성'이 나타난다. 이것이 유위(有爲)임을 알아차린다.

넷째, 생성과 소멸과 원인과 결과라는 '조건지어진 특성'을 알아차리면 바야흐로 '보편적인 특성'이 나타난다. 이것이 삼법인의 특성이다. 조건지어진 모든 것들의 성품은 무엇도 영원하지 않고 변하는 무상이 드러난다. 그리고 모든 것이 괴롭고 불만족스러운 성품이 나타난다. 그리고 자아가 없는, 나라고 하는 인격이 없는 무아가 드러난다. 이것은 존재하는 것들의 보편적이고 '일반적인 특성'을 말한다. 이런 특성이 나타나면 이제 진정한 '위빠사나의 지혜'가 열려 열반에 이르게 되는 것이다.

우리가 알아차리는 대상은 항상 그대로이지만 알아차리는 수행자의 지혜에 따라 단계적으로 의식이 고양된다. 그래서 새로 생긴 지혜가 나타나서 다음 단계의 지혜로 발전되어 가는 것을 알 수 있다.

이상과 같이 모든 것을 알아차리고 난 뒤에 알아차린 것은 모두 보고해야 한다. 처음부터 이런 과정을 다 알 수는 없다. 이것은 초기 수행부터 마지막 단계의 수행까지를 모두 포함한 것이므로 이해하지 못하는 부분이 있을 것이다. 그러나 쉬지 않고 처음부터 알아차림을 계속하면 이내 마지막 단계에 이르게 될 것이다.

이상과 같은 보고를 할 수도 있지만, 만약 알아차릴 수가 없었다면 그것도 그대로 보고해야 한다. 무엇을 어떻게 알아차리려고 했는데 알아차릴 수가 없었다는 것도 함께 보고해야 한다. 위와 같은 이런 형식의 보고는 하나의 유형이므로 알아차릴 수 없었을 때는 없었던 상황을 설명하는 것이 중요하다. 그래야 적절한 지도를 받을 수 있다.

보고는 잘된 것만 보고하지 말고 잘 안 된 것도 함께 보고해야 한다. 잘 안 된 것을 말하는 것이 더 중요하다. 자신의 체면 때문에 좋은 것만 말하는 경우가 많다. 이런 수행자는 진실하지 못하기 때문에 오래 수행을 못한다. 또한 발전도 못한다. 면담의 진정한 뜻은 잘 안 되었을 때를 위해서 하는 것이다. 이런 때를 이용해서 오랜 아만심을 벗고자 하는 용기를 내어 자신의 문제를 스스럼없이 밝혀야 한다. 밝히기 어려우면 어려워하는 마음을 알아차리면 된다. 실제로 명상센터에서는 수치스러울 정도의 말도 꺼내서 질문을 한다. 그러면 그것은 그 순간 법이 된다. 그로 인해 번뇌가 일순에 사라지기도 한다.

미얀마 수행센터에서 있었던 일이다. 어느 날 이곳에서 수행을 하는 한 스님이 큰스님께 오셔서 난감한 표정을 지으며 말하였다.
"수행 중에 지나가던 어떤 여자를 보고 순간 마음이 긴장되고 몸이 굳어져 집중을 할 수가 없었습니다. 이렇게 당황되어 어떻게 할 줄을 모르겠습니다."
큰스님께서는 별것도 아닌 것을 가지고 소란을 피우는구나 하는 식으로 대답하셨다.
"그게 마음이 원래 생겨먹은 것이 그런 것일 뿐 심각할 게 없다.

그 마음을 알아차리도록 해라."

수행자가 수행 중에 일어난 일을 좋다거나 좋지 않다거나 스스로 판단해서 말하지 말아야 한다. 판단은 스승의 몫이다. 수행자 자신이 내린 판단은 객관적이지 못하고 잘못된 것이기 마련이다. 그리고 결론을 내리면 수행을 바로 하는 것이 아니다. 수행자의 임무는 언제나 알아차려서 보고하는 것이다. 수행이 잘 안 된다고 생각하지만 경험자의 입장에서 보면 지극히 정상적으로 수행을 하고 있는 것을 알 수가 있다. 어떤 상태에서나 과정이 있게 마련이므로 잘 안 된다고 생각하는 것이 사실은 잘 되어 가고 있는 경우가 많다.

책에서 본 것이나 남에게서 들은 말, 거짓으로 말하거나 생각으로 한 것들은 말해서는 안 된다. 같은 수행자들끼리 경쟁심을 가지고 말하지 말아야 한다. 정직하게 오직 스스로 체험을 해서 알아차린 것을 말해야 한다. 수행은 진실한 삶을 사는 것인데 진실하지 못한 것은 탐심 때문이다. 나라는 자존심과 체면 때문에 그럴 수도 있겠지만 그때마다 알아차려야 한다. 수행을 하면 의외로 이런 수행자들이 많다. 이것은 너나없이 누구에게나 해당되는 말이다. 이런 수행자들은 오래 수행을 못하고 그만두는 것을 보기도 했다. 뿐더러 수행자들끼리 경쟁적으로 보고를 할 때는 항상 좋은 얘기만 해서 수행이 발전하기는커녕 습성만 더 나빠지게 된다.

다른 사람이 무상을 말하면 자기도 계속 무상을 말한다. 물론 생각으로 안 무상이다. 이런 수행자는 결코 발전할 수가 없다. 그래서 수행은 자신과의 문제일 뿐이며 정직해야 한다. 가령 무상을 말했을 때 알아차림으로 지혜가 나서 알게 된 무상이면 반드시 그 다음 단계의 지혜가 나타나게 된다.
그러나 경쟁심이나 허영 때문에 생각으로 말한 무상은 시간이 가도 항상 같은 자리에 머물게 되는 무상이다. 이런 것을 주위에서나 스승은 모두 알고 있다. 오직 모르는 것은 자신뿐이다. 자신도 알지만 멈추지 못하는 것은 그런 축적된 성향을 가지고 있기 때문인 것을 알아차려야 한다.

인간은 속고 산다고 말하기도 한다. 알고 속고 모르고 속는다. 남에게 속고 자기에게 속는다. 이것은 누구나 선심(善心)과 불선심(不善心)을 가지고 있기 때문에 당연한 말이다. 그러나 이제 알아차림을 통해서 적어도 자기가 자기 자신에게는 속지 말아야 한다. 알아차리는 선심의 마음이 불선심의 마음을 지켜보아야 한다. 수행은 결국 스스로의 문제이기 때문이다.

면담 중에 교리상의 문제나 수행에 관계되지 않은 것을 말할 때에는 반드시 이런 질문을 해도 되겠느냐고 사전에 양해를 구해야 한다. 그러면 대체로 질문을 받아준다. 이것이 예의다. 면담은 수행 중에 경험한 것이 아니면 말하지 못하도록 되어 있다. 특히 사마타가 좋은가 위빠사나가 좋은가라는 질문이나 화두와 위빠사나에 대한 질문은 하지 말아야 한다. 초기에는 이런 질문으로 수행자가 얼굴을 붉히면서 토론을 하려 했는데 요즈음은 조금 적어진 듯하다.

수행 중에 보고할 것이 있으면 기록을 하는 것도 좋은 방법이다. 그러나 좌선 중에 기록을 하는 것은 안 된다. 시간이 있을 때 요약을 해두었다가 보고를 한다. 수행 중에 보고할 것을 잊어버리는 경우가 있는데 잊어버릴 정도의 것이면 그렇게 중요한 것이 아니므로 생각해 내려고 애쓸 필요가 없다. 보고할 말을 잊어버리는 경우는 알아차리지 못했을 때다. 알아차림이 있을 때의 일은 기억에서 쉽게 사라지지 않는다.

보고를 할 때 여러 수행자가 있을 때는 보고를 독점하지 말고 필요한 말만 해야 한다. 불필요한 말로 자기 시간을 지나치게 갖게 되면 바람직하지 않다. 그때는 그것이 탐심인지를 알아차려야 한다. 그래서 잘된 것과 잘되지 못한 것을 적절하게 포함해서 말하는 것이 좋다. 남이 들으라고 자랑삼아 말하는 것도 바람직하지 못하다.

보고할 내용은 너무 여러 가지를 낱낱이 말한다고 좋은 것은 아니다. 잘 모르는 것도 하루나 이틀이 지나면 스스로 알게 되는 것이 있다. 이렇게 알아지는 것이 사실은 스승의 말을 듣고 아는 것보다 훨씬 좋다.

또한 자기가 계발한 좋은 수행방법이나 지혜가 난 경우에는 반드시 보고를 해야 한다. 자기가 계발한 수행방법이 정상적인 것인지, 아니면 잘못된 것인지 검증을 받는 절차가 있어야 한다. 잘 모를 경우에 잘못된 것을 사용하게 될 수도 있고, 또 이것을 남에게 가르쳐 줄 수도 있으므로 조심해야 한다.

위빠사나 수행은 지혜의 성숙 단계가 있다. 경험자들은 수행자들의 현 상황을 정확히 살펴보고 있다. 그래서 필요한 것을 적절하게 말해 준다. 같은 경우의 말을 수행자에 따라 다르게 말할 수도 있다. 많으면 빼주고 부족하면 채우게 한다. 그러므로 남의 면담이 꼭 나에게 맞는 말은 아니다. 이것도 유념해야 한다.

특별한 경우에 크게 선업의 공덕을 쌓아서 지혜의 계발이 빠른 수행자를 빼고는 누구나 거의 같은 길을 가게 된다. 약간의 속도는 다르겠지만 과정은 같다. 그리고 없는 지혜가 어느 날 하늘에서 갑자기 떨어지지 않는다. 모든 것이 예정된 단계에 의해 진행된다. 그러므로 너무 서두르거나 조급하게 하려고 하면 오히려 더뎌지게 된다. 그래서 수행은 거북이와 토끼의 경주와 같다는 것을 알아차려야 한다.

공부를 잘하는 학생은 시험이 기다려진다. 그러나 공부를 못하는 학생은 시험이 매우 고통스럽다. 수행도 마찬가지다. 명상센터에서 수행을 할 때 좋은 보고거리가 있으면 면담시간이 기다려진다. 그러나 제대로 수행을 안 하면 면담시간이 고통스럽다. 사실 이렇게 고통을 겪기 때문에 느슨해진 마음을 다잡아서 수행을 하게 되기도 한다.

면담은 자주 많이 가질수록 좋다. 미얀마에서 경험한 일인데, 어느 때 면담 횟수가 문제가 된 적이 있었다. 사야도께 일주일에 한 번만 면담을 받고 수행을 하겠다고 하니 사야도께서는 일주일에 한 번만 하는 면담으로는 수행을 책임질 수가 없어서 받아줄 수가 없다고 한 적이 있었다. 이때 책임이란 말에 지도하는 사야도의 수행에 대한 열정과 책임감을 알 수 있었다. 일주일에 한 번만 면담을 하면 그 사이에 잘못된다는 것이다. 하물며 면담 없이 수행을 할 경우를 생각해 보자.

수행을 할 때 중점적으로 알아야 할 대상과 보고를 할 대상을 요약하면 다음과 같다.

1. 호흡의 움직임을 알아차린 뒤에 호흡의 성품을 알아차린다.
2. 몸과 마음의 느낌을 알아차린다. 사소한 어떤 느낌이라도 모두 알아차릴 대상이다.
3. 느낌 중에 몸의 통증과 가려움, 졸림 등을 자세하게 알아차린다.
4. 상상해서 만들어 낸 것, 과거 또는 미래로 가서 생각한 것을 알아차린다.
5. 일할 때, 청소할 때, 몸을 움직일 때, 걸을 때, 일상의 모든 동작을 알아차린다.
6. 음식을 먹을 때, 씹는 것, 맛을 아는 것, 맛이 변화하는 것, 삼키는 것을 알아차린다.
7. 목욕, 대소변을 볼 때 모두 알아차린다.
8. 보거나 듣거나 말하거나 읽을 때 알아차린다.

9. 잠들기 전 마음과 호흡을 알아차리고, 깨어나서 바로 마음과 호흡을 알아차린다.

10. 언제나 마음을 알아차린다. 탐, 진, 치와 관용, 자애, 지혜의 마음을 모두 알아차린다.

보니, 거기 세상이 있다

2005년 2월 25일 1판 1쇄 발행
2011년 7월 20일 1판 2쇄 발행

아신 자띨라 사야도와의 면담 편주해 묘원
편집 한승희 표지 박영선
펴낸이 곽준 펴낸곳 (주)행복한 숲
출판등록 2004년 2월 10일 제16-3243호
주소 서울시 강남구 논현동 98-12 청호불교문화원 나동 3층 306호
전화 (02) 515-5255 팩스 (02) 512-5856
E-mail sukha-@hanmail.net http://www.vipassanacenter.com
ISBN 89-955675-1-1 (03220)
값 11,000원

잘못된 책은 바꾸어 드립니다.

* * *

상좌불교 한국 명상원은 위빠사나 수행과 면담을 원하는 모든 분들을 위해
언제든지 문을 활짝 열어놓고 있습니다.
주소_서울 강남구 논현동 98-12번지 청호불교문화원 나동 306호
Tel 02-512-5258 http://cafe.daum.net/vipassanacenter